Florian Fritz

Wartesaal Deutschland

Diakonisches Werk
Oberhessen
Haspelstr. 5
35037 Marburg

Dimensionen Sozialer Arbeit und der Pflege Band 6

Herausgegeben von der Katholischen Stiftungsfachhochschule München
Abteilungen Benediktbeuern und München

Wartesaal Deutschland

Ein Handbuch für die Soziale
Arbeit mit Flüchtlingen

Herausgegeben von
Florian Fritz und Frank Groner

mit 14 Abbildungen

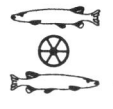

Lucius und Lucius · Stuttgart

Anschrift des Autors:

Florian Fritz
Münchenerstr. 9
85653 Aying

Bibliografische Information der Deutschen Bibliothek

Die Deutsche Bibliothek verzeichnet diese Publikation in der Deutschen Nationalbibliografie; detaillierte bibliografische Daten sind im Internet über http://dnb.ddb.de abrufbar

ISBN 3-8282-0280-2 (Lucius & Lucius)
© Lucius & Lucius Verlagsgesellschaft mbH Stuttgart 2004
 Gerokstr. 51, D-70184 Stuttgart
 www.luciusverlag.com

Das Werk einschließlich aller seiner Teile ist urheberrechtlich geschützt. Jede Verwertung außerhalb der engen Grenzen des Urheberrechtsgesetzes ist ohne Zustimmung des Verlages unzulässig und strafbar. Das gilt insbesondere für Vervielfältigung, Übersetzungen, Mikroverfilmungen und die Einspeicherung, Verarbeitung und Übermittlung in elektronischen Systemen.

Alle Fotos und Fototexte von Florian Fritz

Druck und Einband: Druckhaus Thomas Müntzer, Bad Langensalza

Printed in Germany

Einleitung

Soziale Arbeit mit Flüchtlingen steht meistens nicht an erster Stelle, wenn an Fachhochschulen für Sozialpädagogik Schwerpunkte von den Studierenden gewählt werden. Die Klassiker heißen Erwachsenenbildung, Jugendarbeit oder Resozialisierung. Das mag auch daran liegen, dass über Flüchtlinge relativ wenig Erkenntnisse im Umlauf sind. Sie tauchen selten in der Presse auf, meist nur im Kontext mit an der Autobahn gestoppten Lastwagen voller „Illegalen" oder mit Horrorberichten über Fluchtbewegungen aus Krisenregionen wie Afghanistan oder dem Irak. Es gibt viele Flüchtlinge auf der Welt, den meisten geht es schlecht, und nach Deutschland kommen sie nicht mehr hinein. Und wenn doch, werden sie alsbald wieder abgeschoben. Das ist das Bild, das in der deutschen Öffentlichkeit vermittelt wird. Warum also soll sich die soziale Arbeit mit Flüchtlingen beschäftigen? Man geht gar nicht davon aus, dass sie als Klienten überhaupt in Frage kommen.
Und dann begegnet man ihnen doch: In der Bahnhofsmission, wo die aus Norwegen abgeschobene tschetschenische Familie strandet, der Vater wegen eines Nervenzusammenbruchs nach Haar eingeliefert werden muss und Mutter und Sohn eine Woche dort nächtigen, weil sie völlig apathisch sind und man nicht weiß, wohin mit ihnen.
In der Sprechstunde des Allgemeinen Sozialdienstes, wohin die Eltern kommen, weil sie Geld brauchen für die Fahrt ihrer Kinder ins Schullandheim. Und nebenbei stellt sich dann noch heraus, dass der Vater die Kinder schlägt, weil er keine Arbeit kriegt und frustriert ist, dass die Familie von Essenspaketen lebt und in einer Barackenunterkunft wohnt und dass sie darüber hinaus in einem Monat ausreisen müssen, weil man sie sonst in ihr Herkunftsland Kosovo abschieben wird.
In der Mittagsbetreuung in der Hauptschule, wo die Jungen aus Bosnien wegen ihrer Konzentrationsstörungen bei den Hausaufgaben und dem aggressiven Verhalten in der Gruppe auffallen. Als die Schulsozialarbeiterin nachhakt, erfährt sie, dass die zwei Brüder dabei zusehen mussten, als man ihre Großeltern erschossen hat. Anschließend steckte man ihnen auch ein Gewehr in den Mund, aber der Soldat drückte nicht ab.
Im Jugendheim oder in der Freizeitstätte, wo sich bosnische Kinder bekriegen und verprügeln, bis sich herausstellt, dass die

einen muslimisch und die anderen katholisch sind und die Eltern zuhause gegen die jeweils andere Religion hetzen.
In den Sprachkursen der Volkshochschulen trifft man sie, in Bezirkskrankenhäusern, in Seniorenheimen (wenn auch bislang nur vereinzelt), auf Geburtsstationen.
Flüchtlinge sind unter uns. Sie leben mitten in dieser Gesellschaft, oftmals unsichtbar, aber sie sind da. Sie begegnen Mitmenschen und sie begegnen Sozialarbeitern, oftmals unvermittelt, oftmals sehr unmittelbar. Fast immer tragen sie einen Rucksack komplexer Probleme mit sich herum, der ihren Rücken schmerzen lässt, ihren Kopf und ihr Herz blockiert und ihre Ressourcen lähmt. Und nicht selten steht die Soziale Arbeit diesem Phänomen eines multikausalen Elends erschreckt und hilflos gegenüber. Soziale Arbeit mit Flüchtlingen ist eben nicht nur Erwachsenenbildung oder Jugendarbeit oder Resozialisierung – sie ist vielmehr ein Querschnitt aus allem, ergänzt durch einige spezielle Problemfelder wie Traumata oder rechtliche Rahmenbedingungen.
Dieses Buch möchte verdeutlichen, dass Soziale Arbeit mit Flüchtlingen nötig ist, dass sie wichtig ist und dass sie funktionieren kann. Sicherlich gibt es in der Sozialen Arbeit „leichtere" Arbeitsfelder, aber nur wenige, die wichtiger sind. Denn Arbeit mit Flüchtlingen ist immer auch ein extremer Kampf mit beschränkenden Rahmenbedingungen, mit entwürdigenden Gesetzen, behördlicher Willkür und täglich erlebter Hilflosigkeit. Sie erfordert daher viel Kraft, Mut und die Bereitschaft, politisch zu denken und zu handeln. Wer sich darauf einlässt, wird einen unermesslichen Reichtum an Erfahrungsschätzen gewinnen, wird viel über fremde Kulturen, Denkweisen und Verhaltensmuster lernen und damit zugleich über sich selbst im Spiegel des Gegenübers.
Dieses Buch beschreibt und analysiert anhand verschiedener Typisierungen von Flüchtlingen Handlungsweisen, Methoden und Lösungsansätze Sozialer Arbeit. Es orientiert sich dabei an den praktischen Arbeitsfeldern der Sozialen Arbeit mit Flüchtlingen, betrachtet jedoch auch die gesellschaftspolitischen Rahmenbedingungen und Entwicklungen, wie beispielsweise die Debatte über das Zuwanderungsgesetz und beleuchtet deren Auswirkungen auf die praktische Arbeit. Das Buch ist überwiegend, wenn auch nicht ausschließlich, von erfahrenen Praktikern geschrieben. Es wendet sich an Studierende, Lehrende und Fachkräfte, die in der Praxis mit Flüchtlingen zu tun haben. Es soll Hintergründe erläutern, Zusammenhänge

verständlich machen, Reflexion ermöglichen, Lösungsansätze aufzeigen und Zuversicht vermitteln. Es soll darüber hinaus zur Diskussion ermuntern über den Stellenwert und die politische Bedeutung Sozialer Arbeit mit Flüchtlingen. Deshalb werden in einzelnen Beiträgen auch ethisch-moralische und politische Aspekte beleuchtet. Nicht zuletzt soll das Buch Lust machen auf Soziale Arbeit mit Flüchtlingen. Und auch die Betroffenen, die Flüchtlinge, sollen zu Wort kommen. Sehr eindrücklich beschreibt Senija A., eine Bosnierin, die Ende der neunziger Jahre in ihr Herkunftsland zurückgekehrt ist, welchen Prozess sie in Deutschland durchgemacht hat – und welche Rolle die Sozialarbeit dabei einnahm:

Die Flüchtlingsunterkunft Bodenehrstraße ist die letzte Station auf meinem viereinhalb Jahre langen Weg. Dies ist der letzte Warteraum, den meine Kinder und ich auf dem Weg in unsere Zukunft betreten haben. Unsere Zukunft liegt dort, wo wir leben und bleiben möchten – zuhause.

Ich werde von hier viele gute und schlechte Erfahrungen, nicht aber schmerzvolle Erinnerungen mit mir nehmen. Hier konnte ich viele schmerzvolle Momente aus meiner Vergangenheit verarbeiten. Verarbeiten bedeutet dabei für mich nicht, das Gewesene auszuradieren, sondern in der Lage zu sein, sich ohne Schmerz daran erinnern zu können. Und das habe ich hier gelernt.

Was kann ich rückblickend über mein Leben in der Bodenehrstraße berichten?
Vielleicht ist es wichtig, dass ich begonnen habe, mich in diesem Heim wie in meinem zweiten Zuhause zu fühlen. In mir spüre ich zwei Gefühle. Da ist das Glück, endlich nachhause zurück zu gehen, auch, weil ich nicht freiwillig hierher gekommen bin. Und da ist die Wehmut, mich von Menschen trennen zu müssen, die ich mit all ihren Fehlern und Tugenden kennen- und schätzen gelernt habe und die ich vielleicht nie wieder sehen werde.
Ich habe den Abschied immer gehasst. Und auch dieser hier wird mir sehr schwer fallen.

Schon bald nach dem Einzug in die Bodenehrstraße habe ich begriffen, dass sich diese Unterkunft sehr von den anderen unterscheidet, in denen ich bis dahin gewohnt hatte. Aus frühe-

ren Erfahrungen und Kontakten mit Leuten aus dem Büro und anderen Flüchtlingen (Menschen, die immerhin aus meiner Heimat kamen), war in mir der Wunsch gewachsen, einfach meine Türe hinter mir schließen und mein eigenes Leben leben zu können. Ich wollte alle Kontakte auf das geringst mögliche Maß reduzieren. Ich wollte das Büro nicht betreten, weder zum Unterschreiben noch zum Eintragen in die Waschmaschinenliste.
Das tägliche Klopfen an der Tür um 23 Uhr hat mich immer aufs Neue mit Schrecken erfüllt. Manchmal war es von einem „Guten Abend" begleitet, manchmal nicht, immer aber kam die gleiche Frage: „Haben Sie Besucher?" Und jedes Mal, wenn ich die Türe nach der Kontrolle durch die Leute aus dem Büro wieder geschlossen hatte, fühlte ich mich wie in einem Lager. Ich habe mich oft gefragt: „Warum passiert mir das?" Ich hatte das Gefühl, als wäre ich in einem bösen Traum und wünschte mich zurück in die Zeit vor dem Krieg.

Erst später, als sich diese Besuche in nettere Auftritte wandelten mit Fragen wie „Guten Abend. Wie geht es Ihnen? Haben Sie Probleme? Ist alles in Ordnung?", habe ich angefangen, anders zu denken: Das ist eigentlich ganz in Ordnung und völlig normal. Hier leben mehr als 300 Menschen, die sich untereinander kaum oder gar nicht kennen. Wenn es keine Kontrolle geben würde, könnte jeder hier hereinkommen.
Ich kam zu dem Entschluss, dass die Kontrollmaßnahmen unserer Sicherheit dienten und akzeptabel seien.
Darüber hinaus habe ich aufgrund der Barriere, die ich um mich herum aufgebaut hatte, nicht viel mitbekommen.

Was mir gleich aufgefallen ist, war allerdings die freundliche (und mehr als das) Beziehung zwischen den Kindern und den Leuten aus dem Büro. Darüber habe ich mich sehr gefreut.
Im Nachhinein betrachtet war diese Entwicklung logisch. Die BüromitarbeiterInnen konnten leichter mit den Kindern in Kontakt treten, weil die Erwachsenen kein Deutsch konnten und auch kein großes Interesse daran zeigten, es zu lernen. An allen Angeboten des Büros, wie Deutschkurse, Zirkusbesuche, Ausflüge, Feiern und anderen hatten wir zunächst fast kein Interesse. Wir hatten zwar hohe Erwartungen, gaben aber wenig von unserer Seite. Wir kritisierten das Büro schnell und häufig, Selbstkritik war für uns aber ein Fremdwort.

Über die Kontakte zwischen den BewohnerInnen und dem Büro in den ersten Monaten kann ich nichts sagen, weil mich das nicht interessiert hat. Aber dann kam eine Geschenkaktion zu Weihnachten, die mich wirklich gefreut hat. Zum ersten Mal seit drei Jahren habe ich meine Kinder fröhlich gesehen. Ich hatte das Bedürfnis, jemandem dafür zu danken.
Und dann schämte ich mich sehr, weil ich feststellte, dass ich nicht wusste, wer dieser „jemand" war. Ich kam zu dem Schluss, dass ich es mir in Zukunft nicht mehr so einfach machen und all dem entziehen konnte, was um mich herum vorging.
Dies war aber nur ein einfacher Gedanke, und ich blieb weiter passiv.
Und dann, es war fast ein Jahr, nachdem ich in die Bodenehrstraße gezogen war, klopfte eines Tages eine Frau an meine Tür und sagte in meiner Muttersprache: „Ich bin eine Sozialarbeiterin. Kann ich mit Ihnen reden?" Ich fragte sie: „Wer hat Sie geschickt? Und warum ausgerechnet zu mir?"
Sie antwortete, dass sie einen Zettel mit Namen von Familien bekommen habe, die sie besuchen solle. Als ich sie fragte, wer sie denn geschickt habe, sagte sie, dass sie hier schon mehrere Monate als bosnische Sozialberaterin mit dem Büro zusammenarbeite. Ich habe mich wieder geschämt, weil ich davon nichts wusste. Und dann habe ich mich entschlossen, künftig alle Informationen auf der Pinnwand vor dem Büro zu lesen.
Und dann habe ich begonnen zu bemerken, was um mich herum passiert, und ich habe mich entschieden, am Leben in der Bodenehrstraße aktiv teilzunehmen.
Ich habe bemerkt, dass die Leute aus dem Büro uns alles geben wollen, was in ihrer Macht steht und dass sie sich bemühen, unsere Mentalität kennen zu lernen. Ich habe verstanden, dass ihre Arbeit nicht leicht ist, was auch daran liegt, dass wir sie so wenig unterstützen. Und ich habe mich entschlossen, ihnen zu helfen, wo immer ich kann.
Das war ein bisschen spät, aber ich glaube, nicht zu spät. Und wenn ich jetzt den Unterschied zwischen Anfang und Ende betrachte, kann ich offen sagen, dass das Verhältnis der Menschen in der Unterkunft untereinander mittlerweile ein befriedigendes Niveau erreicht hat.

Florian Fritz, Frank Groner, im Januar 2004

Inhaltsverzeichnis

Einleitung   V
Florian Fritz, Frank Groner

Erlaubt? Geduldet? Illegal?   2
Ausländer- und asylrechtliche
Grundlagen in Deutschland und
ihre Auswirkungen auf die Soziale Arbeit
mit Flüchtlingen
Florian Fritz, Frank Groner

Pakete, Taschengeld und   15
Arbeitsmarktprüfung –
weitere rechtliche Grundlagen
für die Soziale Arbeit mit Flüchtlingen
Florian Fritz

Flüchtlinge in Deutschland: 28
Kriminalisiert oder kriminell?
Polizeiliche Daten zur
„Flüchtlingskriminalität"
und ihre Konsequenzen für die
Sozialarbeit
Dr. Wiebke Steffen

Wahrheit und Lüge im Flüchtlings-   56
bereich: Wer spricht denn nun
die Wahrheit und wer lügt?
Jürgen Soyer

Wartesaal Deutschland:
Soziale Arbeit mit kosovoalbanischen   74
und bosnischen Bürgerkriegs-
flüchtlingen
Florian Fritz

Soziale Arbeit mit traumatisierten Flüchtlingen *Jürgen Soyer*	**90**
Aus Überzeugung handeln: Die Soziale Arbeit mit Menschen in der Illegalität *Dr. Philip Anderson*	**114**
Rückführung von Flüchtlingen: Abschiebung „light" oder doch ein bisschen mehr? *Florian Fritz*	**135**
Soziale Arbeit mit Flüchtlingskindern – Anregungen zur Umsetzung einer komplexen Aufgabe *Silke Jordan, Albert Riedelsheimer*	**151**
Brücken bauen für Mädchen – Soziale Arbeit mit unbegleiteten minderjährigen Flüchtlingsmädchen umgesetzt anhand des Empowerment-Ansatzes *Patricia Szeiler*	**170**
Mehrtägige Freizeitmaßnahmen mit Flüchtlingskindern – Sinn und Zweck und ein Leitfaden zur Durchführung *Carola Bamberg*	**189**
Vietnamesische Flüchtlinge in Bayern: Modelle der Selbstbetreuung *Nghiem Xuan Tuan*	**204**

Von ganzem Herzen – ehrenamtliche Arbeit mit Flüchtlingen 224
Florian Fritz

Professionelle Öffentlichkeitsarbeit - weit mehr als gelegentlich ein „Tag der offenen Tür" in einer Unterkunft! 234
Carmen Schwend

Mittendrin im Stadtteil: Das Arbeitsprinzip GWA gestaltet Lebenswelten, vermittelt und integriert 256
Hester Butterfield

Gibt es eine richtige Flüchtlingssozialarbeit in der falschen Politik? Über das Wechselspiel von Sozialer Arbeit mit Flüchtlingen und Kommunalpolitik am Beispiel der Stadt München 266
Siegfried Benker

AutorInnenverzeichnis 282

Adressen 286

Recht

Essenspakete in Münchner Unterkunft, 1990

Recht. Ein Wort, welches Gesetze braucht, um seinen Platz zu finden. Ein Wort, das vieles schafft: Verwirrung. Interpretation. Spielraum. Verfahren, Urteil und Begründung. Enttäuschung. Freude. Doch eines selten nur, für Menschen auf der Flucht: Gerechtigkeit.

Erlaubt? Geduldet? Illegal?
Ausländer- und asylrechtliche Grundlagen in Deutschland und ihre Auswirkungen auf die Soziale Arbeit mit Flüchtlingen

Florian Fritz, Frank Groner

Ausländer- und Asylverfahrensgesetz – Einführung in Systematik und Zusammenhänge

In Deutschland leben immer mehr Illegale. Die Flüchtlingsorganisation Pro Asyl startet eine Bleiberechtskampagne für langjährig „geduldete" Flüchtlinge – solche und ähnliche Schlagzeilen beherrschen die gegenwärtige Diskussion über Flüchtlinge in Allgemein- und Fachkreisen. Fast immer spielt der Aufenthaltsstatus dabei eine wesentliche Rolle. Die wenigsten jedoch verstehen wirklich, was sich hinter den komplizierten Begrifflichkeiten verbirgt.
Das bestehende Ausländergesetz stammt aus dem Jahr 1990. Es kennt eine Vielzahl von Aufenthaltstiteln, deren Erhalt wiederum an verschiedene, oftmals kompliziert zu erfüllende Bedingungen geknüpft ist. Kritiker monieren, dass es trotz der Detailversessenheit einerseits so viele Spielräume lässt, dass der Willkür andererseits Tür und Tor geöffnet scheinen, wenn es um den praktischen Vollzug geht.
Für Flüchtlinge gilt zudem das Asylverfahrensgesetz in Kombination mit dem Artikel 16a Grundgesetz. Beide Gesetze existieren im wesentlichen in der jetzigen Form seit 1993 und wurden damals in einem aufgeheizten und fremdenfeindlich geprägten gesellschaftlichen Klima im Bundestag verabschiedet.
Seit Ende der 80er Jahre waren die Asylbewerberzahlen in Deutschland sprunghaft angestiegen. Die Politik nahm sich des Themas an und Slogans wie „Das Boot ist voll", „Asylmissbrauch", „Asylantenflut" prägten die gesellschaftliche Debatte und wurden auch von seriösen Menschen im Munde geführt. Die Zahl der Anschläge auf Flüchtlingsunterkünfte nahm rapide zu. Hoyerswerda

und Rostock-Lichtenhagen sind Orte, die als Synonym für rechten Mob aus der Mitte der Gesellschaft und die Hilf- und Machtlosigkeit staatlicher Institutionen stehen. Als immer mehr Flüchtlingsheime brannten und Menschen dabei starben, einigte sich die Politik auf den so genannten „Asylkompromiss", der am 26. Mai 1993 im Bundestag gegen die Stimmen der Grünen beschlossen wurde. Ziel war es, den Zugang nach Deutschland drastisch zu erschweren und den Aufenthalt weniger attraktiv zu gestalten, da man gemeinhin die Ansicht vertrat, Flüchtlinge kämen vor allem wegen der üppigen Sozialleistungen nach Deutschland.[1]
Tragende Säulen der Vereinbarung waren die „Drittstaatenregelung", das „Flughafenverfahren" und die Festsetzung einer Liste mit sicheren „Herkunftsstaaten".
Die „Drittstaatenregelung" besagt, dass derjenige nicht als asylberechtigt anerkannt werden kann, der über ein sicheres Drittland nach Deutschland eingereist ist. Per Definition wurden alle Nachbarstaaten Deutschlands und eine Reihe weiterer Staaten zu sicheren Drittländern erklärt. Damit war der Landweg für Flüchtlinge juristisch abgeriegelt worden. Es blieb der Luftweg, der über das „Flughafenverfahren" reguliert wurde. Am Flughafen ankommende Flüchtlinge müssen sich seither einer speziellen Prüfung unterwerfen, ob ihr Asylantrag zu bearbeiten oder „unbeachtlich" sei. Während dieser Prüfung dürfen sie nicht einreisen, sondern werden auf extraterritorialem Gelände in einer Baracke untergebracht. Faktisch ist es für sie unmöglich, Kontakte zur Außenwelt, geschweige denn zu einem Anwalt aufzunehmen, auch wenn §18a Asylverfahrensgesetz dies eigentlich ausdrücklich vorsieht. Wenn nach zwei Wochen keine Klärung erfolgt ist, dürfen sie einreisen. Obwohl Betroffene in Einzelfällen über mehrere Monate am Flughafen festgehalten wurden, reist ein Großteil letztlich ein, um das reguläre Asylverfahren zu absolvieren. Angesichts der insgesamt geringen Zahl von bundesweit jährlich mehreren hundert Fällen stellt sich die Frage, wie der enorme Verwaltungs- und Kostenaufwand für das „Flughafenverfahren" zu rechtfertigen ist. Darüber hinaus stellt es eine schwere psychosoziale Belastung für die Flüchtlinge dar, die unter gefängnisähnli-

---

[1] Eine ausführliche historische Darstellung der Entwicklung bis 1993 und bis zur Gegenwart ist in Ulrich Herberts Buch „Geschichte der Ausländerpolitik in Deutschland", erschienen im Verlag C.H. Beck, 2001, zu finden.

chen Umständen in vollkommener Unsicherheit und weit gehender Isolation ihr weiteres Schicksal erwarten müssen.

Im Asylkompromiss nicht festgelegt ist ein weiteres Mittel zur Flüchtlingsabwehr, das in den 90er Jahren erheblich ausgeweitet wurde: Durch die Einführung der Visumspflicht für praktisch alle Staaten, aus denen Flüchtlinge kommen, ist auch die Einreise auf dem Luftweg nach Deutschland sehr erschwert worden. Hinzu kommt, dass Fluggesellschaften, die nicht überprüfen, ob Reisende ein gültiges Visum haben, mit Regressandrohungen von Seiten der deutschen Behörden überschüttet wurden und werden.

Im Gesetz ist außerdem eine Liste „sicherer Herkunftsstaaten" definiert (hierzu gehören z.B. Rumänien, Polen oder Ghana). Es gilt die Vermutung, dass Flüchtlinge aus einem solchen Staat nicht verfolgt werden. Bei diesem Konzept der „normativen Vergewisserung" hat der Betroffene den Beweis zu erbringen, dass er entgegen der generellen Vermutung doch politisch verfolgt werde.

Während das Ausländergesetz (AuslG) den Aufenthalt nichtdeutscher Staatsangehöriger im Allgemeinen regelt, legt das Asylverfahrensgesetz (AsylVerfG) fest, was mit Menschen passiert, die sich im Asylverfahren befinden. Insofern gilt das Ausländergesetz für Flüchtlinge erst, wenn ihr Asylverfahren beendet ist. Dennoch gibt es die Möglichkeit, vom Geltungsbereich des einen Gesetzes in den des anderen Gesetzes „hinüber zu springen". So können AusländerInnen, deren Aufenthaltsstatus nicht verlängert wird (z.B. bei einer vorzeitigen Scheidung von einem deutschen Staatsangehörigen oder im Falle rechtskräftiger Verurteilungen, die über ein bestimmtes Strafmaß hinausgehen), theoretisch einen Asylantrag stellen. Sie fallen dann unter das AsylVerfG, was weit reichende Folgen hat. Zum anderen können Flüchtlinge, die sich noch im Asylverfahren befinden, z.B. durch Heirat mit einem deutschen Staatsangehörigen einen festen Aufenthaltsstatus erhalten und fallen dann unter das AuslG.

Das Ausländergesetz

Das AuslG unterscheidet zwischen verschiedenen Aufenthaltstiteln. [2]Der Überbegriff hierfür ist Aufenthaltsgenehmigung. Die „geringwertigste" Aufenthaltsgenehmigung ist die Aufenthaltsbefugnis, die in den §30 und 32 AuslG geregelt wird. Sie wird im Normalfall für ein oder zwei Jahre erteilt. Sie gilt bundesweit, wird in der Praxis bei Sozialhilfeempfängern jedoch häufig auf das Bundesland beschränkt, in dem sie erteilt wurde. Mit ihr kann man ins Ausland und wieder zurück reisen Sie begründet keinen Anspruch auf Kindergeld. Sie wird entweder in den Nationalpass oder in den „blauen Pass" gestempelt, den anerkannte Flüchtlinge erhalten.
Wer fünf Jahre eine Aufenthaltsbefugnis besitzt, keine Sozialhilfe bezieht und ausreichenden Wohnraum (ca. 12 qm pro Person; jedoch nicht in Gemeinschaftsunterkünften!) vorweist, kann eine unbefristete Aufenthaltserlaubnis erhalten. Dann hat er einen Anspruch auf Kindergeld. Später gibt es dann noch die Möglichkeit, eine Aufenthaltsberechtigung und sogar die deutsche Staatsbürgerschaft zu erhalten.[3]
Eine befristete Aufenthaltserlaubnis sieht das AuslG ohne Wartefrist beispielsweise vor, wenn eine ausländische Staatsbürgerin einen Deutschen heiratet. Später kann diese dann in eine unbefristete Aufenthaltserlaubnis umgewandelt werden.
Die Aufenthaltsbewilligung ist ein zweckgebundener Aufenthaltstitel und wird vornehmlich für WerkvertragsnehmerInnen oder zu Studienzwecken erteilt. Sie muss im Normalfall vom Ausland aus beantragt werden und erlischt, wenn der Aufenthaltszweck nicht mehr vorliegt.

---

[2] Eine hervorragende Erläuterung mit praktischen Beispielen zu diesem Themenkomplex findet sich in Hubert Heinholds Buch „Recht für Flüchtlinge", erschienen in der 3. Auflage im Jahr 2000 im von Loeper Literaturverlag. Das Buch ist auch auf englisch und französisch erhältlich und somit auch für Flüchtlinge selbst bzw. deren muttersprachliche Netzwerke oder Vereine geeignet.
[3] Nach dem neuen Staatsbürgerschaftsrecht von 2001 müssen sich in Deutschland geborene Ausländer bis zum 21. Lebensjahr für eine Staatsbürgerschaft entscheiden. Wer die Deutsche Staatsbürgerschaft beantragt, muss im Regelfall seine herkömmliche Staatsbürgerschaft abgeben. Aus unterschiedlichen Gründen gibt es dennoch mehrere Millionen Menschen in Deutschland, die zwei oder mehr Staatsbürgerschaften besitzen.

„Unterhalb" der Aufenthaltsbefugnis gibt es noch weitere Titel, die jedoch keinen legalen Aufenthalt in Deutschland begründen und daher z.B. nicht auf die Wartezeiten zur unbefristeten Aufenthaltserlaubnis angerechnet werden. Der bekannteste Status ist die Duldung (§ 55 AuslG). Rechtlich stellt sie nur eine Aussetzung der Abschiebung dar. Menschen, die Deutschland eigentlich verlassen müssten, dürfen bleiben, weil Abschiebehindernisse vorliegen. Dies können tatsächliche (es gibt z.B. keine Flugverbindung ins Heimatland oder die Identität ist nicht geklärt), inlandsbezogene (ein Migrant ist suizidgefährdet oder aufgrund einer schweren Erkrankung reiseunfähig) oder zielstaatsbezogene (ein Migrant kann im Herkunftsland nicht ausreichend medizinisch versorgt werden) Abschiebehindernisse sein. In der Praxis gewinnen in den letzen Jahren zunehmend inlands- und zielstaatsbezogene Abschiebehindernisse an Bedeutung, z.B. bei reiseunfähigen Traumatisierten oder Dialysepatienten aus dem Kosovo oder HIV-erkrankten Flüchtlingen aus afrikanischen Ländern. In diesem Zusammenhang sind die Untersuchungen in den Gesundheitsämtern von zunehmender Bedeutung, denn dort wird über die Reisefähigkeit von MigrantInnen letztlich entschieden, wenn fachärztliche Atteste der Ausländerbehörde nicht ausreichen oder angezweifelt werden.[4]

Es gibt Bestrebungen von politischer Seite, den Druck auf die Ärzteschaft zu erhöhen bzw. spezielle Ärzte anzustellen, die ausschließlich Reisefähigkeitsgutachten erstellen sollen, um eine höhere Quote „reisefähiger" MigrantInnen zu erreichen.

Die Duldung wird längstens auf 12 Monate, oft auf sechs, aber auch drei oder einen Monat und in Sonderfällen auf eine Woche oder wenige Tage erteilt. Sie kann entweder in den Pass gestempelt oder als grüner Passersatz ausgestellt werden (dann wird sie als Identitätsnachweis akzeptiert und man kann z.B. einen Führerschein machen oder ein Konto eröffnen) oder sie wird als DIN A 5-Papier mit aufgeheftetem Foto erteilt, nicht selten mit dem Hinweis „angeblich" vor dem Namen des Betroffenen oder als so genannte Grenzübertrittsbescheinigung (GÜB) mit dem Hinweis

---

[4] Näheres hierzu findet sich in Band 9 „Traumatisierung" der vom Bundesamt für die Anerkennung ausl. Flüchtlinge herausgegebenen Schriftenreihe sowie im Deutschen Ärzteblatt, Ausgabe 34/35 vom August 2003 in dem Artikel „Begutachtung psychotraumatisierter Flüchtlinge: Konflikt mit ärztlich-ethischen Belangen" von Hans-Wolfgang Gierlichs.

„Herr X hat bis zum 1.12.03 Deutschland zu verlassen". Darüber steht dann oft handschriftlich „gilt als Duldung".

Nach dem AuslG soll die Duldung nach spätestens einem Jahr durch eine Aufenthaltsbefugnis ersetzt werden, weil dann klar sei, dass eine Abschiebung dauerhaft nicht möglich sei. Da die Behörden aber die mit der Befugnis einhergehende Aufenthaltsverfestigung im Laufe der Jahre vermeiden wollen, ist es üblich geworden, Duldungen über Jahre hinweg immer wieder zu verlängern. Die Betroffenen laufen mit speckigen, abgegriffenen Dokumenten herum, auf denen sich Dutzende kaum leserlicher Datumsstempel befinden. Mittlerweile gibt es in Deutschland Hunderttausende Menschen, die seit vielen Jahren nur eine Duldung haben, vor allem Menschen aus Bosnien, dem Kosovo, Afghanistan, dem Irak und aus afrikanischen Ländern. Da die Duldung auf das Bundesland beschränkt ist, in dem sie ausgestellt wurde, keinen Kindergeldanspruch begründet (außer bei Menschen, mit deren Herkunftsländern entsprechende Abkommen bestehen, z.B. den Nachfolgestaaten Jugoslawiens) und bei der Ausreise aus Deutschland ihre Gültigkeit verliert, sind Unsicherheit und Eingeschränktheit die Folge. Zudem gibt es eine Vielzahl weiterer rechtlicher Konsequenzen, auf die zu einem späteren Zeitpunkt eingegangen werden soll.

Eine verschärfte Form der Duldung stellt die erwähnte GÜB dar, die es mit aufgestempeltem Ausreisedatum oder mit der Aufforderung „Herr X hat Deutschland unverzüglich zu verlassen" gibt. Ob unverzüglich eine Stunde, einen Tag oder eine Woche nach der letzten Vorsprache bei der Ausländerbehörde bedeutet, ist der Willkür des Sachbearbeiters anheim gestellt. Gegebenenfalls kann er die Polizei informieren und für eine Abschiebung sorgen, wenn ihm gerade danach ist.

Welchen dieser Aufenthaltstitel Flüchtlinge erhalten, hängt davon ab, ob sie einen Asylantrag gestellt haben und wie dieser beschieden wurde.

Das Asylverfahren

Wer einen Asylantrag stellt, wird zunächst in einer Erstaufnahmeeinrichtung untergebracht.[5] In München befindet sich diese Einrichtung in der Untersbergstraße 70 und ist ein heruntergekommener mehrstöckiger Häuserblock mit bis zu 700 Bettplätzen. Der Zugang wird von einem Wachdienst kontrolliert und die Soziale Betreuung erfolgt durch einen Wohlfahrtsverband. Es wird eine Erstanhörung des Flüchtlings durchgeführt und geklärt, ob ein weiteres Verfahren stattfindet. Nach drei Monaten wird der Betroffene gemäß eines bundesweiten Verteilungsschlüssels (EASY-Verfahren) umverteilt. Er kommt unter Umständen in ein anderes Bundesland, z.B. von München nach Hamburg oder Leipzig. Hierbei werden familiäre Bindungen in der Stadt der Antragstellung nicht berücksichtigt. So kann es sein, dass ein Flüchtling „illegal" nach München kommt, weil er dort Verwandte hat, die ihn auch versorgen und sogar unterbringen könnten. Wenn er einen Asylantrag stellt, wird er trotzdem umverteilt, was eine emotionale Entwurzelung und die Kostenübernahme durch den Staat für Reise, Unterbringung und Lebensunterhalt zur Folge hat.

Für die Dauer des Asylverfahrens muss der Flüchtling in einer Gemeinschaftsunterkunft wohnen. Er erhält Sozialhilfe nach dem Asylbewerberleistungsgesetz (dazu später mehr) und darf ein Jahr lang nicht arbeiten. Er bekommt eine Aufenthaltsgestattung, die für sechs Monate ausgestellt wird und als legaler Aufenthalt gilt, jedoch erlischt, sobald der Asylantrag unanfechtbar abgelehnt wurde. Dies ist vielen Flüchtlingen nicht bewusst, da sie von einer sicheren Aufenthaltsdauer von sechs Monaten ausgehen (Wie kann ein von einer deutschen Behörde gestempeltes Papier plötzlich ungültig werden...?).

Der Aufenthalt des Asylbewerbers ist auf die kreisfreie Stadt oder auf den Landkreis der Gemeinde beschränkt, in der der Betroffene seinen Wohnsitz hat. Jedes Verlassen dieses Kreises, z.B. zur Arbeitssuche oder dem Besuch von Verwandten oder Freunden, muss von der Ausländerbehörde genehmigt werden, die hier nach Gutdünken handeln kann. Wer ohne Genehmigung den Kreis verlässt und dabei erwischt wird, macht sich strafbar und landet als „krimineller Ausländer" in der Statistik. In München war es in früheren Jahren so, dass die Flüchtlinge aus dem Stadtgebiet

---

[55] Diese und alle folgenden Regelungen finden sich im Asylverfahrensgesetz.

nicht einmal den Landkreis betreten durften, was zu paradoxen Situationen führte, da kein Flüchtling, geschweige denn so mancher Münchner, die genauen Stadtgrenzen kennt. Erst auf jahrelanges Insistieren insbesondere des Caritasverbandes wurden die Auflagen geändert und Stadt und Landkreis zu einem Wirkungsgebiet vereint.

Im Asylverfahren werden Leistungen nach dem Asylbewerberleistungsgesetz bezogen (dazu später mehr). Das Asylverfahren kann auf unterschiedliche Art und Weise beendet werden:

Sehr selten ist die Anerkennung als individuell verfolgter politischer Flüchtling nach Artikel 16a Grundgesetz. Sie ist in etwa einem Sechser im Lotto gleichzusetzen. [6]

Etwas häufiger werden Flüchtlinge nach § 51 Absatz 1 AuslG anerkannt. Sie erhalten das so genannte „kleine Asyl". Der Unterschied zur Anerkennung nach §16a GG ist folgender: Zwar sind die Voraussetzungen bezüglich der „politischen Verfolgung" die selben ; ein Schutz wird jedoch auch bei der Einreise über einen sicheren Drittstaat (in den eine Rückführung nicht möglich ist) oder bei „subjektiven Nachfluchtgründen" erteilt. Grundsätzlich ist §51 Abs. 1 die Umsetzung des Flüchtlingsbegriffs und der daraus resultierenden Schutzfunktion der Genfer Flüchtlingskonvention in nationales Recht. In den 90er Jahren erhielten diesen Schutz einige Kosovo-Albaner; in der Zeit vor dem Irak-Krieg erhielten Kurden, Turkmenen und Schiiten aus dem Irak diese Anerkennung innerhalb weniger Monate. Die Folge war ein „blauer Pass" mit einer Aufenthaltsbefugnis für zwei Jahre.

Am häufigsten wird das Vorhandensein von Abschiebehindernissen nach § 53 Absatz 6 AuslG festgestellt. Dies hat in der Praxis die Erteilung einer Duldung zur Folge, kann aber bei Vorweisen von Arbeit und Wohnraum auch zu einer Aufenthaltsbefugnis führen.

Insgesamt ist die Quote an Anerkennungen nicht so niedrig wie allgemein vermutet. Die Zahlen werden vielmehr, je nach Wirkungszweck, politisch instrumentalisiert. Insbesondere das Bundesinnenministerium weist gerne auf die geringe Zahl der Anerkennungen hin, die unter 5% liege, um daraus einen weitläufigen „Missbrauch des Asylrechts" abzuleiten. Dies entspricht jedoch

---

[6] Ausführliche Zahlen finden sich auf der Homepage der Bundesausländerbeauftragten: www.bundesauslaenderbeauftragte.de oder beim Bundesamt (BaFl) unter www.bafl.de

nicht der Wahrheit, wie die Bundesausländerbeauftragte in einem Papier festgestellt hat[7]. Vielmehr liegt die Zahl der Flüchtlinge, die letztendlich mittel- bis langfristig in Deutschland verbleiben, bei um die 50%.
Wer keinerlei Abschiebehindernisse geltend machen kann, wird zunächst ausgewiesen. Dies ist ein juristischer Akt und bedeutet noch nicht die Abschiebung. Die Ausweisung stellt lediglich die Verpflichtung zur Ausreise fest. Der Betroffene hat mehrere Möglichkeiten: er reist freiwillig aus, er taucht unter oder er lässt sich abschieben. Eine Abschiebung hat allerdings die faktische Unmöglichkeit der legalen Wiedereinreise zur Folge. Oftmals scheitern Abschiebungen aber an logistischen Problemen: Es gibt keine Flugverbindung; die Identität des Flüchtlings ist nicht einwandfrei feststellbar; der Betroffene wehrt sich derart, dass der Flugkapitän ihn nicht mitnehmen will (bei solchen Zwangsabschiebungen gab es bereits einige Todesfälle); der Betroffene erleidet kurz vor der Abschiebung einen psychischen Zusammenbruch und kommt erst einmal in die Nervenklinik. Legendär ist die Geschichte, die sich vor einigen Jahren in Bayern abspielte: Ein Flüchtling aus einem afrikanischen Land sollte dorthin abgeschoben werden. Das Innenministerium wollte offenbar einen Präzedenzfall schaffen: Es hatte eigens eine Maschine gechartert, nur für diese eine Person. Alles war geklärt; das Herkunftsland hatte sich zur Aufnahme bereit erklärt. Der Flüchtling wurde von einigen Bundesgrenzschutzbeamten begleitet. Als man im Zielstaat ankam, weigerten sich die dortigen Behörden plötzlich, den Flüchtling anzunehmen. Wohl oder übel musste die Maschine zurückfliegen. Die Kosten der Aktion blieben im Dunkeln. Es dürfte sich aber um eine sechsstellige Summe von Steuergeldern gehandelt haben, die da investiert wurden, um einen Mann von Bayern über Afrika nach Bayern zu fliegen.

In den letzten Jahren wurde eine neue Institution geschaffen, um Flüchtlinge, deren Identität nicht geklärt werden kann, unter höheren Druck zu setzen: die so genannten Ausreisezentren. Es gibt sie (noch) nicht in allen Bundesländern. Die dort untergebrachten Flüchtlinge sollen verstärkt zur Preisgabe ihrer Identität bewegt werden (dazu später mehr). Insgesamt ist der Erfolg dieser

---

[7] siehe www.bundesauslaenderbeauftragte.de

Zentren bei beachtlichem Verwaltungs- und Kostenaufwand bislang als gering einzustufen.

Es gibt weitere Elemente im Asylverfahren, die wenig bekannt sind, jedoch weit reichende Auswirkungen auf die betroffenen Flüchtlinge haben:

Zum einen ist da der so genannte Entscheidungsstopp. Er erlaubt es dem Bundesamt, Entscheidungen zu stoppen, wenn die Lage im Herkunftsland zu „unübersichtlich" ist. Zum ersten Mal wurde dieses Instrument während des Bosnienkrieges angewandt: Für rund 200 000 Flüchtlinge aus Bosnien, die einen Asylantrag gestellt hatten, bedeutete dies, dass ihre Verfahren auf Eis gelegt wurden. Die Betroffenen erhielten eine Duldung, wenn sie innerhalb einer bestimmten Frist den Asylantrag zurückzogen. Erst nach Abschluss des Krieges wurden die Verfahren wieder aufgenommen und in fast allen Fällen negativ beschieden. So hatte es Deutschland vermieden, fast 200 000 Menschen im Asylverfahren anzuerkennen und ihnen einen dauerhaften Aufenthalt zu ermöglichen.

Im Kosovo-Krieg 1999 wurde dieses Instrument abermals eingesetzt; zuletzt auch im Afghanistan- und im Irak-Konflikt. Die Konsequenz: Immer mehr Menschen, die einen Anspruch auf Asyl hätten, wird dieser verwehrt, indem das Asylrecht „auf kaltem Wege" abgeschafft wird.

Sollte es dennoch einer größeren Gruppe von Menschen aus einem Land gelingen, Asyl zu erhalten (so den Kosovo-AlbanerInnen Anfang der 90er Jahre und den IrakerInnen in den Jahren bis 2002), so dürfen sie sich doch keineswegs sicher fühlen. Denn sobald sich die Verhältnisse im Herkunftsland entscheidend geändert haben, kann das Bundesamt ein Widerrufsverfahren einleiten: Die Asylberechtigung wird neu geprüft. Wer dann noch nicht die üblichen Voraussetzungen zur asylunabhängigen Aufenthaltsverfestigung erfüllt hat, hat möglicherweise schlechte Karten: Ihm droht die Aberkennung, schlimmstenfalls die Ausweisung aus Deutschland.

Im Herbst 2003 kamen diese Widerrufsverfahren auf alle Kosovo-AlbanerInnen zu, die vom Bundesamt das „kleine Asyl" oder Abschiebehindernisse nach § 53 Absatz 6 zugestanden bekommen hatten. Das erneute Einlegen von Rechtsmitteln war erforderlich. Statt sicherer Lebensplanung und Perspektive standen plötzlich wieder Zweifel, Unsicherheit und Angst bei den Betroffenen im Vordergrund.

Perspektivisch ist davon auszugehen, dass vor allem die Gruppe der IrakerInnen in wenigen Jahren mit Widerrufsverfahren konfrontiert sein wird. So wird Menschen, die Schlimmes erlebt und lange auf Sicherheit gewartet haben, das Recht auf eine Zukunft systematisch verwehrt.

Flüchtlinge außerhalb des Asylverfahrens

Immer wieder gibt es Flüchtlinge, die nach Deutschland kommen und keinen Asylantrag stellen, aber trotzdem einen Aufenthaltstitel erhalten. In den 90er Jahren war das insbesondere bei den BosnierInnen und den KosovoalbanerInnen der Fall. Sie erhielten gleich eine Duldung oder sogar eine Aufenthaltsbefugnis. Im AuslG gibt es einen eigenen Paragrafen für diese „Bürgerkriegsflüchtlinge": den § 32a. Er sieht eine Aufenthaltsbefugnis für zunächst drei Monate vor, die aber verlängert werden kann. Bei den Bosnienflüchtlingen wurde er aufgrund eines Streites zwischen Bund und Ländern über die Kosten nicht angewendet. Bei den Kosovoflüchtlingen, die 1999 kamen, gab es einige tausend, die aufgrund dieses Paragrafen eine Befugnis erhielten. Die meisten waren allerdings nach Beendigung der NATO-Bombardements so unerwartet schnell wieder im Kosovo, wie sie auch nach Deutschland eingeflogen und mit großem politischen Pomp begrüßt worden waren.

Das Zuwanderungsgesetz

Das Zuwanderungsgesetz ist eine Art Schattengesetz. Es geistert seit Jahren durch unzählige politische Diskussionen, sorgte für viel Zündstoff und peinliche Eklats, wurde hoch gelobt und vernichtend kritisiert. Fast jede/r wusste etwas dazu zu sagen; die wenigsten indes hatten die Diskussion wirklich verfolgt, die Texte gelesen, geschweige denn verstanden. Zum Zeitpunkt der Drucklegung dieses Buches ist noch immer unklar, ob ein Zuwanderungsgesetz kommen wird und wie es aussehen könnte. Dennoch soll hier kurz darauf eingegangen werden.
Das Zuwanderungsgesetz war ursprünglich ein Prestigeprojekt der rotgrünen Bundesregierung. Es sollte einen Paradigmenwechsel einleiten: Fortan sollte gesetzlich festgeschrieben sein, dass Deutschland ein Einwanderungsland ist, Zuwanderung braucht und diese steuern muss.

Ursprünglich beauftragte der deutsche Innenminister Otto Schily eine überparteiliche Kommission unter Leitung der angesehenen CDU-Abgeordneten Rita Süßmuth damit, ein Konzept zur Zuwanderung als Basis für ein Gesetz vorzulegen. Als die Kommission ihren Bericht im Juli 2001 vorlegte, hatte sich die politische Diskussion längst verselbständigt. Rotgrün hatte verschiedene Landtagswahlen verloren, jede Partei hatte mittlerweile ein eigenes Zuwanderungskonzept vorgelegt (diese Konzepte waren in nur wenigen Wochen zusammengeschustert worden!) und der Innenminister hatte längst Angst vor der eigenen Courage bekommen. Das durchaus fundierte Ergebnis der Kommission wurde in den Verhandlungen zwischen SPD und Grünen vor allem im Hinblick auf die benötigte Unterstützung bestimmter Länderstimmen im Bundesrat völlig zerrieben. Als das Gesetz endlich zur Abstimmung kam, bestand es im Grunde aus zwei Teilen: Einem für die „nützlichen MigrantInnen" wie Hochqualifizierte (für die es durchaus Erleichterungen vorsah) und einem für Flüchtlinge, für die es neben zwei bedeutenden Verbesserungen (der Anerkennung geschlechtsspezifischer und nichtstaatlicher Fluchtgründe) vielfache Verschärfungen vorsah, unter anderem die Ersetzung der Duldung durch einen noch erheblich schlechteren Aufenthaltsstatus, die Ausweitung des Asylbewerberleistungsgesetzes und der Arbeitseinschränkungen. Die Abstimmung selber geriet vollends zum Eklat, weil Brandenburgs Ministerpräsident und Innenminister unterschiedlich votierten. Das zunächst angenommene Zuwanderungsgesetz, das zum 1.1.03 hätte in Kraft treten sollen, wurde von der CDU beim Bundesverfassungsgericht erfolgreich angefochten, weil es unrechtmäßig zustande gekommen sei. Somit trat es nicht in Kraft und wurde im Herbst 2003 erneut in einer überparteilichen Arbeitsgruppe behandelt; Ausgang ungewiss. Flüchtlingsorganisationen wie Pro Asyl sind jedoch der Meinung, dass ein Scheitern des Zuwanderungsgesetzes besser wäre als eine Verabschiedung eines noch weiter verwässerten Kompromisses, der vor allem zu Lasten der Flüchtlinge ginge.[8]

---

[8] Unter www.proasyl.de gibt es umfangreiche Stellungnahmen von verschiedenen Organisationen, auch den Kirchen, zu den verschiedenen Entwürfen des Zuwanderungsgesetzes.

Fazit

Die Ausländer- und Asylverfahrensgesetzgebung in Deutschland ist ein komplexes und schwer zu durchschauendes Feld, das auch durch ein Zuwanderungsgesetz nicht vereinfacht würde. Dennoch ist Soziale Arbeit vom ersten Tag an mit diesem Feld konfrontiert und muss sich damit auseinandersetzen. Letztlich ist jahrelange praktische Erfahrung vonnöten, um zu sicheren Einschätzungen kommen zu können. Schwierig ist, dass durch das Rechtsberatungsgesetz, das noch vom Anfang des 20. Jahrhunderts stammt, das Monopol für rechtliche Hilfen bei den Anwälten liegt. SozialarbeiterInnen, die Rechtsberatung leisten, machen sich strafbar. Andererseits gibt es nur wenige zuverlässige und bezahlbare Anwälte im Ausländerrecht. Die Mehrzahl verlangt für bestenfalls durchschnittliche Arbeit horrende Summen von mehreren tausend Euro, oft ohne perspektivisches Vorgehen. Flüchtlinge müssen sich oft hoch verschulden, um Anwaltskosten erstatten zu können – oder ihr gesamter Verdienst fließt in die Entlohnung ihres Advokaten. Eine Reform des Rechtsberatungsgesetzes, die SozialarbeiterInnen mehr Spielraum in diesem Bereich gäbe, wäre daher dringend vonnöten. Einstweilen bleibt die Soziale Arbeit darauf beschränkt, die Folgen der ausländerrechtlichen Gesetzgebung am Klienten abzufedern und den feinen Unterschied zwischen unerlaubter Rechtsberatung und erlaubter Rechtsinformation auszutarieren.

Pakete, Taschengeld und Arbeitsmarktprüfung – Weitere rechtliche Grundlagen für die Soziale Arbeit mit Flüchtlingen

Florian Fritz

Neben dem Ausländer- und Asylverfahrensgesetz gibt es eine Reihe weiterer rechtlicher Grundlagen, die den Lebensalltag von Flüchtlingen bestimmen und großenteils einschränken. Es sind dies das Asylbewerberleistungsgesetz (AsylbLG), das Bundessozialhilfegesetz (BSHG), das Arbeitserlaubnisrecht, das Kinder- und Jugendhilfegesetz (KJHG) sowie im internationalen Kontext die Genfer Flüchtlingskonvention (GFK), die Europäische Menschenrechtskonvention (EMRK) und das Haager Minderjährigenschutzabkommen (MSA). Auch unterhalb der Gesetzesebene gibt es, zum Teil wenig bekannte, Instrumente zur Regulierung von Flüchtlingsexistenzen. Dies sind vor allem die Beschlüsse der Innenministerkonferenzen, die Altfallregelungen und die Rückführungsabkommen (im binationalen Sektor). Auf all diese Grundlagen soll im Folgenden einführend eingegangen werden, damit ein Überblick entsteht. Zur Vertiefung empfiehlt sich die in diesem Buch genannte Fachliteratur.

Das Asylbewerberleistungsgesetz

Geschichte

Das AsylbLG wurde 1993 im Rahmen der Änderung des Asylrechts im Grundgesetz neu geschaffen. Sein politischer Sinn war von Beginn an, soziale Leistungen für Flüchtlinge einzuschränken, um auf künftige Flüchtlingsgenerationen abschreckend zu wirken.[9] Berühmt wurde in diesem Zusammenhang das sinngemäße Zitat der damaligen Familienministerin Hannelore Roensch (CDU), Flüchtlingen stünde keine Teilhabe am kulturellen Leben zu, wie sie das BSHG vorsehe. Deshalb müssten ihre Leistungen

---

[9] Näheres hierzu in Claassen, Georg: Menschenwürde mit Rabatt, 2000, S. 18 ff.

niedriger ausfallen als im BSHG angelegt. Damit rührte der Sozialstaat Deutschland an ein Tabu, denn erstmals wurde der Leistungskatalog des BSHG, der bis dahin als gesellschaftlich definiertes Existenzminimum galt, unterschritten. Doch damit nicht genug: Während die Sätze des BSHG jährlich der Inflationsrate angepasst und damit geringfügig erhöht werden, befinden sich die Sätze des AsylbLG nach wie vor auf dem Stand von 1993. Zwar unternahm die rotgrüne Bundesregierung in den letzten Jahren eher halbherzige Versuche, eine Anpassung auch im AsylbLG durchzusetzen. Diese ist aber von der Zustimmung im Bundesrat abhängig, und der lehnte sie bisher regelmäßig ab.[10]

Das Argument, durch die Einführung des AsylbLG würde der Staat Kosten sparen, ist inzwischen vielfach widerlegt worden. So ging der UNHCR in einer Stellungnahme 1993 davon aus, dass durch die Einführung des Gesetzes Mehrkosten von rund 500 Millionen DM entstünden, zudem jährlich weitere 250 Millionen DM, vor allem durch die Schaffung der Logistik, für Raum- und Personalkosten.[11]

Leistungsberechtigte

Leistungsberechtigt nach dem AsylbLG sind alle AsylbewerberInnen, also Flüchtlinge, die sich im Asylverfahren befinden, sowie alle vollziehbar ausreisepflichtigen Ausländer. Darunter fallen Flüchtlinge mit Duldung und Grenzübertrittsbescheinigung, die in Deutschland mehrere Hunderttausend an der Zahl sind. Auch so genannte „Illegale", also Menschen ganz ohne gültige Papiere, fallen bis zum Zeitpunkt ihrer Ausreise darunter. Weiterhin gilt das Gesetz für Kriegsflüchtlinge, die eine Aufenthaltsbefugnis wegen des Krieges im Heimatland besitzen (gemäß § 32 oder 32a Ausländergesetz). Dies traf seit der Einführung des AsylBlG nur auf einige BosnierInnen und wenige KosovoalbanerInnen zu,

---

[10] Asylmagazin 1-2/2002, S. 1
[11] Zu diesem Thema gibt es seither viele Untersuchungen auf kommunaler Ebene. Im Herbst 2000 führten die Grünen in Langenfeld, Nordrhein-Westfalen eine Untersuchung zu den Essenspaketen durch, die die dortigen Asylbewerber erhalten. Unter anderem kam dabei heraus, dass der Stadt Langenfeld durch das Sachleistungsprinzip für die 70 Flüchtlinge jährlich Mehrkosten von umgerechnet rund 55 000 Euro entstehen. Hochgerechnet auf die Zahl jährlicher Asylbewerber bundesweit ergibt das eine beachtliche Summe.

denn die Befugnis muss ausschließlich wegen des Krieges erteilt worden sein (d.h. zumeist unmittelbar oder kurz nach der Einreise). Insgesamt kann man nach Schätzungen davon ausgehen, dass mindestens eine Million Menschen in Deutschland unter das AsylblG fallen.

Leistungskatalog

Das AsylbLG fußt im wesentlichen auf zwei Säulen: Gekürzten Sätzen und dem Sachleistungsprinzip. Die Sätze für den Haushaltsvorstand sind im Vergleich zum BSHG um 20% niedriger. Zudem fallen sämtliche im BSHG enthaltenen Zuschläge weg, wie z.B. für Alleinerziehende oder Menschen, die eine spezielle Ernährung benötigen. Im ungünstigsten Falle kann so ein Differenzbetrag von bis zu 60% entstehen.
Faktisch liegen die ausgegebenen Leistungen noch niedriger, da der Wert der ausgegebenen Sachleistungen, wie mittlerweile vielfach von Flüchtlingshilfeorganisationen anhand von Vergleichskäufen nachgewiesen wurde, niedriger ist als es der gesetzlichen Vorgabe entspräche.[12]
Das Sachleistungsprinzip besagt, dass den Flüchtlingen vorrangig Sachleistungen ausgegeben werden müssen. Zwar gibt es die theoretische Möglichkeit der Auszahlung von Geldleistungen, die meisten Bundesländer und Kommunen verzichten jedoch darauf. Die Stadt München zahlte einige Jahre Geld aus, musste sich jedoch letztlich einer Weisung der Regierung von Oberbayern beugen und auf Sachleistungen umstellen.
Sachleistungen bedeuten in den meisten Fällen die so genannten „Essenspakete". Von privaten Firmen, die den Auftrag vom zuständigen Bezirk erhalten, werden Kartons mit Lebensmitteln gepackt und in den Flüchtlingsunterkünften ausgegeben, zumeist zweimal wöchentlich. Auf den Monat berechnet, sind diese Pakete angeblich ernährungsphysiologisch unbedenklich und auf minimal nötige Bedürfnisse abgestimmt. Auch werden sie in deutscher Gründlichkeit sehr abnehmerspezifisch gefüllt: So gibt es ein Paket „Muslim, männlich, Asien", oder „Afrikanerin, christlich". Für Kinder und alte Menschen mit Ernährungsproblemen gibt es

---

[12] Die bereits zitierte Langenfelder Untersuchung kommt zu dem Schluss, dass den 70 Flüchtlingen jährlich ca. 180 000 Euro vorenthalten werden, die ihnen per Gesetz zustünden und die sie bei einer Bargeldauszahlung erhalten würden.

ebenfalls spezielle „Mischungen". Außerdem werden regelmäßig geschlechtsspezifische Hygienepakete geliefert.

Dennoch werden die Pakete von den meisten Flüchtlingen als entwürdigend und unzureichend empfunden. Da die Rationen auf den Monat berechnet geliefert werden, gibt es beim einen Mal kiloweise Mehl und das nächste Mal vor allem Zucker. Frisches Gemüse und Obst sind Mangelware; Fleisch kommt ausschließlich tief gefroren. Auf Essgewohnheiten und Geschmäcker nehmen Pakete keine Rücksicht, deshalb werden ihre Inhalte partiell von vielen frustrierten Flüchtlingen im nächsten Abfalleimer entsorgt. Es bleibt vor allem das Gefühl, im kulturell wichtigen Bereich des Kochens, der gerade bei den Frauen oft einen großen Teil des Tages ausmacht und wichtige soziale und kommunikative Aspekte hat, jeglicher Selbstbestimmung beraubt und zum Hilfeempfänger degradiert worden zu sein.

Die Spielräume des Selbsteinkaufens sind zudem minimal, da es neben den Sachleistungen nur noch ein monatliches Taschengeld von 40 Euro für Erwachsene und 20 Euro für Kinder gibt (diese Beträge wurden seit 1993 nicht erhöht, trotz gestiegener Lebenshaltungskosten und der inflationsbedingten Teuerung). Zusätzliche Kosten, z.B. für Schule, Kindergarten oder Fahrtkosten, können davon nicht bestritten werden. Dies bedeutet, dass eine Familie, die ausschließlich Leistungen nach dem AsylbLG bezieht, auf legale Weise ihren Lebensunterhalt nicht allein bestreiten kann. Diese Tatsache wird in der Öffentlichkeit weit gehend verdrängt, ausgeblendet oder gleich als Argument für die kriminelle Energie von Flüchtlingen missbraucht.

Neben der Ausgabe von Paketen werden in einigen Ländern und Kommunen auch Sachgutscheine ausgegeben, mit denen die Flüchtlinge in bestimmten Geschäften einkaufen können/ müssen. [13]Diese Supermärkte liegen nicht selten weitab von Orts- und Stadtzentren und sind nur mit hohem Zeit- und Fahrtkostenaufwand zu erreichen. Das Geld für die Fahrkarte jedoch haben die Flüchtlinge nicht.

Stark eingeschränkt ist auch die medizinische Versorgung, die in den § 4 und 6 (Sonstige Leistungen) des Gesetzes geregelt ist. Im Wesentlichen werden nur „akute Erkrankungen und Schmerzzu-

---

[13] Dies war zum Beispiel einige Jahre in Berlin der Fall.

stände" behandelt, Zahnersatz wird nur gewährt, wenn es „aus medizinischen Gründen unaufschiebbar" ist. Schwangere erhalten minimale Leistungen. In der Praxis führen die obengenannten Formulierungen dazu, dass in vielen Fällen die Gesundheitsämter eingeschaltet werden, um zu überprüfen, was „akut" oder „unaufschiebbar" ist. Diese Prozedur ist zeit- und kostenaufwändig und für die Betroffenen entwürdigend und lässt der Willkür der prüfenden Ärzte viel Spielraum. Faktisch kann der Kostenfaktor häufig zum entscheidenden Kriterium werden. Ob eine Operation unaufschiebbar ist, hängt dann unter Umständen davon ab, wie teuer sie ist. Auch der §6 „sonstige Leistungen", der hier der Praxis ein Schlupfloch gewährt, ändert nichts am Grundproblem, da auch sein Spielraum über die Gesundheitsämter ermittelt wird. Erfahrungswerte zeigen, dass Leistungen beim Zahnersatz und bei allen Operationen, die über den Erhalt der prinzipiellen physischen Funktionalität hinausgehen, sehr restriktiv erteilt werden.

Geltungsdauer

Die Geltungsdauer des AsylbLG ist im Grundsatz unbestimmt und richtet sich nach dem Aufenthalt im Bundesgebiet. Allerdings sieht der § 2 vor, dass nach einem ununterbrochenen Leistungsbezug von 36 Monaten Leistungen analog BSHG bezogen werden. Dies bedeutet einen Anspruch auf Geldleistungen und uneingeschränkte Krankenhilfe. Arbeitet ein Flüchtling während dieser drei Jahre und bezieht anschließend wieder Sozialleistungen, verlängert sich die Wartezeit entsprechend.

Fazit und Folgen

Das AsylbLG ist ein Gesetz, das Flüchtlinge systematisch vom Alltagsleben ausgrenzt und diskriminiert. Es ist ihnen nicht möglich, auch nur im Ansatz ein selbst bestimmtes Leben zu führen, sofern sie Leistungsempfänger nach diesem Gesetz sind. Die Folgen sind vielfältig: Integration (vor allem von Kindern und Jugendlichen) wird erschwert (was politisch allerdings ausdrücklich erwünscht ist), die Betroffenen können unter Mangelernährung und psychosomatischen Folgen leiden (häufig ist der Frust über die Pakete eine Mitursache für Depressionen oder auch Konflikte) und sie werden letztlich, wenn sie nicht über ein soziales Netzwerk an Bekannten, Freunden oder HelferInnen verfügen, in Schwarzarbeit und Kleinkriminalität gedrängt, um grundlegende Bedürfnisse befriedigen zu können.

Das Bundessozialhilfegesetz (BSHG)

Auf den Inhalt des BSHG einzugehen, ist nicht Aufgabe dieses Beitrages. Es soll aber darauf hingewiesen werden, dass Flüchtlinge unter bestimmten Voraussetzungen Leistungen nach dem BSHG beziehen können. Für alle Bürgerkriegsflüchtlinge mit Aufenthaltsbefugnis nach §32 oder 32a AuslG gilt dies ebenso wie für solche, die 36 Monate lang Leistungen nach dem AsylbLG bezogen haben. Beide Gruppen bleiben formal weiter Leistungsbezieher nach dem AsylbLG, sie erhalten ihre Sozialhilfe analog BSHG. Diese Konstruktion ist im deutschen Rechtssystem ziemlich einzigartig und ihr Sinn erschließt sich nicht.
Alle Flüchtlinge mit einer Aufenthaltsbefugnis aus anderen Gründen oder mit einem noch besseren Aufenthaltsstatus erhalten, wie Deutsche auch, Leistungen nach dem BSHG.

Das Arbeitserlaubnisrecht

Seit einigen Jahren gibt es im deutschen Arbeitserlaubnisrecht zwei Arbeitserlaubnisse, deren Begrifflichkeiten sich an das Ausländerrecht anlehnen: Die Arbeitserlaubnis (vorher allgemeine Arbeitserlaubnis) und die Arbeitsberechtigung (vorher besondere Arbeitserlaubnis). Geregelt sind sie in der Arbeitsgenehmigungsverordnung (ArGV) und im SGB III. Sie unterscheiden sich beträchtlich hinsichtlich der Möglichkeiten, eine Arbeit aufnehmen zu können.
Die für alle Menschen mit Aufenthaltsgestattung (nach einem Jahr Aufenthalt; vorher gilt ein Arbeitsverbot!), Duldung oder Befugnis nach § 30, 32 und 32a relevante Arbeitserlaubnis wird nach der Lage des Arbeitsmarktes erteilt und zumeist auf eine bestimmte Tätigkeit bei einem bestimmten Arbeitgeber begrenzt. Wenn sich ein Flüchtling und ein Arbeitgeber einig über die Besetzung einer Stelle geworden sind, muss der Arbeitgeber diese Stelle zunächst beim Arbeitsamt frei melden (wenn er das nicht schon getan hat). Dieses sucht darauf hin bis zu sechs Wochen

einen Deutschen, einen EU-Arbeitnehmer oder sonstigen privilegierten Ausländer für diese Stelle. Nur wenn sich in der genannten Frist kein geeigneter Bewerber findet, erhält der Flüchtling die Stelle. In der Konsequenz führt diese Arbeitsmarktprüfung häufig dazu, dass qualifizierte und motivierte Menschen aus Fluchtländern keinen Arbeitsplatz finden und Arbeitnehmer sich mit weniger motivierten oder qualifizierten Bewerbern zufrieden geben müssen, die ihnen das Arbeitsamt schickt.
Die Arbeitserlaubnis wird üblicherweise für die Dauer des Aufenthaltes befristet. Bei Flüchtlingen mit kurzzeitigen Aufenthaltsverlängerungen, beispielsweise einer einmonatigen Duldung, führt dies dazu, dass mit Verlängerung des Aufenthaltes bereits wieder die Arbeitserlaubnis für die mögliche übernächste Verlängerung beantragt werden muss, obwohl noch nicht einmal klar ist, ob es diese überhaupt geben wird. So ist es nicht verwunderlich, dass viele Arbeitgeber Aufwand und Unsicherheit dieses Verfahrens scheuen und Flüchtlinge gar nicht erst einstellen oder entlassen, wenn der Aufenthaltsstatus verkürzt erteilt wird.
Für zusätzliche Verwirrung sorgen Auflagen der Ausländerbehörden wie „Selbständige oder vergleichbare unselbständige Erwerbstätigkeit nicht gestattet" (so wie in München üblich), die viele Arbeitgeber mit einem Arbeitsverbot verwechseln.
Die Arbeitsämter führen zudem interne Positiv- oder Negativlisten. Diese bestimmen, ob eine Arbeitserlaubnis überhaupt nicht (Negativliste) oder ohne Arbeitsmarktprüfung (Positivliste) erteilt wird. Angesichts der aktuellen Situation auf dem Arbeitsmarkt sind allerdings in letzter Zeit nur noch die Negativlisten von Belang.
Der reale Arbeitsmarktzugang für einen Großteil der Flüchtlinge ist insgesamt derart eingeschränkt, dass sie fast nur Jobs im Segment der geringfügigen Arbeit oder über Bekannte oder Verwandte, die in einer bestimmten Branche tätig sind, erhalten können. So sind viele Menschen aus dem ehemaligen Jugoslawien in der Gastronomie oder am Bau tätig, Afghanen und Vietnamesen häufig in der Gastronomie, und Afrikaner erhalten vorwiegend die Putzjobs.
Es gibt einige wenige Sonderregelungen, nach denen die Arbeitserlaubnis auch ohne Arbeitsmarktprüfung erteilt werden kann, so für traumatisierte Bosnier oder für Flüchtlinge mit faktischem Daueraufenthalt, selbst wenn sie nur eine Duldung haben.
Die Arbeitsberechtigung garantiert dagegen den uneingeschränkten Zugang zum Arbeitsmarkt und ist zeitlich unbefristet. Sie

kommt nur für Flüchtlinge nach §51 AuslG („kleines Asyl"; aktuell vor allem die IrakerInnen), Kontingentflüchtlinge nach §33 AuslG und Asylberechtigte nach §16a GG in Betracht.

Das Kinder- und Jugendhilfegesetz (KJHG)

Das KJHG gilt uneingeschränkt auch für Flüchtlinge. Dies bedeutet, dass Flüchtlingskinder prinzipiell in den Genuss all der Maßnahmen kommen können, die auch anderen Kindern zuteil werden. Darin ist sozialpädagogische Hausaufgabenbetreuung ebenso eingeschlossen wie eine ambulante Erziehungshilfe oder die Unterbringung in einem Heim. Drei Einschränkungen tauchen in der Praxis auf: 16-18jährige im Asylverfahren werden nach dem Asylverfahrensgesetz wie Erwachsene behandelt, Maßnahmen nach dem KJHG sind bei der Ausländerbehörde meldepflichtig und können wegen der damit verbundenen Kosten einen Ausweisungsgrund darstellen und intensive sozialpädagogische Maßnahmen haben oftmals hohe Hürden zu überwinden, die durch sprachliche oder interkulturell bedingte Probleme entstehen.

Die Genfer Flüchtlingskonvention (GFK), die Europäische Menschenrechtskonvention (EMRK) und das Haager Minderjährigenschutzabkommen (MSA)

Diese drei Abkommen eint, dass sie international gültig sind und die Unterzeichnerstaaten sich zu ihrer Umsetzung verpflichtet haben. Während die EMRK insbesondere den Schutz von Ehe und Familie in den Vordergrund stellt und auch in rechtlichen Verfahren angebracht wird, wenn es darum geht, Abschiebungen von Teilen einer Familie oder eines Ehepartners zu verhindern, sind die GFK und das Haager Abkommen nicht einklagbar. Die GFK ist vielmehr im deutschen Ausländerrecht (wenn auch lückenhaft) umgesetzt worden, das Haager Abkommen ist von Deutschland nur mit einem „nationalen Gesetzesvorbehalt" unterzeichnet worden. Das bedeutet, dass nationale Gesetze Vorrang haben. So wird im AsylVerfGes die Bestimmung ausgehebelt, dass Kinder bis 18 Jahre als solche behandelt werden müssen.

Die Beschlüsse der Innenministerkonferenzen (IMK)

Die Innenminister der Länder treffen sich in Deutschland alle sechs Monate zu einer Konferenz, um sich in Sachthemen abzustimmen. Die Bandbreite ist groß. Hundehalterverordnungen werden ebenso diskutiert wie die Praxis der Abschiebung von Flüchtlingen. Die Beschlüsse der IMK werden dann von den Ländern im Grundsatz einheitlich, wenn auch im Detail häufig sehr unterschiedlich, umgesetzt. Ihre Bedeutung liegt neben den praktischen Konsequenzen für die Betroffenen auch in der politischen Symbolik, die richtungsweisend für den Fortgang gesellschaftlicher Diskussionen sein kann. So wurde bereits kurz nach dem Ende des Krieges in Bosnien auf einer IMK ein Konzept zur „gestaffelten Rückführung von Flüchtlingen aus Bosnien-Herzegowina" beschlossen. Dieses wurde im Lauf der Jahre zwar mehrmals abgeändert, weil es sich als nicht umsetzbar erwies. Es war jedoch der Auslöser dafür, dass die Ausländerbehörden schon sehr früh einen enormen Druck auf bosnische Flüchtlinge ausübten, um sie zur Rückkehr zu bewegen. Befugnisse wurden nicht mehr verlängert und in Duldungen umgewandelt, Flüchtlinge wurden zur Ausreise aufgefordert (obwohl sie später noch jahrelang im Lande blieben und es zum Teil heute noch sind) und verloren in der Folge Wohnung und Arbeitsplatz. In München gab es Zeiten, in denen die Duldungen oder Ausreisescheine im Dreitagesrhythmus verlängert wurden, was zur Folge hatte, dass jeden Morgen lange Schlangen vor der Ausländerbehörde standen, die Wartezeiten bis zu sechs Stunden betrugen und die Behördenmitarbeiter über totale Überlastung klagten.
Dieses strikte Vorgehen, das viele zur „freiwilligen" Ausreise veranlasste, wurde später von anderen europäischen Ländern, die ursprünglich viel großzügiger und abwartender waren, kopiert.
Erst auf massiven Druck von Flüchtlingsorganisationen und Teilen der öffentlichen Meinung beschloss die IMK im Jahre 2000 ein Aufenthaltsrecht für traumatisierte BosnierInnen und langjährige ArbeitnehmerInnen aus Bosnien und dem Kosovo – Jahre später als andere europäische Länder und mit dem Effekt, dass nur noch einige tausend davon profitierten, weil die meisten schon ausgereist waren oder abgeschoben worden waren.
Auch für die bisherigen „Altfallregelungen" zeichnet die IMK verantwortlich. Ihr Inhalt besteht darin, dass Flüchtlinge, die sich schon lange in Deutschland befinden, unter bestimmten Voraus-

setzungen einen verfestigten Aufenthalt erhalten können. Nötig hierfür ist die Einreise zu einem bestimmten Stichtag, ausreichender Wohnraum und keinerlei Bezug von Sozialleistungen. Vor allem die letzten beiden Punkte führten dazu, dass von den potenziell mehreren hunderttausend Betroffenen nur einige tausend übrig blieben: Wegen des unsicheren Aufenthaltsstatus war es den meisten nämlich nicht möglich gewesen, eine adäquate Arbeit zu erhalten und somit Wohnraum und Unterhalt zu sichern. Diese Kriterien wurden in den einzelnen Bundesländern allerdings unterschiedlich strikt angewendet. Während die meisten Bundesländer verlangten, dass zu einem bestimmten Stichtag keine Sozialhilfe bezogen werden durfte, bestand Bayern zunächst darauf, dass während der gesamten Aufenthaltsdauer im Bundesgebiet keine Sozialleistungen bezogen werden durften.
In Bayern wurde sogar der Stichtag zum Problem: Während in den meisten Bundesländern die Anwesenheit eines Familienmitglieds zum Stichtag in Deutschland ausreichte, bestand Bayern darauf, dass die gesamte Familie zum Stichtag bereits eingereist sein musste. Wenn, wie häufig üblich, der Mann vorher einreiste und die Frau nachkam, bestand keine Chance auf Erhalt einer Befugnis nach der Altfallregelung. Schlimmer: Wenn die Kinder oder ein Kind erst nach dem Stichtag geboren wurden, gab es ebenfalls keine Befugnis, weil ja ein Familienmitglied zum Stichtag noch nicht eingereist war.
Die praktische Ausgestaltung dieser „Altfallregelungen" hatte in jedem Fall zur Folge, dass nur sehr wenige davon profitierten. Für die meisten Altfälle erwiesen sie sich als Mogelpackung. Viele dieser Menschen leben nach wie vor mit einer Duldung in Deutschland und hoffen auf neue, großzügigere Regelungen.

Rückführungsabkommen

Zu Beginn der neunziger Jahre entdeckte die Politik ein neues Instrument zur Steuerung von „Flüchtlingsströmen": die so genannten „Rückführungsabkommen". In Deutschland stellte sich nach der Änderung des Asylgrundrechts 1993 die Frage, wie man Flüchtlinge, die über einen sicheren Drittstaat wie beispielsweise Polen eingereist waren, wieder dorthin zurückschieben könnte. Dafür war nämlich die Bereitschaft Polens nötig, die Zurückge-

schobenen auch anzunehmen und sie nicht gleich wieder nach Deutschland zu schicken. Das Prinzip „Geld gegen Menschen" wurde geboren. Gegen beträchtliche Summen (1993 waren es ca. 120 Millionen DM) und der Lieferung von technisch hochwertigem Material zur Sicherung der eigenen Außengrenzen) verpflichtete sich Polen in einem Rückführungsabkommen, nachweislich über sein Staatsgebiet eingereiste Flüchtlinge zurückzunehmen und gegebenenfalls selbst ein Asylverfahren durchzuführen.[14] Ähnliche Abkommen mit den anderen an Deutschland grenzenden Ostländern waren die Folge. Flüchtlinge, die an der deutsch-polnischen Grenze aufgegriffen wurden, konnten fortan den polnischen Grenzern übergeben werden. Die deutsche Seite rüstete nebenbei die Grenze erheblich auf und übte politischen Druck in den Grenzgebieten aus. Bürger wurden in Informationsveranstaltungen dazu aufgefordert, dem Bundesgrenzschutz verdächtige Personen zu melden, Taxifahrer, die eingereiste Flüchtlinge transportiert hatten, wurde wegen „Beihilfe zur illegalen Einreise" verurteilt.
Zurückgeschobene Flüchtlinge versuchten wiederholt die Wiedereinreise, manche ertranken oder erfroren.
Die östlich von Deutschland gelegenen Länder schlossen wiederum Rückführungsabkommen mit Ländern an ihren Ostgrenzen. Deutschland selbst schloss solche Abkommen mit einer Reihe weiterer Länder. Darunter ist ein Abkommen mit Algerien (1998), das sogar vorsieht, algerische Flüchtlinge noch auf deutschen Flughäfen den algerischen Sicherheitsdiensten zu übergeben (die dann für ihre „sichere Heimreise" verantwortlich sind). Erwähnenswert ist auch das Abkommen mit Vietnam (80 Millionen DM), das beinhaltete, dass die betroffenen VietnamesInnen nicht selbständig, sondern nach Vorgaben der Ausländerbehörde mit einem bestimmten Flug auszureisen hatten (1995; siehe auch den Beitrag von Hester Butterfield) oder ein Abkommen mit Jugoslawien noch unter Milosevic (1996). Bis kurz vor Beginn der NATO-Luftangriffe im Juni 1999 schob Deutschland aufgrund dieses Abkommens noch KosovoalbanerInnen nach Jugoslawien ab, und der deutsche Innenminister stimmte nur mit größtem Widerwillen dem EU-Vorschlag zu, der jugoslawischen Fluglinie JAT keine Landeerlaubnis mehr zu erteilen, weil dies bedeutete, dass keine Abschiebungen mehr möglich waren (dummerweise war im Ab-

---

[14] Näheres hierzu in FFM, Heft 1: „Polen vor den Toren der Festung Europa", 1995

kommen geregelt, dass ausschließlich die JAT diese Flüge durchführen durfte).

Alle die erwähnten Abkommen (und es gibt noch viele weitere) haben zum Inhalt, dass die Vertragspartner Summen in Millionenhöhe erhalten, über die natürlich nichts an die Öffentlichkeit dringt. Man kann aber davon ausgehen, dass Deutschland seit 1993 in Grenzsicherungsmaßnahmen und Rückführungsabkommen sicherlich eine Milliarde Euro investiert hat. In Zukunft werden sicherlich weitere Rückführungsabkommen mit Herkunftsstaaten geschlossen werden. Insbesondere im afrikanischen Raum besteht aus Sicht der Politik hierbei Handlungsbedarf, da sich dort die Identität der Flüchtlinge, deren Feststellung Voraussetzung für eine Abschiebung ist, oftmals nicht feststellen lässt. So gab es vor einiger Zeit den Vorschlag des Hamburger Rechtspopulisten Ronald Schill, künftig in einen „Großraum Afrika" abzuschieben. Es stellt sich nur die Frage, mit wem man dann das Rückführungsabkommen schließen will...

Literatur und Internet:

Classen Georg: Menschenwürde mit Rabatt; von Loeper Literaturverlag 2000

UNHCR: Flüchtlinge Sonderheft „50 Jahre Genfer Flüchtlingskonvention", 2000

www.ffm-berlin.de (Forschungsgesellschaft für Flucht und Migration)

Kriminalität

Flüchtlingsunterkunft Görzer Strasse in München, eine Turnhalle, 1993

Katastrophenschutz? Eine Turnhalle von oben, durch Holzverschläge abgeteilt. Kakerlaken, grelles Deckenlicht, 100 allein stehende Männer. Das Schnarchen oder Husten hört man in jeder Hallenecke. Die Unterbringung von Flüchtlingen, ob in Hallen, Containern, Baracken: Trägt sie nicht kriminelle Züge?

Flüchtlinge in Deutschland: Kriminalisiert oder kriminell? Polizeiliche Daten zur „Flüchtlingskriminalität" und ihre Konsequenzen für die Sozialarbeit

Dr. Wiebke Steffen

„Vielen Flüchtlingen sind die legalen Einreisewege versperrt. Deshalb greifen sie trotz der damit verbundenen Gefahren und finanziellen Belastungen auf die Dienste von Schleppern zurück, um in Sicherheit zu gelangen. Damit untergraben sie in den Augen vieler Staaten ihre Glaubwürdigkeit. In Kombination mit der zunehmenden Tendenz der Staaten, Asylsuchende einzusperren, gelten sie in der öffentlichen Wahrnehmung immer häufiger als Kriminelle" … „Flüchtlinge wurden so als Menschen stigmatisiert, die bestehende Gesetze zu umgehen suchen" (UNHCR-Report 2002).

„Illegale Einwanderer müssten unter allen Umständen ‚verjagt' werden, sagte der italienische Autonomieminister Umberto Bossi. Es gebe ‚Momente, wo man Gewalt anwenden muss. Nach der zweiten oder dritten Warnung: Bumm, die Kanone geht los.' Später hat Bossi erklärt, man habe ihn missverstanden. Er habe nur einen ‚Scherz' gemacht." (Süddeutsche Zeitung vom 20. Juni 2003)

Migration und Kriminalität – das ist ein Thema, das sich wie kaum ein anderes für Missverständnisse, Polarisierungen und Provokationen eignet. Getreu dem Motto „alles Böse kommt von außen" werden „Ausländer" – und das keineswegs nur an Stammtischen oder in manchen Medien –häufig in einer verallgemeinernden Art mit Kriminalität in Verbindung gebracht. So stimmten etwa in einer repräsentativen Umfrage über zwei Drittel der Befragten (69%) der Ansicht zu „Durch Zuwanderer steigt die Kriminalität" – und nur jeder Siebte (14%) stimmte dem nicht zu! (Hanns Seidel Stiftung 2000, 53).

Dabei richten sich diese Vor-Urteile und Bedrohtheitsgefühle vor allem, wenn auch keineswegs ausschließlich, an die „Ausländer", die besonders erkennbar „von außen" kommen: An Flüchtlinge. Ende 2000 waren das in Deutschland etwa 1,1 Millionen Menschen oder 15% der 7,3 Millionen Ausländerinnen und Ausländer, die hier leben. Oder genauer gesagt: Die in Deutschland als „legal aufhältliche Ausländer" gemeldet und damit auch bevölkerungsstatistisch erfasst sind.

Nach dem Bericht der Beauftragten der Bundesregierung für Ausländerfragen vom Februar 2002 waren von den Flüchtlingen
- 164.000 Asylberechtigte,
- 54.000 Konventionsflüchtlinge (nach § 51 Abs. 1 Ausländergesetz – AuslG – und dem Abkommen über die Rechtsstellung der Flüchtlinge vom 28. Juli 1951 – Genfer Flüchtlingskonvention),
- 130.000 Familienangehörige von anerkannten Flüchtlingen,
- schätzungsweise 8.000 Kontingentflüchtlinge (im Rahmen humanitärer Aktionen aufgenommene Flüchtlinge),
- 137.000 jüdische Zuwanderer aus den Nachfolgestaaten der ehemaligen Sowjetunion,
- ca. 140.000 Ausländer mit Aufenthaltsbefugnis (nach §§ 30, 32 AuslG),
- 13.000 heimatlose Ausländer,
- ca. 225.000 de facto Flüchtlinge (Flüchtlinge, die im Besitz einer Duldung sind und deren Abschiebung vorübergehend ausgesetzt wurde),
- 200.000 Asylbewerber,
- sowie noch ca. 40.000 Flüchtlinge aus Bosnien und Herzegowina

Zu diesen „offiziellen" Flüchtlingen kommt noch eine unbekannte Zahl von „inoffiziellen Flüchtlingen", von Ausländern, die sich – etwa als illegal Eingereiste oder auch „untergetauchte" abgelehnte Asylbewerber – illegal in Deutschland aufhalten. Schätzungen, die aber eher kaum belegte Spekulationen sind, gehen von 500.000 bis 1,5 Millionen „Papierlosen" (von der französischen Bezeichnung für illegal aufhältliche Ausländer, „sans papiers") in Deutschland aus (Beisbart 2003). Eine kürzlich veröffentlichte Studie über die Lebensbedingungen von „illegal in München lebenden AusländerInnen" vermutet ca. 30.000 bis 50.000 Menschen, die heimlich in München leben (Süddeutsche Zeitung vom 28./29. Mai 2003).

Wer nach Deutschland einreist oder sich hier aufhält ohne (gültige) Papiere zu haben, handelt illegal: Nach dem Ausländergesetz (AuslG) stehen sowohl unerlaubte Einreise als auch unerlaubter Aufenthalt unter Strafe (§ 92 AuslG). Rechtswidrige Einreise und Aufenthalt können nach (§ 57 AuslG) eine bis zu dreijährige Haftstrafe beziehungsweise Abschiebehaft bis zu 18 Monaten zur Folge haben. (2002 wurden von der Polizei in Deutschland insgesamt 112.573 nichtdeutsche Tatverdächtige mit illegalem Aufenthalt registriert, 103.479 von ihnen wegen Straftaten gegen das AuslG bzw. das Asylverfahrensgesetz – AsylVerfG – Näheres dazu unten).

Es sind insbesondere diese „Ausländer" gemeint, wenn gefordert wird, die Zuwanderung strikt zu steuern und zu begrenzen, um die Integrationsfähigkeit von Staat und Gesellschaft nicht zu überfordern: „Weitere Zuwanderungslawinen stören den inneren Frieden" (Schwind 2002).

Wie immer man dazu steht – ohne Frage hat die starke Zuwanderung nach Deutschland, gerade auch von Flüchtlingen, die schon die späten achtziger, vor allem aber die neunziger Jahre des letzten Jahrhunderts prägte, Besorgnis ausgelöst: Migration und Kriminalität sind zu zentralen Themen der Inneren Sicherheit geworden (siehe dazu auch den Ersten Periodischen Sicherheitsbericht der Bundesregierung – PSB – 2001, 306 ff). Und das nicht nur wegen der möglichen Bedrohung, die von solchen „kriminalitätsrelevanten Problemgruppen" (Schwind 2003, 462) ausgehen kann, sondern auch wegen der Bedrohung, die sich gegen sie gerichtet hat und immer noch richtet: Durch fremdenfeindlich motivierte Straftaten, die sich vor allem durch die spektakulären, Menschen verachtenden Ereignisse Anfang der neunziger Jahre – die Lichterketten und Mahnwachen nach den Brandanschlägen von Hoyerswerda, Rostock, Mölln und Solingen sind noch in lebhafter Erinnerung – nachhaltig auf unsere Gesellschaft ausgewirkt haben.

Zuwanderung und Kriminalität: Kriminologische Forschung und kriminalstatistische Daten

Umso wichtiger ist es deshalb, den belegbaren Einfluss von Zuwanderung auf die in Deutschland begangene und registrierte Kriminalität zu bestimmen. Das ist allerdings nicht ganz einfach: Nicht nur, aber eben auch in der Kriminologie gilt die Befassung mit dem Thema „Migration und Kriminalität" als heikel und problematisch. Obwohl sich die Kriminologie seit mehr als vier Jahrzehnten mit der „Ausländerkriminalität" beschäftigt, bewegen sich die Analysen und Äußerungen hierzu immer noch in einem Bereich, der traditionell ein politisches und ideologisches Minenfeld ist. Nicht wenige Forscher weigern sich daher, diesen Themenbereich überhaupt als wissenschaftliche Forschungsfrage aufzunehmen (siehe hierzu Steffen 2001, 232 und Bannenberg 2003).

Im Mittelpunkt der Kritik standen und stehen die Verwendung und Aussagekraft von Daten der Polizeilichen Kriminalstatistik (PKS). Sie geht bis zur Forderung, auf eine Differenzierung nach der Nationalität der Tatverdächtigen in der PKS zu verzichten, da „die polizeilichen Statistiken diskriminieren" (IG Metall 1998, 11). Bei dieser Furcht vor einer Diskriminierung – die durchaus berechtigt sein kann, insbesondere dann, wenn undifferenziert von „den Ausländern" geredet wird – wird allerdings „übersehen", dass nicht die PKS als solche diskriminierend wirkt, sondern der sorglose oder (absichtlich?) falsche Umgang mit den in ihr enthaltenen Daten. Außerdem geht die Gefahr einer Diskriminierung von Ausländern in Richtung „Ausländer sind krimineller als Deutsche" oder „Ausländer, das bedeutet Kriminalität" weniger von diesem nicht sach- und fachgerechten Umgang mit kriminalstatistischen Daten aus als vielmehr von einer Berichterstattung in den Medien, die sich gerade nicht auf systematische Erkenntnisse aus Kriminalstatistiken stützt.

Dennoch wurde und wird – auch und gerade innerhalb der Kriminologie – Ausländerkriminalität ignoriert, weggerechnet und zum kriminalstatistischen Phantom oder Artefakt erklärt (beispielhaft dafür ist Geißler 1995 und 1998). Das ist eine Vorgehensweise, die fatale Folgen hat: Denn durch die Tabuisierung dieses Themas wird keineswegs die befürchtete Diskriminierung von Ausländern verhindert, wohl aber jeder rationale Diskurs über Ausländerkriminalität.

Nur durch einen solchen rationalen Diskurs können aber viele Angstmacher-Argumente widerlegt werden, kann falschen, tendenziösen und diskriminierenden Behauptungen zur Ausländerkriminalität insgesamt und zu der von Flüchtlingen im Besonderen entgegengetreten werden.

Staatsangehörigkeit, Lebenslagen und Kriminalität

Nur ein solcher rationaler Diskurs ermöglicht es auch, die Kriminalität von Ausländern – die es unbestritten gibt, sonst müssten sich ja nicht so viele die Mühe machen, dieses Thema zu tabuisieren – wie die Kriminalität von Deutschen als Symptom für Probleme, als Hinweis auf individuelle und soziale Missstände und Defizite zu verstehen, nach Lösungen zu suchen und geeignete Maßnahmen der sozialen Intervention anzubieten.

Bedauerlicherweise ist es ja häufig erst die kriminelle Auffälligkeit einzelner Personen oder auch von Bevölkerungsgruppen, die staatliche und nichtstaatliche Instanzen aufmerken und (manchmal) handeln lässt – und nicht etwa schon die individuellen und sozialen Problemlagen selbst, etwa hinsichtlich der rechtlichen Lage, des familiären Klimas und Erziehungsverhaltens, der Schulbildung, Arbeit, Gesundheit und Wohnsituation, der materiellen Lage insgesamt. Problemlagen, die unter anderem auch Kriminalität begünstigen können.

Damit eines ganz klar ist: Nicht die Tatsache, eine deutsche oder nichtdeutsche Staatsangehörigkeit zu besitzen, macht „kriminell", sondern die mit dieser Tatsache möglicherweise verbundenen rechtlichen, sozialen, kulturellen, ökonomischen und sonstigen Lebensbedingungen, Besonderheiten und Probleme. Diese Bedeutung von „Lebenslagen", für die Kriminalität bzw. Kriminalisierung von Personen, ist in der Kriminologie unbestritten und gehört zu den geläufigsten Erklärungen von Kriminalität.

Grundsätzlich sind für die Kriminalität und Kriminalisierung von Zuwanderern die gleichen Faktoren und Variablen bestimmend wie für die der Deutschen. Für Zuwanderer können allerdings über diese allgemein geltenden, Kriminalität fördernden oder hemmenden Bedingungen hinaus noch für sie spezifische „Lebenslagen" hinzukommen, die vor allem durch das Ausmaß ihrer rechtlichen und sozialen Integration bestimmt werden. Von besonderer Bedeutung sind die möglichen Folgen des unterschiedlich sicheren Aufenthaltsstatus für Lebensverhältnisse, Integration und Kriminalität. Der Aufenthaltsstatus bestimmt insbesondere die Lebensperspektive, mit der Zuwanderer ihre Existenz in Deutschland planen können (PSB 2001, 306).

So haben die Anwerbe-Ausländer – Arbeitsmigranten („Gastarbeiter") und ihre Angehörigen – , von denen jeder zweite schon länger als 10 Jahre in Deutschland lebt und jeder vierte Bürger der Europäischen Union ist, in der Regel einen gesicherten Aufenthaltsstatus, verbunden mit einer weit gehenden wirtschaftlichen, sozialen und auch sprachlichen Integration (PSB 2001, 307, 309; auch Thränhardt 1995). Diese „Pass-Ausländer" dürften auch hinsichtlich ihrer kriminellen Auffälligkeit mit derjenigen von Deutschen in ähnlichen wirtschaftlichen und sozialen Lagen vergleichbar sein.

Unter ihnen bereitet allerdings die zweite und dritte Generation der hier geborenen und/oder aufgewachsenen „Ausländer" mit ihren immer noch erheblichen Defiziten hinsichtlich schulischer und beruflicher Bildung und den für sie typischen familiären Belastungen (vgl. dazu z.B. Ohder 1991, Thränhardt 1995, Herrmann 1995, Wetzels u.a. 1999, auch der Bericht der Ausländerbeauftragten der Bundesregierung 1997, den PSB 2001 und Bannenberg 2003) einige Probleme, auch hinsichtlich ihrer kriminellen Auffälligkeit. Schon vor Jahren sind Prognosen dahin gehend erstellt worden, dass aufgrund der bestehenden sozialstrukturellen und sozialisationsspezifischen Benachteiligungen ausländischer Kinder und Jugendlicher deren Kriminalitätsbelastung zunehmen würde – und zwar über das jugendtypisch Normale hinaus (so z.B. durch Albrecht/Pfeiffer 1989). „Wenn innerhalb der Gruppe junger Zuwanderer bei leichter Kriminalität eher die vorübergehend in Deutschland Lebenden, bei mittleren und schwereren Taten aber die hier Aufgewachsenen ohne deutschen Pass dominieren, deutet dies auf Integrationsprobleme in Teilen der zweiten Generation hin" (PSB 2001, 322).

Lebenslagen von Flüchtlingen

In wieder einer ganz anderen Aufenthalts- und Lebensperspektive-Situation befinden sich die Flüchtlinge. „Internationales Recht definiert einen Flüchtling als eine Person, die sich aus begründeter Furcht vor Verfolgung außerhalb des Landes befindet, dessen Staatsangehörigkeit sie besitzt, oder die wegen eines Krieges oder innerstaatlichen Konflikts geflohen ist ... Flüchtlinge verlassen ihre Heimat nur unter starkem Druck und die meisten möchten zurückkehren, sobald es die Umstände erlauben" (zitiert aus dem Internet-Auftritt des UNHCR vom Juni 2003 www.unhcr.de).

Nach Deutschland sind Flüchtlinge vor allem als Asylbewerber und Kriegsflüchtlinge aus ost- und südosteuropäischen Krisengebieten gekommen oder aber aus wirtschaftlicher Not oder wegen politischer Verfolgung aus der „Dritten Welt" eingereist. Nicht selten entwurzelte und bindungslose, häufig von Sozialhilfe lebende und der deutschen Sprache nicht mächtige Ausländer, deren Existenz in jeder Hinsicht völlig provisorisch und nicht gerade selten „illegal" ist. Das sind Lebenslagen, aus denen heraus das Begehen von Straftaten eigentlich nicht überraschen kann.

Darüber hinaus sind Flüchtlinge einer besonders großen und sehr spezifischen Kriminalisierungsgefahr ausgesetzt, die ihre Ursache auch in dem öffentlichen Diskurs über Flüchtlinge hat. Dieser Diskurs ist von Missbrauchvorwürfen geprägt, durch Begriffe wie „Scheinasylanten", „Asylmissbrauch", „Wirtschaftsflüchtlinge". In den Augen der Öffentlichkeit trägt weiter zur Kriminalisierung bei, dass Asylsuchende in Sammelunterkünften mehr oder weniger eingesperrt werden und in Abschiebehaft geraten können.

Da die legalen Möglichkeiten einer Einreise nach Deutschland (wie auch in andere europäische Staaten) immer mehr zurückgegangen sind, gleichzeitig aber der Migrationsdruck durch Verfolgung, (Bürger-)Kriege und Armut gestiegen ist, reisen nicht wenige Flüchtlinge gleich illegal ein (bzw. scheinlegal mit ge- oder verfälschten Papieren). Oder sie tauchen in die Illegalität ab, um sich der Gefahr ihrer Abschiebung oder Inhaftierung zu entziehen.

Nicht zuletzt bedingt durch diese politischen Rahmenbedingungen und das staatliche Handeln werden Flüchtlinge in der öffentlichen Wahrnehmung völlig unabhängig von einer etwaigen kriminellen Auffälligkeit schon wegen des Flüchtlingsstatus selbst kriminalisiert – und entsprechend „beäugt" und behandelt.

Flüchtlinge und Kriminalität: Aussagemöglichkeiten und -grenzen der Polizeilichen Kriminalstatistik (PKS)

Ob und ggf. in welchem Ausmaß die Migrantengruppe „Flüchtlinge" tatsächlich Straftaten begeht, ob sie durch besonders auffallende kriminelle Aktivitäten das Vor-Urteil bestätigt, ihre Zuwanderung sei ein Sicherheitsrisiko, soll im Folgenden auf der Basis polizeistatistischer Daten geprüft werden.

Diese Prüfung ist jedoch aus methodischen Gründen nicht ganz einfach und muss auch in Teilen unbefriedigend bleiben, schon weil sie nicht eindeutig gelingen kann:
- Die PKS ist eine Anzeigestatistik: Die in ihr erfassten Daten machen nur Aussagen zum Hellfeld der Straftaten und Straftäter, die – zumeist von den Opfern selbst – bei der Polizei angezeigt und in der Statistik erfasst werden. Da der weitaus größte Teil der tatsächlich verübten Delikte nicht angezeigt wird, sondern im so genannten Dunkelfeld verbleibt, ist es immer schwierig, Entwicklungen zu beurteilen: Hat die Kriminalität tatsächlich zu- oder abgenommen – oder hat sich nur das Anzeigeverhalten verändert? Da das Anzeigeverhalten nicht zuletzt von der Berichterstattung in den Medien abhängt und das „Problem Zuwanderung" ein Medienthema ist, muss gerade hinsichtlich eines grundsätzlich strafrechtlich relevanten Verhaltens von Flüchtlingen von unterschiedlicher Anzeigebereitschaft ausgegangen werden. Außerdem aber auch von einer äußerst geringen Anzeigebereitschaft bzw. großen Dunkelfeldern bei intraethnischen Konflikten oder etwa solchen in Sammelunterkünften.
- Die PKS ist eine Verdachtsstatistik: Als Tatverdächtige werden die Personen erfasst, die nach Abschluss der polizeilichen Ermittlungen als hinreichend verdächtig gelten, eine mit Strafe bedrohte Handlung begangen zu haben. Über den Ausgang der Ermittlungsverfahren bei Staatsanwalt-

schaft und Justiz macht die PKS keine Angaben. Da es in Deutschland keine Verlaufsstatistik gibt, ist es nicht möglich, den Weg durch die Instanzen zu verfolgen, den eine Straftat bzw. ein Straftäter von der Anzeigeerstattung über die polizeilichen Ermittlungen bis hin zur justiziellen Erledigung nimmt. Den Daten der Strafverfolgungsstatistik zufolge werden Migranten häufiger verurteilt als Deutsche und haben Anteile an den im Strafvollzug befindlichen Gefangenen, die weit über ihren Anteilen an der Bevölkerung und an den Tatverdächtigen liegen.

- Zur sozialen Situation, zu den konkreten Lebensbedingungen der tatverdächtigen Flüchtlinge, enthält die PKS keine Angaben. Erfasst wird bei den nichtdeutschen Tatverdächtigen nur der Aufenthaltsgrund: Dabei wird in der PKS zum einen nach „illegalem" und „legalem" Aufenthalt unterschieden und innerhalb des legalen Aufenthaltes dann weiter nach den Aufenthaltsgründen Arbeitnehmer, Studenten/Schüler, Gewerbetreibende, Stationierungsstreitkräfte und deren Angehörige, Asylsuchende, sonstiger Grund/unbekannt. Tatverdächtige „Flüchtlinge" können bei drei Aufenthaltsgründen erfasst werden: Als „Illegale", als „Asylbewerber" und bei „sonstiger Grund/unbekannt", denn zu dieser „Sammelkategorie" gehören neben Erwerbslosen, Besuchern und anderen Personengruppen auch nicht anerkannte Asylbewerber mit Duldung und Flüchtlinge. Bezogen auf den Aufenthaltsstatus sind in dieser Kategorie also Personen mit permanentem Aufenthaltsrecht ebenso enthalten wie solche mit ungewissem Bleibestatus – und eben auch die nichtdeutschen Tatverdächtigen, deren Aufenthaltsgrund „unbekannt" ist.

Auf der Basis der polizeistatistischen Daten sind folglich nur begrenzte Aussagen zur „Kriminalität von Flüchtlingen" möglich; auf der Basis der anderen Kriminalstatistiken, etwa der Strafverfolgungsstatistik, allerdings gar keine. Grundlage der folgenden Analysen sind die Polizeilichen Kriminalstatistiken für die Bundesrepublik Deutschland und für den Freistaat Bayern; die Letztere immer dann, wenn auf Landesebene differenziertere Auswertungen möglich sind als auf Bundesebene. Da die statistischen Daten an Aussagekraft gewinnen, wenn sie sich auf längere Zeiträume beziehen, wird für die Entwicklung in Deutschland der Zeitraum von 1993 (erst ab diesem Jahr sind die Angaben aus den neuen Ländern von hinreichender Zuverlässigkeit) bis 2002 betrachtet, für Bayern der Zeitraum von 1988 (das Jahr nach der Volkszählung und vor der Grenzöffnung mit ihren erheblichen Auswirkungen auf die Migration) bis 2002.

Die polizeiliche Registrierungshäufigkeit nichtdeutscher Tatverdächtiger mit „Flüchtlingsstatus" geht zurück

Zunächst einige Daten zur Gesamtentwicklung der Registrierungshäufigkeit von Tatverdächtigen mit deutscher und nichtdeutscher Nationalität: Sie machen nicht nur kriminelle Auffälligkeiten deutlich, sondern vor allem auch, in welchem Ausmaß die polizeilich registrierte „Ausländerkriminalität" die politischen Ereignisse widerspiegelt.

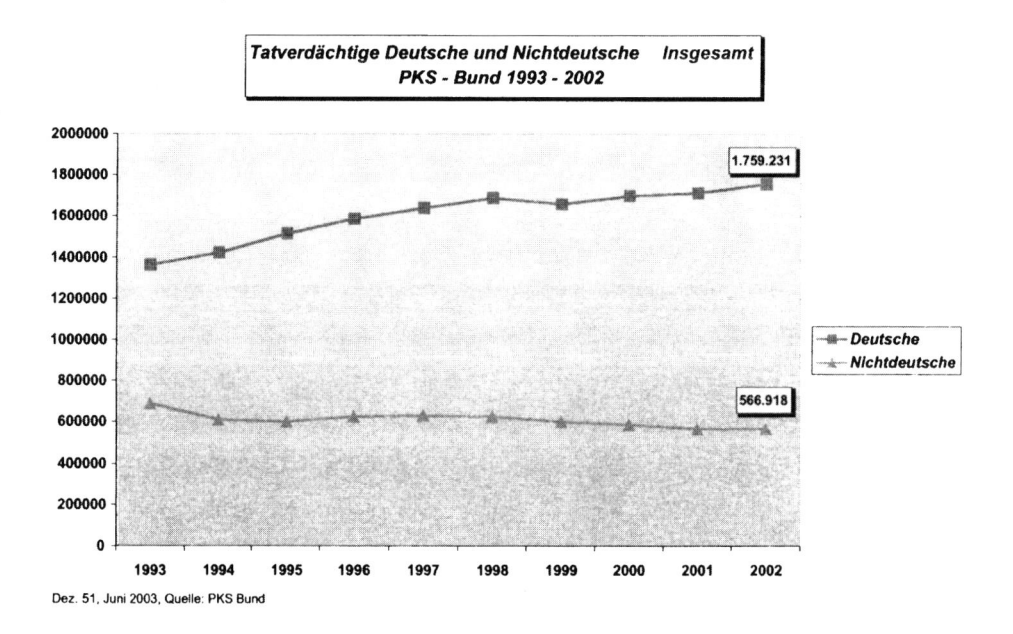

Grafik 1: Tatverdächtige Deutsche und Nichtdeutsche insgesamt (PKS-Bund 1993 – 2002)

Während in Deutschland im Vergleichszeitraum 1993 – 2002 die Zahl der deutschen Tatverdächtigen kontinuierlich zunimmt – insgesamt um 29% von 1.361.855 Tatverdächtigen 1993 auf 1.759.231 Tatverdächtige 2002 – geht diejenige der nichtdeutschen Tatverdächtigen zurück – insgesamt um 18% seit 1993 (von 689.920 Tatverdächtigen auf 566.918 Tatverdächtige 2002). Bundesweit sind 2002 ein Viertel (24,4%) aller Tatverdächtigen Nichtdeutsche; 1993 waren es noch ein Drittel (33,6%).

Grafik 2: Entwicklung der deutschen und nichtdeutschen Tatverdächtigen im Zeitraum 1988 bis 2002 in Bayern

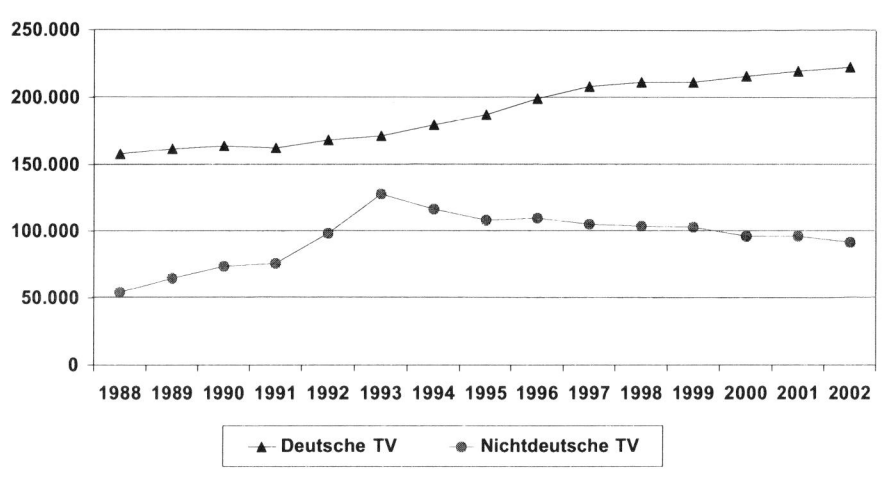

Entwicklung der deutschen und nichtdeutschen Tatverdächtigen im Zeitraum 1988 bis 2002 (alle TV - bei Straftaten insgesamt)

Dez. 51, Mai 2003, Quelle: PKS Bayern

Wenn – wie für Bayern möglich – die Entwicklung seit 1988 betrachtet wird, werden die Zunahmen und Abnahmen (und ihre politischen Ursachen) noch deutlicher sichtbar. Die Zahl der nichtdeutschen Tatverdächtigen hat sich von 1988 bis 1993 zunächst mehr als verdoppelt – mit einer Zunahme um 135% von 54.546 Tatverdächtigen 1988 auf 128.243 Tatverdächtige 1993 – um dann deutlich zurückzugehen – bis 2002 um 28% (auf 91.955 Tatverdächtige). Im Vergleich dazu nimmt die Zahl der deutschen Tatverdächtigen seit 1988 kontinuierlich zu – um 41% von 157.709 Tatverdächtigen 1988 auf 222.315 Tatverdächtige 2002. In der Konsequenz hat sich dann auch der Anteil der nichtdeutschen Tatverdächtigen an allen Tatverdächtigen von 25,7 % 1988 über 42,8% 1993 auf 29,3% 2002 verändert.

Für Bayern sind auch Angaben zur Staatsangehörigkeit und zum Alter der Nichtdeutschen möglich (bei den Angaben für das Alter werden hier und im Folgenden die TV nicht berücksichtigt, die ausschließlich gegen das AuslG/AsylVfG verstoßen haben):

> Im Jahr 2002 sind 15,8% der nichtdeutschen TV EU-Ausländer, 17,2% haben die türkische Staatsangehörigkeit, 9,4% die der Bundesrepublik Jugoslawien und insgesamt 12,1% eine polnische, rumänische oder bulgarische Staatsangehörigkeit. Insgesamt kommen drei Viertel (73,8%) der nichtdeutschen Tatverdächtigen aus Europa. Die größte Gruppe unter den aus nicht-europäischen Staaten kommenden nichtdeutschen Tatverdächtigen sind die Iraker (mit einem Anteil an allen von 6,1%).

> Der weitaus größte Teil der nichtdeutschen Tatverdächtigen (79,3%) ist 21 Jahre als und älter, 7,2% sind zwischen 18 und 20 Jahren alt, 9,3% zwischen 14 und 17 Jahren und 4,2% sind jünger als 14 Jahre.

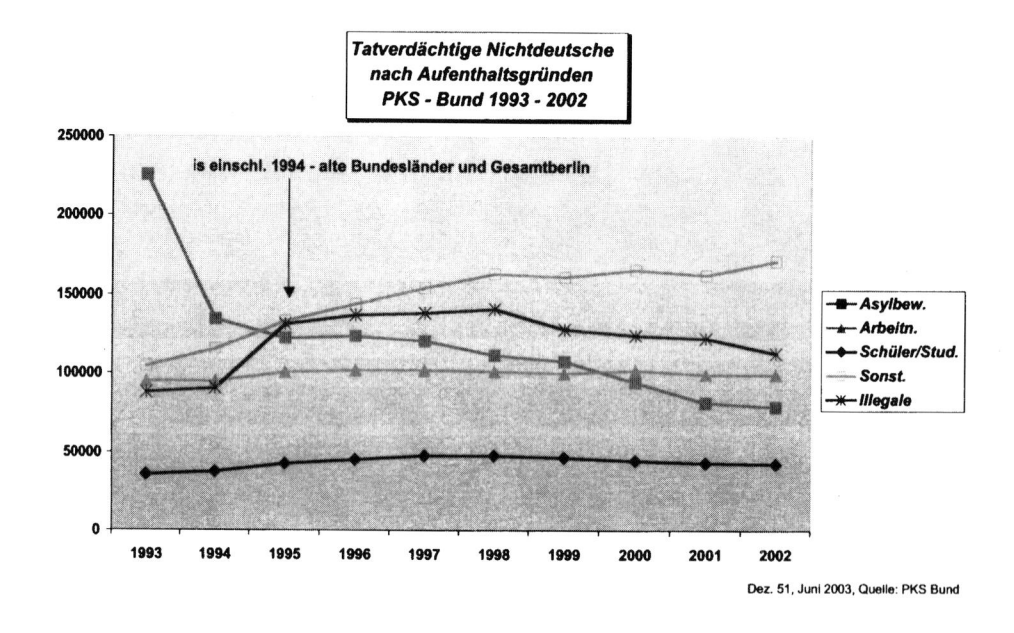

Grafik 3: Tatverdächtige Nichtdeutsche nach Aufenthaltsgründen PKS-Bund 1993 bis 2002

Die entscheidenden Faktoren für die rückläufige Entwicklung bei den nichtdeutschen Tatverdächtigen werden deutlich, wenn bei ihnen nach dem Grund ihres Aufenthaltes in Deutschland differenziert wird: Während die Registrierungshäufigkeiten tatverdächtiger Arbeitnehmer und von Schülern/Studenten in etwa konstant bleiben, gehen diejenigen der tatverdächtigen Asylbewerber und der illegal Aufhältlichen deutlich zurück, während die Zahlen für den „sonstigen/unbekannten Aufenthaltsgrund", mit dem auch Flüchtlinge erfasst werden können (s.o.), kontinuierlich ansteigen.

Seit 1993 – Änderung des Asylverfahrensgesetzes, so genannter „Asylkompromiss" – gehen die Zahlen für Tatverdächtige mit dem Aufenthaltsgrund „Asylbewerber" zunächst deutlich, dann langsamer, aber kontinuierlich zurück. Hatten „Asylbewerber" in Deutschland 1993 noch einen Anteil an allen nichtdeutschen Tatverdächtigen von 37,1%, liegt dieser Wert 2002 nur noch bei 13,9%! Dahinter steht ein Rückgang der absoluten Zahlen um 65% (von 225.501 Tatverdächtigen 1993 auf 78.953 Tatverdächtige 2002). Das entspricht weit gehend dem Rückgang der Zugangszahlen für Asylbewerber nach Deutschland: Um 78% von 322.599 Personen 1993 auf 71.127 im Jahr 2002.

Die Zahl illegal aufhältlicher Tatverdächtiger erreicht 1998 mit 140.779 Tatverdächtigen ihren höchsten Wert im Vergleichzeitraum, um dann deutlich zurückzugehen (auf 112.573 Tatverdächtige im Jahr 2002). Auf der Ebene der Tatverdächtigen ist es damit in der Folge der Asylrechtsverschärfungen nicht, zumindest nicht durchgängig, zu einer Verschiebung von den „Asylbewerbern" hin zu „illegal Aufhältlichen" gekommen, wie sie etwa von Beisbart (2003) vermutet wird: „In der Literatur ist durchweg die Rede davon, dass die Zahl der Menschen ohne Aufenthaltsstatus in Europa und Deutschland seit 1989 und noch mal verstärkt nach 1993 angestiegen ist und weiter ansteigt. Die Gründe hierfür sind z.T. auch in den Asylrechtsverschärfungen und der starken Abschottung zu sehen, die offiziell dem Kampf gegen ‚illegale Einwanderung' dienen."

Die Zahlen für nichtdeutsche Tatverdächtige mit „sonstigem/unbekanntem Aufenthaltsgrund" nehmen dagegen kontinuierlich zu: Von 104.823 Tatverdächtigen 1993 auf 171.417 Tatverdächtige 2002. Im Jahr 2002 stellt diese Sammelgruppe die größte

Einzelgruppe unter den nichtdeutschen Tatverdächtigen (mit einem Anteil von 30,2%). Die für Bayern möglichen Angaben zu den Herkunftsländern dieser Tatverdächtigen (s.u.) weisen allerdings darauf hin, dass in diesem Aufenthaltsgrund „Flüchtlinge" nur zu einem (kleinen?) Teil „enthalten" sein dürften.

Insgesamt ist damit der Anteil der nichtdeutschen Tatverdächtigen, die eindeutig oder zumindest zum Teil „Flüchtlinge" sind, in den letzten zehn Jahren von 68,8 % (oder 418.472 Tatverdächtige 1993) auf 64% (oder 362.943 Tatverdächtige 2002) zurückgegangen. Immer noch stellen also Menschen, die als „Flüchtlinge" nach Deutschland migriert sind, fast zwei Drittel aller nichtdeutschen Tatverdächtigen.

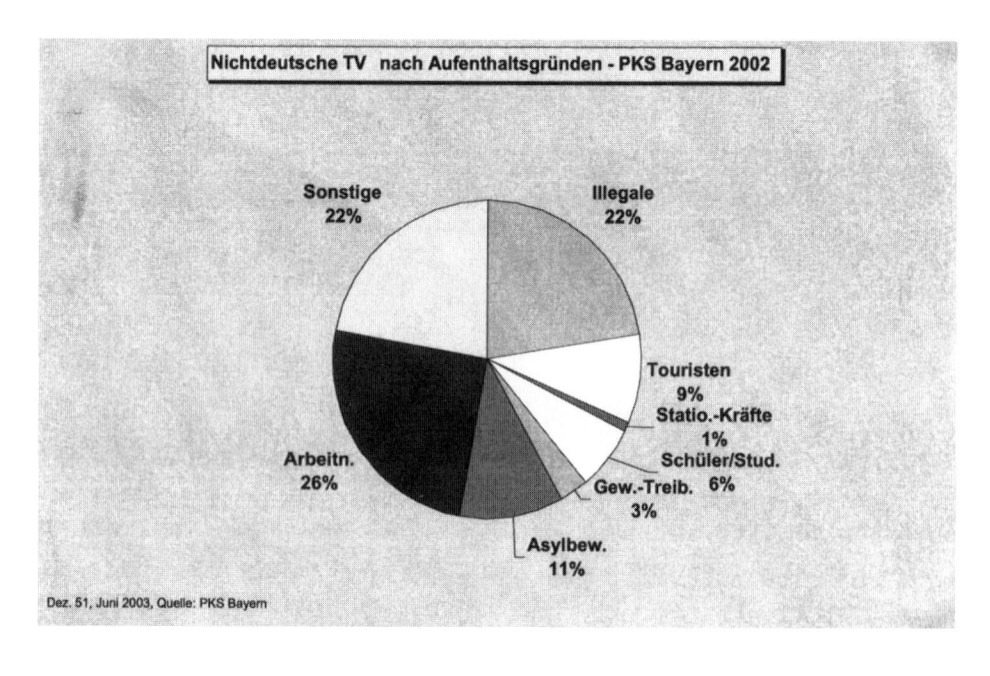

Grafik 4: Nichtdeutsche Tatverdächtige nach Aufenthaltsgründen in Bayern

Die Zahlen für Bayern bestätigen die für Deutschland insgesamt erhaltenen Befunde: Tatverdächtige mit den drei möglichen

„Flüchtlings"-Aufenthaltsgründen hatten 1988 mit 29.845 Personen einen Anteil von 54,7% an allen nichtdeutschen Tatverdächtigen, 1993 mit 90.548 Personen einen Anteil von 70,6% und 2002 mit 50.855 Personen wieder einen Anteil von 55,3%. Wie im Bund sind die Zahlen für die tatverdächtigen Asylbewerber und die illegal aufhältlichen Tatverdächtigen seit 1993 deutlich rückläufig, während sie für die Tatverdächtigen mit „sonstigen/unbekannten Aufenthaltsgründen" zunehmen.

Nichtdeutsche Tatverdächtige nach Aufenthaltsgründen in Bayern (alle TV - bei Straftaten insgesamt)

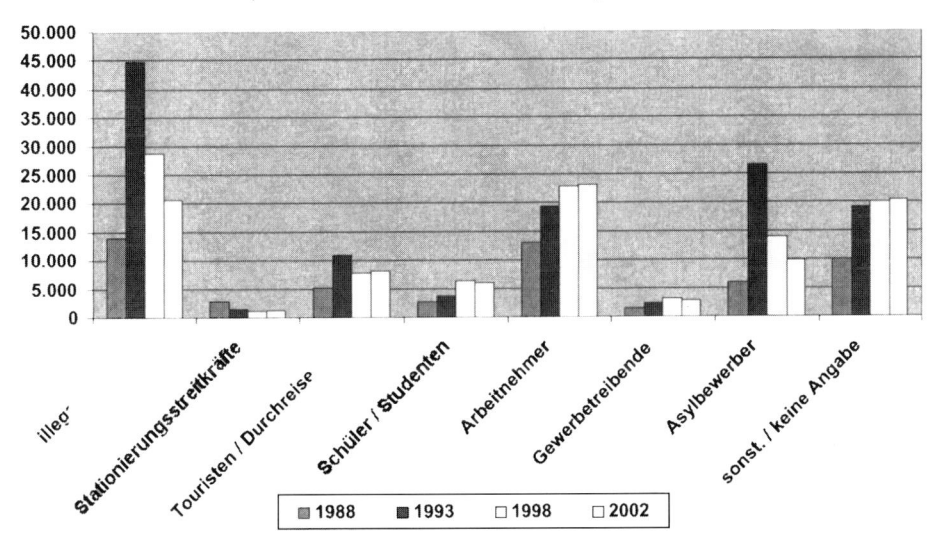

Grafik 5: Nichtdeutsche Tatverdächtige nach Aufenthaltsgründen – PKS Bayern 2002

In Bayern kommt 2002 ein knappes Drittel – 31,3% – der (10.533) tatverdächtigen Asylbewerber aus Europa (ohne EU): Darunter 12,4% aus der Bundesrepublik Jugoslawien, 6,4% aus der Türkei und 4,9% aus der Russischen Föderation. Die größte Gruppe unter den gut zwei Dritteln der aus nichteuropäischen Ländern Kommenden stellen die Iraker mit 28,2%, an zweiter Stelle liegt Afghanistan mit 4,4%.

Während die Werte für die Herkunftsländer der tatverdächtigen Asylbewerber deutlich von denen für die Gesamtgruppe der nichtdeutschen Tatverdächtigen festgestellten – drei Viertel aus Europa, ein Viertel aus nichteuropäischen Staaten – abweichen, ist die Altersverteilung sehr ähnlich: 77,5% der Tatverdächtigen sind 21 Jahre alt und älter, 8,9% sind zwischen 18 und 20 Jahren alt, 11,2% zwischen 14 und 17 Jahren und 2,4% sind jünger als 14 Jahre.

Wieder anders – und möglicherweise überraschend – ist die Verteilung nach Herkunftsländern bei den (20.574) illegal aufhältlichen Tatverdächtigen. 2002 kommt knapp die Hälfte (44,4%) aus den europäischen Ländern Bundesrepublik Jugoslawien (10,5%), Rumänien (9,6%), Bulgarien (9,0%), Türkei (7,9%) und Polen (7,4). Dann folgt als erstes nichteuropäisches Land der Irak mit 7,3%, dann – nach Tschechien, der Ukraine und Kroatien – Afghanistan mit 2,8%.

In Anbetracht der Dominanz der europäischen Herkunftsländer ist die Altersverteilung der illegal aufhältlichen Tatverdächtigen nicht erstaunlich: 88,9% sind 21 Jahre alt und älter, 6% zwischen 18 und 20 Jahren alt, 4,4% zwischen 14 und 17 und 0,8% sind jünger als 14 Jahre.

Auch bei den (25.493) Tatverdächtigen mit „sonstigem/unbekannten Aufenthaltsgrund" dominieren die europäischen Herkunftsländer: Mehr als die Hälfte – 51% – kommen aus der Türkei (20,8%), der Bundesrepublik Jugoslawien (9,9%), Italien (6,8%), Österreich (5,6%), Polen (4%) und Tschechien (3,9%). Erst dann kommt mit dem Irak (3,5% dieser TV-Gruppe) ein nichteuropäisches Land, gefolgt – nach weiteren sechs europäischen Ländern – von den USA (1,5%) und Afghanistan (1%). Diese Differenzierung nach Herkunftsländern macht deutlich, dass der Aufenthaltsgrund „sonstiger/unbekannt" – wie oben bereits gesagt – nur sehr eingeschränkt mit „Flüchtlingen" in Verbindung gebracht werden darf!

Das wird durch die Altersverteilung bestätigt: 82,9% dieser TV sind 21 Jahre alt und älter, 7% sind zwischen 18 und 20 Jahren alt, 7,1% zwischen 14 und 17 Jahren und 3% sind jünger als 14 Jahre.

Flüchtlinge halten sich keineswegs nur vorübergehend in Deutschland auf

Da die meisten Flüchtlinge in ihre Heimat zurückkehren möchten, sobald die Umstände es erlauben (s.o) und ihr Bleiberecht in vielen Fällen ungesichert ist, könnte man annehmen, dass sich die meisten von ihnen nur vorübergehend in Deutschland aufhalten. Die Ausländerbeauftragte der Bundesregierung stellt in ihrem Bericht allerdings fest, dass „eine große Zahl von Flüchtlingen bereits seit Jahren bzw. Jahrzehnten in Deutschland lebt und gut integriert ist (2002. 10). Eine erstaunliche Feststellung, wenn man bedenkt, dass sich Deutschland nicht nur grundsätzlich nach wie vor schwer tut, sich als Einwanderungsland zu verstehen – mit den entsprechenden Mitteln und Möglichkeiten der Steuerung von Einwanderung und den daraus folgenden Integrationsmaßnahmen – und der (politische) Umgang mit Flüchtlingen ohnehin nicht auf deren Integration gerichtet war und ist.

Die Daten der PKS bestätigen diese Aussage der Ausländerbeauftragten zur Dauer des Aufenthaltes von Flüchtlingen für die Tatverdächtigen. Entsprechende Angaben sind allerdings nur für die Länder Bayern und Niedersachsen möglich, die – probeweise für die anderen Länder – bei den nichtdeutschen Tatverdächtigen auch die Dauer ihres Aufenthaltes in Deutschland erfassen. Danach hielt sich im Jahr 2001 (die Daten für das Jahr 2002 wurden bislang nicht veröffentlicht) jeder fünfte (20,9%) nichtdeutsche Tatverdächtige maximal eine Woche in Deutschland auf, bevor gegen ihn ermittelt wurde. Knapp ein Zehntel (9,1%) der Tatverdächtigen waren hier geboren, weitere 14,3% hielten sich bereits länger als 10 Jahre in Deutschland auf, noch einmal 14,5% länger als 4 Jahre.

Besonders kurz ist die Aufenthaltsdauer erwartungsgemäß bei den sich illegal aufhaltenden Tatverdächtigen: Fast jeder zweite von ihnen wurde schon beim Grenzübertritt bzw. nach bis zu einer Woche Aufenthaltsdauer erfasst. Diese Werte dürfen allerdings keineswegs dahingehend interpretiert werden, dass „Illegale" schnell bzw. überhaupt mit dem Gesetz in Konflikt geraten. Eher dürfte das Gegenteil der Fall sein: Zumindest belegen alle zur Situation der „Papierlosen" vorliegenden Studien, in welchem Ausmaß – und unter welchen Einschränkungen im täglichen Leben – diese bemüht sind, nicht aufzufallen und insbesondere keine Straftaten zu begehen.

Von den tatverdächtigen Asylbewerbern hielt sich dagegen mindestens jeder vierte (27,6%) schon länger als vier Jahre in Deutschland auf, weitere 21,3% sogar seit bis zu 10 Jahren und noch einmal 19,5% bis zu einem Jahr; nur 1% ist bereits hier geboren. Von der Sammelgruppe der „sonstigen" sind dagegen 12,8% bereits hier geboren, 16,9% halten sich seit mindestens 20 Jahren in Deutschland auf, weitere 15,6% seit 10 Jahren und 9,2% seit bis zu vier Jahren; nur gegen 10,5% dieser Gruppe wurde innerhalb einer Woche bzw. beim Grenzübertritt ermittelt. Auch diese Daten sind wieder ein Beleg für die Vermutung, dass „Flüchtlinge" nur zum Teil mit diesem Aufenthaltsgrund erfasst werden.

Zum Vergleich die Angaben zur Aufenthaltsdauer türkischer Tatverdächtiger, also zu der Staatsangehörigkeit, die unter den nichtdeutschen Tatverdächtigen mit Abstand (an zweiter Stelle folgt die Staatsangehörigkeit „Bundesrepublik Jugoslawien") am häufigsten vertreten ist: Fast drei von zehn türkischen Tatverdächtigen (28,6%) sind bereits in Deutschland geboren, weitere 24,4% leben seit mindestens 20 Jahren hier und noch einmal 14,8% seit 10 Jahren.

Flüchtlinge werden vor allem wegen ausländerrechtlicher Verstöße und Straftaten mit Bagatellcharakter erfasst

Ohne Frage haben „Flüchtlinge" nach wie vor einen großen Anteil an den insgesamt erfassten nichtdeutschen Tatverdächtigen. Dieser Anteil allein sagt jedoch wenig aus. Wichtiger ist die Frage danach – bzw. die Antwort darauf – wie groß das Risiko ist, das von den Straftaten ausgeht, wegen der sie als Tatverdächtige ermittelt werden.

Für das Bundesgebiet insgesamt lässt sich dazu für das Jahr 2002 (und diese Werte sind im Vergleichszeitraum sehr konstant) Folgendes feststellen:

- Illegal aufhältliche Tatverdächtige fallen zu 92% nur wegen Straftaten gegen das AuslG und das AsylverfG auf; falls sie schon beim Grenzübertritt „erwischt" wurden, wegen illegaler Einreise oder – später – wegen Verstößen gegen Meldebestimmungen, die bei Deutschen allenfalls Ordnungswidrigkeiten wären. 2,8% wurden wegen einfacher Diebstähle erfasst, 1,2% wegen Rauschgiftdelikten, 1,1% wegen Körperverletzungen oder Raubdelikten und keiner wegen Mord und Totschlag oder wegen einer Vergewaltigung oder sexuellen Nötigung. Von illegal aufhältlichen Flüchtlingen, die ja das Bestreben haben, nicht aufzufallen (siehe dazu Beisbart 2003 und auch die Berichterstattung in der Süddeutschen Zeitung vom 28./29.5.2003 über eine Studie zu den Lebensumständen illegal in München lebender Ausländer), geht damit keine kriminelle Gefahr aus – zumindest nicht im Hellfeld der PKS. Die „Gefährlichkeit", die man mit dem Begriff „illegal" verbinden könnte, findet keine Entsprechung in der Art und Häufigkeit der den „Illegalen" zur Last gelegten Delikte. Ganz anders allerdings kann es bei den kriminellen Nebenfolgen aussehen, die ihre illegale Einreise und ihren illegalen Aufenthalt begleiten können.
- Das häufigste Delikt der tatverdächtigen Asylbewerber ist mit einem Anteil von 32,7% der einfache Diebstahl; weitere 26,8% haben gegen die (melderechtlichen) Bestimmungen des AuslG/AsylverfG verstoßen. Gegen 15,8% wurde wegen Körperverletzungen oder Raubdelikten ermittelt, gegen weitere 14,4% wegen Betruges und gegen 7,6% wegen Rauschgiftdelikten. 0,3% wurden mit Mord/Totschlag registriert und 0,4% mit Vergewaltigungen/sexuellen Nötigungen. Auch von Asylbewerbern geht damit kein erhebliches Sicherheitsrisiko aus, selbst wenn sie im Vergleich zu illegal Aufhältlichen häufiger wegen „richtiger" Kriminalität erfasst werden.
- Die Restgruppe „sonstiger/unbekannter Aufenthaltsgrund" ist mit 25,8% beim einfachen Diebstahl „dabei", mit 21% beim Betrug und mit 24% bei Körperverletzungen oder Raubdelikten. 10,3% wurden wegen Rauschgiftdelikten erfasst. Mit Mord/Totschlag oder Vergewaltigung/sexueller

Nötigung werden sie ebenso häufig – oder besser: selten – registriert wie die Asylbewerber. Verstöße gegen das AuslG/AsylverfG werden 8,6% der Tatverdächtigen zur Last gelegt. Auch die Daten zur Deliktsstruktur sind ein Beleg für den vermutlich nur kleinen Anteil von Flüchtlingen bei diesem Aufenthaltsgrund.

- Im Vergleich dazu wurde gegen nichtdeutsche Tatverdächtige mit dem Aufenthaltsgrund „Arbeitnehmer" nur mehr zu 17,6% wegen einfacher Diebstähle und zu 16,4% wegen Betruges ermittelt, aber zu immerhin 29,4% wegen Körperverletzungen oder Raubdelikten. 0,2% wurden wegen Mord/Totschlag und 0,7% wegen Vergewaltigung/sexueller Nötigung erfasst; 8,4% wegen Rauschgiftdelikten und nur 4,0% wegen Verstößen gegen das AuslG/AsylverfG.

Diese Daten bestätigen die auch in anderen Analysen zu „Migration und Kriminalität" gewonnene Erkenntnis (siehe dazu Steffen 2001, Wetzels u.a. 2001, Wilmers u.a. 2002; Bannenberg 2003), dass Häufigkeit und Schwere der kriminellen Auffälligkeit von Zuwanderern mit der Dauer ihres Aufenthaltes in Deutschland zunehmen – und zwar sowohl im Hell- wie im Dunkelfeld. Während Zuwanderer, die erst seit kurzem oder nur vorübergehend eingereist sind, allenfalls Bagatelldelikte begehen, vor allem einfache (Laden)Diebstähle, werden schon seit Jahren hier lebende oder bereits hier geborene Migranten auch mit schwereren Straftaten, insbesondere solchen der Gewaltkriminalität registriert. Das gilt übrigens auch für die Migranten mit deutschem Pass, für die (Spät)Aussiedler. Auf die besondere Problematik der überwiegend hier geborenen und aufgewachsenen „zweiten und dritten Generation" junger nichtdeutscher Migranten wurde bereits hingewiesen.

Flüchtlinge jedenfalls gehören trotz ihrer nicht gerade selten schwierigen Lebenssituation und ihres unsicheren Bleiberechtes zu den eher „kriminell unauffälligen" Gruppen der Migranten: Zumindest rechtfertigt die bei ihnen polizeilich registrierte Kriminalität nicht ihre Stigmatisierung als „Sicherheitsrisiko", ihre Kriminalisierung als Menschen, die bestehende Gesetze zu umgehen suchten.

Kriminalität und Kriminalisierung von Flüchtlingen: Konsequenzen für die Soziale Arbeit[15]

Die Daten der Polizeilichen Kriminalstatistik, die durch Untersuchungen zum Dunkelfeld der „Papierlosen" bestätigt werden, machen deutlich, dass nicht die Kriminalität von Flüchtlingen ein vordringliches Problem für die Sozialarbeit darstellt, wohl aber ihre Kriminalisierung und Vorab-Stigmatisierung. Durch die an die Adresse von Flüchtlingen gerichteten Missbrauchsvorwürfe – Stichwort „Scheinasylanten" – und ganz allgemeine Kriminalitätsverdächtigungen haben sich die Rahmenbedingungen für die Flüchtlingssozialarbeit in den letzten Jahren massiv verschlechtert. Die Ereignisse des 11.September 2001 haben noch das ihre dazu getan. Und die Bedingungen dürften nicht besser werden, eher ist das Gegenteil anzunehmen.

„Nichts deutet darauf hin, dass sich auch nur eine der Ursachen, die den Flucht- und Migrationsbewegungen zugrunde liegen, in absehbarer Zeit wesentlich entschärfen oder beseitigen lässt ... Sicher scheint jedoch, dass sich die Abschottung gegen Zuwanderung ... fortsetzen wird. Zunehmen werden auch die Versuche illegaler Einwanderung – mit allen kriminellen Nebenfolgen, die sie begleiten ... Sollte ... die derzeit bestehende hohe Arbeitslosigkeit in den Industriestaaten weiter anhalten oder sich sogar verstärken, so werden sich die wirtschaftliche und soziale Zerklüftung und der sie begleitende Abbau des Sozialstaates weiter vertiefen. In Ländern mit einem hohen Ausländeranteil droht dann ein weiterer Anstieg der Ausländerfeindlichkeit; zudem wächst die Gefahr nachlassender staatlicher Integrationsmaßnahmen mit der Folge ethnischer und sozialer Fragmentierung bis hin zur Ghettoisierung" (Opitz 1996).

Es ist klar: Solche globalen Strukturen, Problembündel und politischen Entscheidungen können von der Sozialarbeit kaum beeinflusst werden – trotz ihres gesamtgesellschaftlichen Auftrages, auf politische Konstellationen und Entscheidungen Einfluss zu nehmen. Sozialarbeit muss aber zumindest versuchen – was zu Zeiten knapper Kassen schwierig genug sein dürfte – ihren Teil

---

[15] Ich danke Frau Sozial-Pädagogin Franziska Nolte vom Sachgebiet „Verhaltensorientierte Prävention" des Bayerischen Landeskriminalamtes für ihre Anregungen und Ergänzungen zu diesem Kapitel.

dazu beizutragen, die Lebensbedingungen von Flüchtlingen zu verbessern, die Bemühungen um Integration voranzutreiben und auch Flüchtlingen mit ungewissem Bleibestatus eine Lebensperspektive aufzuzeigen.

Ganz besonders schwierig dürfte dabei die Berufspraxis mit illegal Eingewanderten sein, da deren Unterstützung gegen die bestehenden Gesetze verstößt. Bei ihrer Migrations- und Flüchtlingsarbeit sind Sozialarbeiter praktisch überall mit dem Phänomen der Illegalität und der damit verbundenen Heimlichkeit vertraut. Trotz etlicher Vorstöße von Seiten der Kirchen, der Wohlfahrtsverbände und anderer Gruppen wird das Thema der Beratung und Unterstützung von „Illegalen" von der Politik nach wie vor weit gehend ignoriert. Auch wenn „Papierlose" inzwischen – zumindest bei den freien Trägern – zum Arbeitsalltag gehören, arbeiten Sozialabeiter in den Beratungsstellen regelmäßig am Rande der Legalität oder sogar schon im Bereich der Illegalität. Nicht nur die Hilfe suchenden „Illegalen" selbst, sondern auch die Hilfe Leistenden sind Kriminalisierungsgefahren ausgesetzt: Jeder Ratschlag, jede Hilfe kann als Beihilfe beim Begehen einer Straftat – hier der des illegalen Aufenthaltes – gewertet und entsprechend sanktioniert werden.

Problematisch ist insofern nicht nur die unsichere Rechtslage insgesamt, sondern auch die fließenden – und den Sozialarbeitern nicht (immer) genau genug bekannten – Grenzen zwischen legalem und illegalem Handeln und den ihnen zur Verfügung stehenden praktischen Möglichkeiten. Nicht nur die Anstellungsträger, sondern insbesondere auch die Ausbildungsstätten von Sozialarbeitern sind gefordert, Klarheit zu vermitteln und Standards für die Arbeit mit „Illegalen" aufzuzeigen.

Ungeklärt ist auch die Frage danach, was „Integration" für an sich rückkehrwillige Flüchtlinge eigentlich bedeutet, zumal selbst schon lange hier lebende Ausländer noch um ihre volle soziale und nationale Identität kämpfen müssen. Gleichwohl dürfte die Integration von Zuwanderern zu den vordringlichsten Gegenwartsaufgaben der deutschen Aufnahmegesellschaft zählen – umso bedenklicher ist eine nicht zu übersehende sozialpädagogische Konzeptlosigkeit, insbesondere hinsichtlich des sozialpädagogischen Zuganges zu denjenigen, die Integration verweigern.

Dazu kommt das Problem, dass es praktisch keine evaluierten und auf ihre Wirkung hin überprüften Maßnahmen der sozialen Intervention und Prävention gibt: „Gut evaluierte Projekte, die als Modelle der Übertragbarkeit in die Praxis guten Gewissens empfohlen werden können, gibt es nicht" (Bannenberg 2003, 206). Gleichwohl werden in der Praxis unzählige Ansätze der primären, sekundären und tertiären Kriminalprävention erprobt, zumeist mit der Zielgruppe „junge Migranten".

Ein Schwerpunkt sozialer Arbeit lag und liegt in den Möglichkeiten der präventiven Einwirkung auf Fremdenfeindlichkeit und fremdenfeindliche Gewalt. Das auch deshalb, weil (eine zunehmende) Fremdenfeindlichkeit für Maßnahmen der sozialen Intervention äußerst hinderlich ist. Von Maßnahmen und Programmen zur Verbesserung kognitiver Fähigkeiten über die Verbesserung von Kenntnissen über „Fremde" und Förderung von Intergruppenkontakten bis hin zu Anti-Aggressivitäts-Trainings und der Schulung von Zivilcourage wurde dabei Vieles eingesetzt – allerdings nur Weniges auch auf seine Wirksamkeit hin überprüft.

Eine eher indirekte, aber durchaus viel versprechende Möglichkeit, Fremdenfeindlichkeit zu beeinflussen, ist die Arbeit mit tatsächlich problematischen Ausländern, etwa der „zweiten und dritten Generation". Da die öffentliche Meinung bei der Beurteilung von Ausländern eher selten nach deren jeweiligem Aufenthaltsstatus unterscheidet, sondern Ausländer sozusagen ganzheitlich wahrnimmt und Defizite einzelner Gruppen auf „alle Ausländer" stigmatisierend überträgt, können Erfolge bei einzelnen Gruppierungen sich positiv auf „alle Ausländer" auswirken.

Literaturverzeichnis

Albrecht, P-A. /Pfeiffer, C. 1989: Die Kriminalisierung junger Ausländer. München.

Bannenberg, Britta 2003: Migration – Kriminalität – Prävention. Gutachten zum Schwerpunktthema des 8. Deutschen Präventionstages vom 28./29. April 2003. Abgedruckt im Kongresskatalog.

Bayerisches Landeskriminalamt (Hrsg.) 2003: Polizeiliche Kriminalstatistik für den Freistaat Bayern 2002. München.

Beauftragte der Bundesregierung für Ausländerfragen (Hrsg.) 2002: Daten und Fakten zur Ausländersituation. 20. Auflage. Berlin – Bonn.

Beisbart, Andreas 2003: Zur Situation von Papierlosen in Deutschland und den Möglichkeiten sozialpädagogischer Intervention. Diplomarbeit, www.aha-bueren.de/ohnepapiere/start.htm

Bericht der Beauftragten der Bundesregierung für Ausländerfragen über die Lage der Ausländer in der Bundesrepublik Deutschland. Bonn Dezember 1997.

Bundeskriminalamt (Hrsg,) 2003: Polizeiliche Kriminalstatistik Bundesrepublik Deutschland. Berichtsjahr 2002. Wiesbaden.

Bundesministerium des Innern (Hrsg.) 2001: Erster Periodischer Sicherheitsbericht. Berlin.

Eisner, M. 1998: Konflikte und Integrationsprobleme. Neu Kriminalpolitik. Heft 4/November 1998, S. 11 - 13.

Elsner, E./Steffen, W./Stern, G. 1998: Kinder- und Jugendkriminalität in München. München.

Geißler, R. 1995: Das gefährliche Gerücht von der hohen Ausländerkriminalität. Aus Politik und Zeitgeschichte. Beilage zur Wochenzeitung Das Parlament vom 25.08.1995, S. 30-39.

Hanns Seidel Stiftung (Hrsg) 2000: Wertewandel, gesellschaftlicher Wandel und politisches System im Freistaat Bayern. München.

Herrmann, H. 1995: Ausländische Jugendliche in Ausbildung und Beruf. Aus Politik und Zeitgeschichte. Beilage zur Wochenzeitung Das Parlament vom 25.08.1995, S.23-29.

Herz, Ruth 1999: Die Kategorie „Ausländer": Bedarfforschung für die Kriminalpolitik? Neue Kriminalpolitik Heft 4/1999, S. 20-23.

IG Metall, Abteilung Ausländische Arbeitnehmer: Kriminalität oder Kriminalisierung der Ausländer? Ohne Ort Dezember 1998.

Jehle, J.-M. 1994: Plädoyer für bessere Kriminalstatistiken. Neue Kriminalpolitik 2/1994, S. 22-26.

Kaiser, G. 1996: Kriminologie. Ein Lehrbuch. 3., völlig neubearbeitete und erweiterte Auflage. Heidelberg

Kerner, S. 1994: Nichtdeutsche Tatverdächtige in der polizeilichen Kriminalstatistik. Die Polizei, Heft 4/1994.

Luff, J./Gerum, M. 1995: Ausländer als Opfer von Straftaten. München.

Mitteilungen der Beauftragten der Bundesregierung für die Belange der Ausländer: "Ausländerkriminalität" oder "kriminelle Ausländer". Anmerkungen zu einem sensiblen Thema. Bonn, November 1993.

Opitz, Peter J. 1996: Flucht, Vertreibung, Migration 1945 – 1995. Aus Politik und Zeitgeschichte B 44-45/96, S. 3 – 16.

Schwind, H.-D. 1995: Die gefährliche Verharmlosung der „Ausländerkriminalität". Aus Politik und Zeitgeschichte. Beilage zur Wochenzeitung Das Parlament vom 20.10.1995, S.32-39.

Sessar, K. 1999: Der Begriff der „Ausländerkriminalität" im öffentlichen Diskurs. MschrKrim 82. Jahrg. Sonderheft 1999, S.30-35.

Steffen, W. 1993: Ausländerkriminalität in Bayern. Ergebnisse einer Analyse der von 1983 bis 1990/1992 polizeilich registrierten Kriminalität ausländischer und deutscher Tatverdächtiger. NStZ 1993, Heft 10, S. 462-467.

dies.: Streitfall „Ausländerkriminalität". Ergebnisse einer Analyse der von 1983 bis 1994 in Bayern polizeilich registrierten Kriminalität ausländischer und deutscher Tatverdächtiger. BewHi. Nummer 2/1995, S. 133-154.

dies.: Ausländerkriminalität. Notwendige Differenzierungen. In: Bayerische Landeszentrale für politische Bildungsarbeit (Hrsg.): Brennpunkt Kriminalität. München 1996, S. 68-94.

dies.1998: Problemfall „Ausländerkriminalität". In: H.-J. Albrecht u.a. (Hrsg.): Internationale Perspektiven in Kriminologie und Strafrecht. Festschrift für Günther Kaiser zum 70. Geburtstag. Berlin 1998, S. 663-680.

dies. 2001: Strukturen der Kriminalität der Nichtdeutschen. In: Jehle, J.-M. (Hrsg.): Raum und Kriminalität. Mönchengladbach.

Steffen, W. u.a. .: Ausländerkriminalität in Bayern. Eine Analyse der von 1983 bis 1990 polizeilich registrierten Kriminalität ausländischer und deutscher Tatverdächtiger. München.

Thränhardt, D.: Die Lebenslage der ausländischen Bevölkerung in der Bundesrepublik Deutschland. Aus Politik und Zeitgeschichte. Beilage zur Wochenzeitung Das Parlament vom 25.08.1995, S.3-13.

Traulsen, M.1993: Die Gewaltkriminalität der Ausländer. Mschrkrim Heft 5/1993, S. 295-305.

Villmow, B.1999: Ausländer als Täter und Opfer. MschrKrim 82. Jahrg. Sonderheft 1999, S.22-29.

Walter, M./Pitsela, A.1993: Ausländerkriminalität in der statistischen (Re-)Konstruktion. KrimPäd 1993, Heft 34.

Wetzels, P./Enzmann,D./Mecklenburg,E./Pfeiffer,C. 2001: Jugend und Gewalt. Baden-Baden

Wilmers, N. u.a. 2002: Jugendliche in Deutschland zur Jahrtausendwende: Gefährlich oder gefährdet? Baden-Baden.

Lüge und Wahrheit

Mädchen aus Bosnien und Somalia in Münchner Unterkunft, 1996

Was ist Lüge, was ist wahr? Schwarzweiß ohne Schattierungen? Positionen, Perspektiven, Lügen, Wahrheiten. Können diese Kinderaugen lügen?

Wahrheit und Lüge im Flüchtlingsbereich – Wer spricht denn nun die Wahrheit und wer lügt?

Jürgen Soyer

Vom ewigen Misstrauen gegenüber Flüchtlingen

Dieser Artikel will ein Tabu der Flüchtlingssozialarbeit ansprechen und aussprechen: die Lügen der Flüchtlinge. Und er will dies in Beziehung setzen zur Lüge über die Flüchtlinge.

Wenn Sie im Flüchtlingsbereich arbeiten, dann kennen Sie wahrscheinlich folgende Situation: Sie sind bei einer Studentengruppe, einer Pfarrgemeinde oder einer politischen Diskussion eingeladen, um etwas über die Situation von Flüchtlingen zu berichten. Irgendwann meldet sich ein Frager zu Wort, der im kritischen Tonfall seine Frage einleitet: „Aber wie ist das nun eigentlich mit...". Und dann kommt der Missbrauch vom Asyl, die Wirtschaftsflüchtlinge, die Drogen. Es ist ein Glücksfall, wenn es sich tatsächlich um eine Frage handelt und der Frager etwas wissen möchte. Oft genug geht es nur um die Artikulation von Abwehr und Misstrauen gegenüber Flüchtlingen. Lügen nicht die meisten von denen?

Und nun sitzen Sie da und wissen, dass in der Tat einige lügen. Trotzdem wollen Sie sich bedeckt halten. Denn jede Form der Differenzierung wird schnell zu Lasten der Flüchtlinge ausgelegt, da lieber Geschichten über Asyl- und Sozialmissbrauch gehört werden als Geschichten über Not und Bedürftigkeit. Deshalb wiegeln Sie ab, dass das gar nicht so schlimm sei. Oder Sie bleiben ganz beim Bericht über diejenigen, die ganz offensichtlich unseren Beistand nötig haben.

Das Thema „Wahrheit und Lüge bei Flüchtlingen" begleitet die Soziale Arbeit ständig. Das kommt unter anderem daher, weil das Asylverfahren dieses Thema so präsent macht. Daneben greifen es auch Politik und Öffentlichkeit immer wieder auf, indem sie Misstrauen und Abwehr über die Wahrheit von Verfolgung und Bedürftigkeit äußern.

Diese Atmosphäre macht es für Sozialarbeiter im Flüchtlingsbereich meines Erachtens sehr schwer, ein ausgewogenes Verhältnis zum Thema Wahrheit und Lüge bei Flüchtlingen zu finden. Schnell herrscht ein Klima des „entweder – oder": entweder bist du für Flüchtlinge oder du bist gegen Flüchtlinge. Dies wird aber der Realität nicht gerecht, denn auch Sozialarbeiter sind in ihrer Arbeit mit Lügen von Seiten der Flüchtlinge konfrontiert. Jeder in der Flüchtlingsarbeit kennt falsche Geschichten über die Herkunft, den Eigennamen, über die angebliche Verfolgung, über angebliche Tote in der Familie oder über eine vermeintliche Bedürftigkeit. Und niemand will belogen werden, auch nicht Sozialarbeiter.

Deshalb geht es hier um die Lügen der Flüchtlinge. Ich halte dies für sehr sinnvoll, da es als Thema ständig da ist, aber selten differenziert diskutiert wird. Dies birgt aber eine große Gefahr in sich. Die Soziale Arbeit im Flüchtlingsbereich geht mit einem hohen moralischen Anspruch ans Werk, den Menschen unter anderem zu ihren bescheidenen Grundrechten zu verhelfen. Sobald der Eindruck entsteht, dass dieser moralische Anspruch durch Lügen ausgenutzt wird, stellt sich die Frage nach Sinn und Zweck des Engagements.

Dieser Beitrag hat deshalb zwei Ziele:
1. Zum Einen soll er die Lügen im Flüchtlingsbereich aufzeigen. Wer lügt und wo wird gelogen? Und wo wird nicht gelogen, sondern die Wahrheit gesprochen?
2. Zum Anderen möge der Beitrag eine Hilfe sein, um innerhalb der Sozialen Arbeit eine ethisch verantwortete Haltung in dieser Frage einzunehmen, die den eigenen ethischen Ansprüchen und Gefühlen entspricht, aber auch der Realität des Flüchtlingsdaseins Rechnung trägt.

Meine These ist, dass das Thema Lüge zwar den einzelnen Flüchtlingen angelastet wird, dies aber in Wahrheit nur ein kleiner Teil der Wirklichkeit ist. Wenn es um das Thema Flüchtlinge geht, dann wird die Wahrheit auf vielen Ebenen gedehnt und verdreht.

Um diesem wichtigen Thema deshalb gerecht zu werden, erscheint es mir sinnvoll, alle Ebenen der Flüchtlingsarbeit zu betrachten: Politik und Behörden, die Ebene der Flüchtlinge und die der Sozialarbeit. Wo findet Täuschung und Lüge statt? In der Zusammenschau dieser Erkenntnisse wird sich zeigen, dass man viel zu kurz greift, wenn man die Frage nach Wahrheit und Lüge nur auf die einzelnen Flüchtlinge reduziert.

Ein besonders augenfälliges Beispiel ist hierfür das Asylverfahren. Folterüberlebende werden ohne schriftliche Beweise aus dem Heimatstaat (z.B. Gerichtsurteile, Arztbriefe über Folterschäden) oder ohne ein mehrseitiges ärztliches Gutachten eines Arztes in Deutschland (den der Flüchtling dafür meist selbst bezahlen müsste) kaum Glauben finden. Und selbst die genannten schriftlichen Beweise werden noch einmal geprüft. Da werden die deutschen Botschaften im Ausland zu Fachleuten, ob ein Stempel echt ist oder nicht, und andere Ärzte in Deutschland befinden darüber, ob ihr Fachkollege ein „Gefälligkeitsgutachten" erstellt hat oder nicht. Misstrauen, wo man hinschaut. Der Asylmissbrauch und das Ausnutzen unseres Sozialstaates drohen überall.

Wahrheit und Lüge auf Seiten der Politik und Behörden

Das Thema von Wahrheit und Lüge im Flüchtlingsbereich ist wohl auch deshalb so komplex, weil auch auf Seiten von Politik und Behörden die Wahrheit bisweilen stark strapaziert wird. Nun sind es gerade diese Stellen, die Flüchtlingen oft die Unwahrheit unterstellen. Und da fängt es an, kompliziert zu werden, wenn auch manche Behörden der Wahrheit keinen Dienst tun. An zwei ausführlichen Beispielen soll dies verdeutlicht werden

a) 1. Beispiel: Im Dezember 2000 erließen die Innenminister der deutschen Bundesländer einen Beschluss, wonach „schwer traumatisierte" Bosnier unter bestimmten Bedingungen eine Aufenthaltsbefugnis erhalten sollten. Eine dieser Bedingungen war, dass sich die Menschen in Psychotherapie befanden.
Nun liegt ein Stolperstein in der Formulierung der Innenminister. Während „traumatisiert" klar der psychologisch-ärztlichen Diagnostik DSM IV bzw. ICD 10 zugeordnet werden kann und so gesehen im Rahmen menschlicher Möglichkeiten objektiv bewertet werden kann, ist „schwer traumatisiert" eine subjektive Verstärkung von „traumatisiert", die sich so in keiner psychologisch-ärztlichen Klassifizierung mehr findet. Die Innenminister haben

diese Klassifizierung selbst geschaffen, ohne dass fassbar ist, worin der Unterschied zwischen „traumatisiert" und „schwer traumatisiert" liegt. Da es aber um die Frage von Aufenthalt oder Abschiebung geht, ist diese Frage in der Praxis so mancher Ausländerbehörden von größter Bedeutung gewesen. Nur die „schwer Traumatisierten" bekamen die Aufenthaltsbefugnis.

Wo liegt aber bei der Attestierung der „schweren Traumatisierung" nun die Grenze zwischen Wahrheit und Lüge, wenn 16 deutsche Innenminister eine Kategorisierung aufstellen, die sonst keiner so kennt. Es lief deshalb in der Praxis auf die subjektive Bewertung von Sachbearbeitern der Ausländerbehörden heraus, deren Kriterium sich bisweilen so äußerte: „Der Mann muss aber schon schwer traumatisiert sein." (Betonung liegt auf schwer). Die Schwere der Traumatisierung wird dann meist an einer besonders grausamen und Herz zerreißenden Geschichte festgemacht, was hingegen in der psychologischen Praxis noch nichts über das Ausmaß einer Symptomatik aussagt. Erfahrungsgemäß können Menschen mit einer vergleichsweise „unspektakulären" Trauma-Geschichte genauso starke oder stärkere Krankheitssymptome entwickeln als Menschen mit einer „spektakulären" Geschichte.

Ich behaupte nicht, dass hier eine Behörde oder die Innenminister lügen. Aber die Wahrheit wird im Sinne der Behörde umdefiniert und somit die Lüge gefördert. Wenn die Innenminister mit „schwerer Traumatisierung" eine Kategorisierung aufgestellt haben, die nach Übereinkunft der Fachwelt so nicht existiert, wie soll dann wahrheitsgemäß eine „schwere Traumatisierung" nachgewiesen werden? Wenn die Innenminister von „traumatisiert" gesprochen hätten, dann wäre dies durch eine klare Symptomatik nachweisbar. Niemand müsste noch völlig subjektiv „eins draufsetzen", damit es auch eine „schwere" Traumatisierung wird. Denn wenn diese subjektive Komponente hineinkommt, dann kommt man schnell in die Grauzone zwischen Wahrheit und Lüge.

Es geht hier nicht um die Diskreditierung einzelner Behörden und ihrer Vertreter. Oft findet man auch sehr kooperative und wohlwollende Sachbearbeiter und Entscheider. Es geht darum, einen Mechanismus zu verdeutlichen, der sich weit durch alle Behörden im Flüchtlingsbereich zieht. Aus einem tiefen Misstrauen heraus, das eventuell auch auf realen Erfahrungen basiert, wird immer und überall die Lüge gewittert. So werden immer neue Prüfsteine aufgestellt, die aber nicht immer auf Fachlichkeit beruhen, sondern mehr die Furcht der Behördenvertreter zum Ausdruck bringen, „über den Tisch gezogen zu werden". Es werden Kriterien aufgestellt, die die Lüge provozieren, weil sie mit Wahrheit nicht beantwortet werden können.

b) 2. Beispiel: Einschränkende Maßnahmen gegenüber Flüchtlingen werden stets mit dem Asylmissbrauch begründet. Kaum ein Politiker äußert sich öffentlich dazu, wie wichtig und gut der Flüchtlingsschutz ist. Und wenn dies erfolgt, dann bisweilen nur, um ein großes „Aber..." folgen zu lassen, in dem dann der Missbrauch des Asylrechts angeprangert wird. Kaum ein Politiker sagt aber, wie groß denn die Zahl von „missbräuchlichen" Asylanträgen wirklich ist. Da wird allemal die Quote von Asylberechtigten (im Jahr 2002 waren es nach offiziellen Angaben 1,23 % aller Antragsteller; Quelle: www.bafl.de/Statistik.htm vom 30.04.2003) zitiert, die implizit den Schluss suggeriert, dass die anderen Asylmissbrauch betrieben haben. Hier wird getäuscht mit den Begrifflichkeiten, aber auch mit den Zahlen.

Ich lege zunächst dar, warum mit den Begrifflichkeiten getäuscht wird. Ich verzichte an dieser Stelle darauf, die rechtlichen Begriffe breit auszuführen. Ich gehe also davon aus, dass Sie wissen, dass mit „Asylberechtigter" nur gemeint ist, wer nach Art.16a Grundgesetz Asyl erhält. Wer nach §51 Ausländergesetz eine Aufenthaltsbefugnis erhält, der kann genauso in seiner Heimat gefoltert worden sein wie der Asylberechtigte, er ist aber vermutlich über den Landweg nach Deutschland gekommen, wohingegen der Asylberechtigte nach Art.16a GG direkt über Luft- oder Seeweg nach Deutschland gekommen ist. Es besteht also kein Unterschied in der Art oder Schwere der Verfolgung, sondern nur im Fluchtweg. Wenn also Politiker davon sprechen, dass „nur" 1,83 % in 2002 Asyl erhalten haben, dann ist dies formal juristisch richtig ausgedrückt. Denn wer nach §51 AuslG eine Befugnis und im übrigen auch einen blauen Flüchtlingspass erhält, der ist im juristischen Sinne kein „Asylberechtigter", weil er nicht über den Luft- oder Seeweg kam, sondern ein Konventionsflüchtling nach der Genfer Flüchtlingskonvention. Dies mag für Juristen spannend sein, ist aber im Grunde Haarspalterei, weil beide politisch verfolgt wurden und faktisch einen festen Aufenthalt in Deutschland bekommen. Zu den 1,23 % Asylberechtigten in 2002 müssen also noch 3,17 % hinzugezählt werden, die nach §51 AuslG eine Befugnis erhalten ha-

ben, denn auch diesen Menschen wird niemand unterstellen wollen, dass sie das Asylrecht „missbraucht" haben.
Genauso kann man hinzuzählen die 1,27 % der Asylbewerber, die nach §53 Ausländergesetz eine Duldung erhalten haben. An dieser Stelle soll nicht der §53 AuslG ausgeführt werden. Tatsache ist, dass diese Menschen auch aus guten Gründen nicht abgeschoben werden können. Faktisch bleiben auch sie langfristig in Deutschland. Auch hier ist es verfehlt, von Missbrauch zu sprechen, wenn Deutschland sie aus guten Gründen nicht abschiebt.
So ergeben sich insgesamt schon 6,23 % im Jahr 2002, denen das Bundesamt für die Anerkennung ausländischer Flüchtlinge (Bafl) einen Status zuerkannt hat. Von selbst haben sich im Jahr 2002 33,18 % der Anträge erledigt, das heißt die Menschen sind vor der Entscheidung ausgereist, untergetaucht oder haben den Antrag selbst zurückgezogen. Definitiv abgelehnt wurden im Jahr 2002 vom Bafl 60,59 % der Anträge.
Wenn also Politiker davon sprechen, dass „nur" 1,83 % im Jahr 2002 eine Asylanerkennung bekommen haben, dann nehmen sie offenbar beim Zuhörer einen falschen Rückschluss billigend in Kauf, wonach die restlichen 98,17 % missbräuchlich das Asylrecht in Anspruch nahmen.

Neben dieser Täuschung mit Begrifflichkeiten findet auf offizieller Ebene aber auch eine massive Täuschung mit den Zahlen statt. Alle oben genannten Zahlen über Anerkennungen nach Art.16a GG, §51 AuslG und §53 AuslG beziehen sich nur auf die Anerkennungen durch das Bundesamt für die Anerkennung ausländischer Flüchtlinge. Da jeder Flüchtling das Recht hat, gegen diesen Verwaltungsbescheid Klage zu erheben, gibt es noch ein Mal eine große Anzahl von Anerkennungen durch die Gerichte. Diese Anerkennungen fließen nicht mehr in die obige Statistik mit ein. Wenn also davon die Rede ist, dass im Jahr 2002 1,83 % Asylberechtige anerkannt wurden, dann bezieht sich diese Ziffer nur auf die Anerkennungen in der ersten Instanz. In Wirklichkeit waren es faktisch mehr. Ein Vertreter von Pro Asyl geht davon aus, dass sich die Zahl der Asylberechtigten durch gerichtliche Entscheide verdoppelt, wobei allerdings auch beachtet werden muss, dass sich die Zahl der Anerkennungen (geringfügig) durch Gerichtsurteile reduziert, die der Bundesbeauftragte für Asylangelegenheiten erstreitet.
Ich habe selbst beim Bundesamt nachgefragt, zu wieviel Anerkennungen das Bundesamt im letzten Jahr durch Gerichte ver-

pflichtet wurde. Die Antwort war: „Ich bitte um Verständnis, aber zu diesen Verpflichtungsanerkennungen kann ich Ihnen leider keine Statistiken zusenden.." Auf meine Nachfrage, warum dies nicht veröffentlicht werden kann, erhielt ich die Auskunft: „Die Statistik ist nicht zur Veröffentlichung gedacht. Ein Grund dafür ist die meist lange Verfahrensdauer - mit dem Gerichtsverfahren -, sodass die Einreihung in die normale Entscheidungsstatistik kaum möglich ist."
Der Ausländerbeauftragten der Bundesregierung ist gelungen, was dem Bundesamt für die Anerkennung ausländischer Flüchtlinge, einer Behörde des Bundesinnenministeriums, nicht gelingt: "Im Jahr 1999 wurden vom Bundesamt in etwa 6000 Fällen Abschiebungshindernisse nach §51 Abs. 1 AuslG ('kleines Asyl' nach der Genfer Flüchtlingskonvention) zuerkannt. Nach den gerichtlichen Entscheidungen erhöhte sich die Zahl auf über 14000. Im Bereich der Abschiebungshindernisse nach §53 AuslG wurden vom Bundesamt im Jahr 1999 etwa in 2000 Fällen Abschiebungshindernisse nach §53 AuslG zuerkannt. Nach Entscheidungen der Gerichte lag die Zahl der Anerkennungen nach §53 AuslG für das Jahr 1999 bei über 8000." (Quelle: http://www.integrationsbeauftragte.de/themen/asylbesch.htm)
Die Integrationsbeauftragte geht davon aus, dass in den letzten fünfeinhalb Jahren mehr als 48% aller Asylsuchenden einen Abschiebeschutz erhalten haben (Quelle: http://www.integrationsbeauftragte.de/themen/mythen.htm). Das hört sich schon ganz anders an als die 1,83 % Asylanerkannten.

Man kann nun darüber spekulieren, warum das Bundesamt diese Informationen nicht veröffentlichen möchte. Tatsache ist, dass in der Öffentlichkeit ganz offensichtlich falsche Zahlen über die Anerkennung von Asylbewerbern wiederholt werden. Die Öffentlichkeit wird getäuscht über die wahre Anzahl von Anerkennungen. „Lüge ist die bewusste unwahre Aussage, die in der Regel die Täuschung des Nächsten zur Folge hat."[16] Ich habe die Zahlen und ihren Hintergrund so ausführlich dargelegt, weil eines deutlich wird: hier wird offiziell und mit dem Segen deutscher Politik gelogen.

---

[16] Walter Brugger: Philosophisches Wörterbuch, Herder, 1986, 17. Auflage, S.230

Sozialarbeiter im Bereich der Flüchtlingsarbeit werden weitere Beispiele nennen können, wo von offizieller Seite her die Wahrheit entweder sehr eigen definiert wurde oder bewusst getäuscht wurde. Noch einmal: es geht hier nicht darum, Behördenvertreter als Lügner abzuwerten. Wir befinden uns im Diskurs der Meinungen und in diesem Rahmen urteile ich bei bestimmten Fragen, dass manche Behörden nicht stets der Wahrheit dienen. Wie schon einmal gesagt: es sind oft genau die Behörden und Politiker, die den Flüchtlingen Täuschung und Lüge vorwerfen, die - wie oben gezeigt - selbst mit der Wahrheit sehr ungenau umgehen.

Wahrheit und Lüge auf Seiten der Flüchtlinge

Wenn hier davon die Rede sein soll, dass Flüchtlinge die Unwahrheit erzählen, dann unterscheide ich vier Arten der „Unwahrheit":
- Lügen, um individuellen Profit zu erlangen
- "staatlich geförderte Lügen"
- "Lügen" als Symptom einer psychischen Befindlichkeit
- Missverständnisse.

Zwar sind die Missverständnisse keine Lügen, aber sie werden bisweilen den Flüchtlingen als solche ausgelegt. Deswegen halte ich es für wichtig, diese hier anzusprechen. Die Unterscheidung in obige drei Punkte ist keine umfassende Kategorisierung, sondern zeigt Teilaspekte auf. Es sind diese Nuancierungen, die es oft so schwierig machen, Wahrheit und Lüge auf Seiten der Flüchtlinge auszumachen und zu bewerten.

Lügen, um individuellen Profit zu erlangen

Wie in allen Bereichen gibt es auch im Flüchtlingsbereich Betrug und Täuschung. Flüchtlinge arbeiten schwarz und beziehen gleichzeitig noch ungerechtfertigt Sozialhilfe. Manche erzählen die abenteuerlichsten Verfolgungsgeschichten und kamen in Wirklichkeit nach Deutschland, weil es ihnen wirtschaftlich in ihrer Heimat schlecht ging. Wieder andere erzählen an verschiedenen Beratungsstellen die gleiche herzerweichende, aber erfundene Geschichte, um etwas Geld zur Unterstützung zu bekommen. Zweifellos gibt es auch noch die härteren Geschichten, dass organisiert Menschen nach Deutschland kommen, um unter dem Deckmantel von Asyl kriminellen Machenschaften nachgehen zu können. Über das zahlenmäßige Ausmaß lässt sich schwer spekulieren, da wie oben beschrieben die staatlichen Statistiken wenig aussagekräftig sind.

Auch hier gilt wieder der Grundsatz: Es geht mir nicht darum, diese Menschen zu verurteilen. Viele werden für sich genommen ihre Gründe haben, warum sie so handeln. Auch der damalige Bundeskanzler Willy Brandt legte sich auf der Flucht vor den Nazis diesen falschen Namen zu, um sich geschützt zu fühlen. Obwohl er eigentlich Herbert Frahm hieß, behielt er den falschen Namen zeitlebens bei. Es lässt sich aber auch nicht leugnen, dass Flüchtlinge täuschen und betrügen, um von bestimmten Rechten in Deutschland zu profitieren, obwohl sie nicht die Zielgruppe der Regelungen waren. Prinzipiell hat eine Gemeinschaft das Recht, bestimmte Regeln für ihr Zusammenleben aufzustellen und wer diese wider das Recht in Anspruch nimmt, missbraucht das Gut der Solidarität und der Fürsorge. Es mag hierin auch eine Mitverantwortung dafür stecken, wenn Flüchtlingen immer mehr Misstrauen entgegengebracht wird.

"Staatlich geförderte Lügen"
Wenn dies in Anführungszeichen steht, so ist deutlich, dass sich der Staat dagegen verwahren würde, er fördere Lügen bei Flüchtlingen. Trotzdem ist dies so. Dies sei an zwei Punkten verdeutlicht:
1. Durch die Abschottung der europäischen Länder wird das System der Fluchthelfer (Schleuser oder Schlepper im offiziellen Sprachgebrauch) notwendig. Kaum ein Flüchtling wird Deutschland noch erreichen, ohne dass er diese Dienstleistung in Anspruch nimmt. Das Gewerbe der Fluchthelfer wird in Europa zunehmend kriminalisiert, aber jeder politisch Verfolgte aus entfernten Ländern wie der Türkei oder Togo ist darauf angewiesen. Die europäischen Staaten fördern so einen Wirtschaftszweig. Diese Fluchthelfer sind es nun, die den einzelnen Flüchtlingen oft noch eine Geschichte mit auf den Weg geben, unabhängig davon, was der Mensch wirklich erlebt hat. So kommt es, dass sich beim Bundesamt so manche Geschichten plötzlich häufen. Denn war eine Geschichte erfolgreich, so wird sie Neuankömmlingen von Seiten der Fluchthelfer ans Herz gelegt. Ist man über Hunderte oder Tausende von Kilometern dem Fluchthelfer auf Gedeih und Verderb ausgeliefert, so wird man auch hier seinem Rat folgen. Wer weiß schon, wie es in Deutschland abläuft und was man erzählen darf und was nicht? So erzählen selbst Menschen, die

wirklich eine Verfolgungsgeschichte hinter sich haben, manchmal einen auswendig gelernten Bericht beim Bundesamt. Der Fluchthelfer wird es schon besser wissen.
Über die indirekte Förderung des Fluchthelferwesens schafft der deutsche Staat ein Abhängigkeitsverhältnis zwischen Flüchtling und Fluchthelfer, was nicht selten Grundlage der falschen Erzählungen beim Bundesamt ist. Wohlgemerkt: und dabei kann durchaus eine Verfolgungsgeschichte vorliegen.

2. Die so genannte „Drittstaatenregelung" zwingt fast jeden Flüchtling, sein Dasein in Deutschland mit einer Lüge zu beginnen. Wenn ein Flüchtling nachweislich aus einem sicheren Land nach Deutschland eingereist ist, dann muss er nach zwischenstaatlichen Abkommen in dieses Land zurück abgeschoben werden. Da fast alle Flüchtlinge über den Landweg nach Deutschland kommen, müssen sie zwangsläufig über einen sicheres Land einreisen, da sämtliche Nachbarstaaten Deutschlands als sicher gelten. Das Bundesamt fragt bei jeder Anhörung auch den Fluchtweg ab. Deshalb erzählen die Menschen, sie seien in der Türkei in einen Kastenwagen gestiegen und durch unbekannte Länder nach Deutschland gekommen oder sie seien mit dem Flugzeug in Frankfurt angekommen oder... Auf jeden Fall würden sie im Falle der wahren Geschichte riskieren, dass sie zum Beispiel nach Polen, Österreich oder Frankreich abgeschoben würden.
Es gibt also über den Landweg keine legale Möglichkeit, um in Deutschland Asyl zu suchen. Um ein Grundrecht in Anspruch zu nehmen, muss ein Mensch erst ein Mal eine Lüge erzählen (es sei denn, er weiß den Weg wirklich nicht). Auch dies erfahren die Flüchtlinge im Voraus von den Fluchthelfern.

Deutschland hat also faktisch Bedingungen und Gesetze geschaffen, die dazu führen, dass die Menschen ihr Leben in Deutschland bereits mit einer Lüge beginnen müssen, sofern sie nicht wirklich mit dem Flugzeug oder Schiff eingereist sind. Erzählen sie keine Lüge, so werden sie wahrscheinlich gleich wieder abgeschoben. Wenn das deutsche Gesetz schon hier die Lüge geradezu herausfordert, so ist nicht weiter verwunderlich, dass auch an anderer Stelle gelogen wird. Wie soll man als Fremder einordnen können, an welcher Stelle das hehre Gut der Wahrheit einzuhalten sei, ohne dass man Schaden davon trägt, und wo es zur Wahrung der eigenen Sicherheit besser ist, eine falsche Geschichte zu erzählen?

"Lügen" als Symptom einer psychischen Befindlichkeit
Menschen mit schrecklichen Erlebnissen in ihrer Geschichte leiden bisweilen unter Erinnerungslücken, Vergesslichkeit oder tatsächlichen Widersprüchen in ihren Aussagen. Therapeuten eines Berliner Behandlungszentrums für Folteropfer schreiben dazu:
"Wir gehen davon aus, dass Asylbewerber, die ein massives individuelles Verfolgungsschicksal mit allen posttraumatischen Störungen aufweisen, nicht in der Lage sein können, widerspruchsfreie und exakte Angaben zu ihrer Biographie zu machen. Ihnen wird daher in zahlreichen von uns dokumentierten Fällen fälschlicherweise von der Behörde versuchte Täuschung oder übersteigertes Begehren unterstellt."[17]

Die neuere Hirnforschung geht davon aus, dass es durch traumatische Ereignisse in der Tat zu Veränderungen im Gehirn kommt und sich somit auch die Erinnerung verändert. Der Mensch kann vor allem die traumatischen Erlebnisse nicht mehr in aller Einzelheit deutlich erinnern. So kommt es oft zu Widersprüchen. Andere würden in Unwissenheit eben sagen, dass diese Menschen lügen. Dieser Tatsache haben im Übrigen höchste Gerichte in Deutschland in Entscheidungen Rechnung getragen. Sie urteilten, dass bei traumatisierten Flüchtlingen Widersprüche in der Erzählung nicht nachteilig auszulegen seien. In der Praxis erfolgt dies aber in der Regel trotz dieser klugen Gerichtsentscheidungen.

Missverständnisse
Oft kommt es auch zu Missverständnissen in der Kommunikation zwischen Flüchtlingen und Deutschen. Hier gibt es die Seite der sprachlichen Kommunikation, die ganz einfach zu Übersetzungsfehlern, und die Seite der interkulturellen Kommunikation, die ebenfalls zu Missverständnissen führen kann. Im Kontext des ständigen Misstrauens wird hier Flüchtlingen schnell eine Lüge unterstellt.

---

[17] Graessner, Sepp; Ahmad, Salah; Merkord, Frank: Alles Vergessen! - Gedächtnisstörungen bei Flüchtlingen mit Foltererfahrung, S.238; In: Graessner, Sepp u.a. (Hrsg.): Folter - An der Seite der Überlebenden Unterstützung und Therapien, Verlag C.H.Beck, München 1996

1. Sprachliche Kommunikation.
Hier braucht es nur wenig Erfahrung im Flüchtlingsbereich, um zu wissen, zu wie viel Problemen eine mangelnde gemeinsame Sprache führt. Aber selbst beim Einsatz von geschulten Dolmetschern kann es zu Missverständnissen kommen (ganz zu schweigen davon, wenn Familienangehörige oder Bekannte dolmetschen). Ein Beispiel soll dies deutlich machen:
Bei einer zweiten Anhörung beim Bundesamt berichtete eine Frau aus dem Kosovo von ihrer Flucht, nachdem ihr Dorf vom serbischen Militär angegriffen worden war. In dieser Beschreibung erzählt die Dame, dass sie mit ihren Kräften am Ende war. Die Dolmetscherin, deren Muttersprache albanisch war, formuliert dies so: „Ich bin bis an die Grenze gegangen." Im Ablehnungsbescheid des Bundesamtes steht, dass die Dame mit diesem Satz behauptet habe, sie sei über die albanische Grenze geflüchtet, wo sie aber bei der Anhörung vorher angegeben hatte, über Pristina ausgeflogen zu sein. Wegen dieses Widerspruches galt die ganze Geschichte als unglaubwürdig und damit gelogen.
In Wirklichkeit hat die Kosovarin nie von einer Landesgrenze gesprochen, sondern von der Grenze ihrer Belastbarkeit. Die Dolmetscherin hätte es im Deutschen korrekterweise ausdrücken müssen: „Ich bin bis an meine Grenzen gegangen." Aber gerade bei solchen sinnbildlichen Ausdrücken kann es bei Dolmetschern zu kleinen grammatikalischen Unsauberkeiten kommen, wenn die Dolmetscher nicht fließend zweisprachig aufgewachsen sind. Für gewöhnlich sieht man darüber hinweg. Bisweilen kann dies aber - wie hier gezeigt - massive Auswirkungen haben.
Beim Asylverfahren kommt es immer wieder zu solchen Problemen mit den Dolmetschern, was aber in der Regel den Flüchtlingen negativ ausgelegt wird.

2. Interkulturelle Kommunikation
An zwei Beispielen soll gezeigt werden, dass kulturelle Eigenheiten schnell missverstanden und Flüchtlingen negativ ausgelegt werden können:
Eine Kurdin aus der Türkei ist schon seit langer Zeit in Beratung bei einer Hilfsorganisation. Ihre Geschichte ist dort sehr gut bekannt. Eines Tages führt sie bei der Beratungsstelle ihre „Tante" (teyze) ein. Die Beraterin, die deutscher Herkunft ist, regt sich später im Kreis ihrer Mitarbeiter darüber auf, dass die kurdische Frau früher nie etwas von Verwandtschaft in Deutschland erzählt

hätte. Sogar auf Nachfrage hätte sie früher verneint, hier Verwandte zu haben. Plötzlich stellte sich die Mitarbeiterin die Frage, ob die Klientin auch bei anderen Fragen wohl gelogen hätte.
Nach längerem Nachforschen erfährt die Beraterin schließlich, dass es sich bei der so genannten „Tante" in der Tat um keine verwandtschaftliche Bezeichnung handelt, sondern um eine Bezeichnung, die in der Türkei durchaus üblich ist. Dort werden andere Personen gängig mit Verwandtschaftstiteln bezeichnet. Man spricht sogar Fremde auf der Straße mit „ältere Schwester", „Großvater" oder eben „Tante" an. Was in Deutschland etwas despektierlich erscheint, ist in der Türkei ganz normal. So gesehen erstaunt es nicht, wenn die Klientin eine Bekannte von ihr mit „Tante" bezeichnet und die deutsche Mitarbeiterin dies missversteht.

Auf der Polizeistation wurde ein Vietnamese zu einer mutmaßlichen Rechtswidrigkeit befragt. Der befragende Polizist stellte im Gespräch später die Aussage des Vietnamesen mit folgender Begründung in Frage: „Der hat die ganze Zeit in den Boden geblickt und mich fast nie dabei angeschaut. Der muss ein massiv schlechtes Gewissen haben. Und dabei hat er mir erzählt, er sei unschuldig."
Die Körpersprache beeinflusst uns genauso stark wie der Inhalt der Wörter. Allerdings differiert wie bei den Wörtern auch die Körpersprache von Kultur zu Kultur. Und so ist die Haltung des vietnamesischen Herren eher als Ausdruck des Respekts gegenüber dem Polizisten zu werten und nicht als Ausdruck der Lüge, wie es im mitteleuropäischen Raum eher zu verstehen wäre. Die Kultur kann hier Missverständnisse mit sich bringen.

Wahrheit und Lüge auf Seiten der Sozialarbeiter

Das Thema Wahrheit und Lüge wird sehr vielschichtig innerhalb der Praxis der Sozialen Arbeit mit Flüchtlingen angegangen. Im Folgenden sollen einige Verhaltensweisen aufgezeigt werden, die Sozialarbeiter bei diesem Thema gegenüber den Flüchtlingen aber auch gegenüber Behörden aufweisen. Ich stelle hier nur die extremen Formen dar. In der Praxis wird man selten jemanden finden, der nur in einer solchen Haltung arbeitet. Oft mischen sich die Haltungen, je nach Klient. Die Beschreibung soll aufzeigen, wie unterschiedlich in der Praxis der Umgang mit der Wahrheit ist.

Was geht mich das an, ob die Geschichte stimmt? So spricht eine Haltung, mit der man der Frage, ob eine Aussage oder Geschichte wahr oder falsch ist, aus dem Weg geht. In der Tat mag es für die Arbeitsfähigkeit bisweilen ohne Belang sein, ob beispielsweise eine Herkunftsgeschichte oder der Name einer Person stimmt oder nicht. Und wenn es zum Beispiel um die Frage von Sozialhilfe geht, dann tut dies bei der Sozialen Arbeit nichts zur Sache, aus welchem Grund ein Mensch in Deutschland ist. Oder auch bei psychischen Problemen stehen die Beschwerden im Vordergrund und keine persönliche Geschichte. Eine gewisse Zurückhaltung ist deshalb in der Tat angeraten. Nur was zur unmittelbaren Klärung einer Problemlage dient, ist von Relevanz. Doch bei dieser Klärung will sicherlich niemand angelogen werden. Die Haltung, wonach es einem egal ist, ob eine Geschichte stimmt oder nicht, wirkt bisweilen wie das Vermeiden des oben genannten Spannungsbogens. Lieber will man gar nicht wissen, dass man belogen wurde, um nicht in eine Sinnkrise über das eigene Handeln zu geraten.

Die Flüchtlinge erzählen immer die Wahrheit. So wird es kein Sozialarbeiter formulieren, weil schon die menschliche Erfahrung einem lehrt, dass nie ein Mensch nur die Wahrheit spricht. In einer gelassenen Haltung entspricht dies aber der Haltung von Arzt und Patient: grundsätzlich nimmt der Arzt bei einer Begegnung mit dem Patienten an, dass dieser ihm die Wahrheit erzählt. Erst wenn klare Indizien vorliegen, kann diese Gewissheit in Zweifel gezogen werden. Ein Sozialarbeiter kann ebenso vorgehen: prinzipiell glaubt er, dass der Klient ihm die Wahrheit berichtet. Das Gegenteil muss erst bewiesen werden.
In einer extremeren Weise kommt diese Haltung so zum Ausdruck, dass im Flüchtling stets der Benachteiligte und das Opfer gesehen wird, wohingegen die staatlichen Stellen stets unterdrücken und dem Flüchtling Schlechtes tun. Hier kommt es nicht selten zu einer völligen oder zumindest teilweisen Identifizierung des Sozialarbeiters mit dem Schicksal des Flüchtlings und damit mit seiner Geschichte. Deswegen wird die Geschichte als wahr gegenüber den Behörden vertreten, auch wenn bei längerem Nachdenken vielleicht Zweifel aufkommen könnten. Es ist diese parteiliche Art der Sozialarbeit, in der sich der Sozialarbeiter mit dem Klienten identi-

fiziert, die bisweilen zur impliziten Unterstellung führt, der Flüchtling erzähle per se die Wahrheit. Auch dies mag wiederum ein Vermeidungsverhalten sein, um die komplexe Realität einfacher erfassen zu können. Gerade bei „Lieblingsklienten" kommt es immer wieder zu besagter Haltung.

Jeder Flüchtling lügt. In Reinform wird diese Haltung wohl noch seltener anzutreffen sein, als die vorherigen Haltungen. Trotzdem sei in der Praxis die Relevanz dieser Haltung nicht unterschätzt. Vor allem nach einer einschlägigen Erfahrung, wo eine „Lüge" bei einem Klienten zu Tage trat, kommt es nicht selten zur momentanen Kehrtwendung, bei der permanentes Misstrauen obwaltet. Gerade hier kann es zum inneren Konflikt kommen, da man ja angetreten ist mit der Devise, Flüchtlinge bräuchten ob ihrer Not Unterstützung.

Man muss die Wahrheit nur so lange drehen, bis sie zur Realität passt. Bei dieser Haltung trägt man der Tatsache Rechnung, dass die gesetzlichen Bedingungen für Flüchtlinge in der Regel sehr eng sind. Die Grenzen der Wahrheit werden „erweitert", um dem Flüchtling ein wenig mehr Rechte zu verschaffen. Eine Lüge wird dann in Kauf genommen, weil ja auch der Flüchtling oft nicht gerecht behandelt werde. Die Lüge kann in dieser Sichtweise zu einer guten Tat werden, da man ein höheres Gut damit erreicht. Im Falle, dass der Schwindel oder die Übertreibung auffliegt, bleibt das Problem der Glaubwürdigkeit gegenüber anderen Einrichtungen und Behörden, gegenüber sich selbst ergibt sich aber in der Regel kein Problem der Glaubwürdigkeit.

Diese Auflistung möglicher Haltungen, die sicherlich durch andere Nuancen ergänzt werden könnte, soll keineswegs das Wahrheitsverständnis von Sozialarbeitern im Flüchtlingsbereich ins Zwielicht setzen. Im Gegenteil. Es zeigt die komplexe äußere Realität und das damit verbundene Wechselbad der Gefühle, mit dem die Soziale Arbeit konfrontiert ist. Eine einfache Lösung dieses vielschichtigen Sachverhaltes wäre nicht adäquat.

Soziale Arbeit im Spannungsfeld von Wahrheit und Lüge

Als Konsequenz des Dargestellten ergeben sich meines Erachtens drei Thesen:
1. Lügen im Flüchtlingsbereich haben viele Ursachen und Urheber.
2. Missverständnisse werden leichtfertig als Lügen interpretiert.
3. Die Soziale Arbeit steht in einer Spannung: Wo muss man Lüge als notwendiges Übel hinnehmen und wo wird eine moralische Grenze überschritten?

Ich halte es für sehr wichtig, sich diese drei Thesen stets vor Augen zu führen, wenn man im Flüchtlingsbereich arbeitet. Denn sie tragen dazu bei, der Wirklichkeit eher gerecht zu werden. Man wird oft damit leben müssen, ob einer sehr komplexen Situation nicht zu wissen, ob man es mit Wahrheit oder Lüge zu tun hat. Man kann die vielen Aspekte mit bedenken und für sich eine vorläufige Entscheidung treffen. Dies sollte aber meist im Wissen geschehen, dass die ganze Komplexität selten erfasst werden kann.

Sollte sich bei einem Klienten etwas als Lüge herausstellen, so gibt es zwei Komponenten, die wichtig sind: der professionelle Umgang und der menschliche Umgang mit der Lüge. Natürlich lässt sich beides nicht vollständig trennen. Trotzdem sind dies zwei Seiten einer Medaille:
In der professionellen Haltung versucht man, die Ursachen für die Lüge zu erfassen und gegebenenfalls zu erklären. Als Dienstleister für Flüchtlinge geht es nicht darum, die Leute zu bestrafen oder zu verurteilen, sondern ihnen hilfreich zur Seite zu stehen. Auf der professionellen Ebene kann deswegen die Aufdeckung einer Lüge gegebenenfalls auch dazu dienen, im Prozess der Beratung einen Schritt voran zu tun. Es kann sich zum Beispiel bei einem Flüchtling eine lang anhaltende Spannung lösen, die sich nunmehr nach Bekannt werden einer falschen Erzählung erklären lässt. Das kann für die Beratung einen enormen Schub geben.
Auf der menschlichen Ebene kann dies trotzdem problematisch bleiben. Die negativen Gefühle, dass man eventuell belogen wurde, müssen auch ihren Platz haben. Es kann auch sinnvoll sein, diese Seite dem Flüchtling zu zeigen, um die ethische Dimension und Verantwortung seines Handelns aufzuzeigen. Dabei schließt

sich nicht aus, auf der professionellen Ebene weiter konstruktiv an den Ebenen zu arbeiten. Bisweilen wird dies wegen der menschlichen Enttäuschung aber auch nicht mehr möglich sein.

Sozialarbeit ist ein Menschenrechtsberuf. Die Menschenrechte stehen aber im Flüchtlingsbereich nicht immer an erster Stelle, sondern oft das Misstrauen und die Abwehr. Dieser Artikel wollte dem Thema des Misstrauens Platz gewähren, weil es oft unterschwellig präsent ist. Was benannt ist und seinen Platz hat, kann dann auch wieder beiseite gelegt werden. So wie Politiker nicht ständig vom Missbrauch des Asylrechts reden sollten, sondern die humanitären Errungenschaften des Asylrechts preisen sollten, so soll auch die Sozialarbeit nicht in die endlosen Fänge der Wahrheitssuche gelangen. Unser Thema ist in erster Linie das Menschenrecht der Flüchtlinge. Es ist klar, dass es Wahrheit und Lüge im Asylbereich gibt. Doch diese Frage sollte gegenüber der Frage der Menschenrechte eine weit untergeordnete Rolle spielen.

Bürgerkrieg

Bei Visoko, Bosnien, 1996

Bürgerkrieg: Bilder des Schreckens, Abbilder der Wirklichkeit, durch den Fernseher gedreht wie durch einen Fleischwolf. Wahr werden sie erst durch die Menschen, die sie erlebt haben.

Sozialarbeit mit bosnischen und kosovoalbanischen Bürgerkriegsflüchtlingen – eine neue Herausforderung für die Migrationssozialarbeit

Florian Fritz

Einführung

Die Migrationssozialarbeit war immer auch Flüchtlingsarbeit. Asylbewerber und Kontingentflüchtlinge wie die vietnamesischen „Boat People" standen dabei stets im Vordergrund. Der Begriff „Bürgerkriegsflüchtlinge" ist dagegen relativ neu. Er bezeichnet Menschen, die vor innerstaatlichen Konflikten fliehen, wird aber in der deutschen Öffentlichkeit im wesentlichen mit den Flüchtlingen aus dem ehemaligen Jugoslawien in Verbindung gebracht, die in den neunziger Jahren in großer Zahl in unser Land flohen. Die Beratung einer Bevölkerungsgruppe, deren Aufenthalt in Deutschland nach den politischen Vorgaben von vorneherein begrenzt sein sollte, aber dennoch unabsehbar war, stellte und stellt mit all den daraus resultierenden Konsequenzen und Dynamiken eine neue Herausforderung für die Migrationssozialarbeit dar. Wie sollte sie reagieren? Welche neuen Kompetenzen waren gefragt? Dieser Prozess ist noch nicht abgeschlossen und soll im folgenden Beitrag beleuchtet werden. Exemplarisch geschieht dies anhand der Arbeitserfahrungen mit bosnischen und kosovoalbanischen Flüchtlingen. Das Schema der Analyse ist unter Berücksichtigung einiger spezieller Aspekte aber auch auf andere Flüchtlingsgruppen mit Bürgerkriegsstatus, wie beispielsweise Afghanen oder Iraker, übertragbar.

Seit Beginn der Kriege im ehemaligen Jugoslawien sind weit über 350 000 Flüchtlinge aus dem Gebiet des jetzigen Bosnien – Herzegowina und einige zehntausend Flüchtlinge aus dem Kosovo nach Deutschland geflohen, um sich in Sicherheit zu bringen. Sie wurden von Verwandten und Bekannten aufgenommen, gelangten über ein kleines humanitäres Kontingent nach Deutschland oder reisten illegal ein, weil sie kein Visum bekamen. Hinzu kommen noch die 120 000 Flüchtlinge aus dem Kosovo, die bereits nach

Ausbruch der Unruhen in ihrer Heimat 1989 -1991 nach Deutschland kamen und die als abgelehnte Asylbewerber eigentlich vor Ausbruch des Kosovo-Krieges im Rahmen eines Abkommens nach Jugoslawien zurückgeschickt werden sollten.

Die meisten dieser 500 000 Flüchtlinge, von denen mittlerweile rund 350 000 zurückgekehrt oder in ein anderes Land, vor allem die USA, weitergewandert sind, lebten von Anfang an in privaten Unterkünften, zum Teil allerdings sehr beengt. Einige zehntausend waren und sind noch zum Teil als ortsfremde Obdachlose von den Kommunen in Gemeinschaftsunterkünften untergebracht, was den Vorteil für sie hat, dass sie zumeist in irgendeiner Form von SozialarbeiterInnen betreut werden.

Die Gruppe dieser Flüchtlinge stellte von Beginn an eine neue Herausforderung für die Migrationssozialarbeit dar, weil es sich zum ersten Mal um eine große Zahl Betroffener handelte, deren langfristige Perspektive den politischen Vorgaben gemäß nicht in Deutschland liegen würde, was Integrationsbemühungen erschwerte und die Unsicherheit der Betroffenen erhöhte. Die vielfältigen Auswirkungen dieser Situation, die spezifischen Faktoren, die zu ihr führten und die Rolle, die die Sozialarbeit hier zu übernehmen hatte und hat, sollen im folgenden dargestellt werden. Sie beziehen sich auf Erfahrungen mit Flüchtlingen, die in Gemeinschaftsunterkünften leben. Hierbei werden bosnische und kosovoalbanische Flüchtlinge gemeinsam betrachtet, da viele sozialpädagogisch relevante Problemfelder beider Gruppen deckungsgleich oder ähnlich sind. Natürlich gibt es auch Unterschiede, auf die der Text ebenfalls eingehen wird.

Aufenthaltsstatus/ gesetzliche Leistungen

Flüchtlinge aus Bosnien bekamen zumeist während des Krieges und auch danach nur den relativ unsicheren Status einer „Duldung" zugesprochen. Dies bedeutet: Aufenthalt nur in einem Bundesland gültig, erschwerter Zugang zum Arbeitsmarkt, gekürzte Sozialleistungen, kaum Chancen, eine Wohnung zu finden. Über Jahre hinweg wurden die „Duldungen" aus verschiedenen Gründen immer wieder über kurze Zeiträume verlängert. Dies führte zu fundamentaler Verunsicherung. Die Unfähigkeit der Zukunftsgestaltung führte zur Unfähigkeit, den Alltag zu gestalten, die Unmöglichkeit, eine Arbeit zu finden, vielfach zu Passivität, lähmender Depression und Retraumatisierung. Viele Be-

troffene stellten Weiterwanderungsanträge in die USA, ohne wirklich dorthin zu wollen, um sich zunächst den weiteren Aufenthalt in Deutschland zu sichern. Eine erhebliche Anzahl gab dem massiven ausländerrechtlichen Druck nach und reiste aus Angst vor Abschiebung aus, einige Tausend wurden abgeschoben.
Erst im November 2000, als in Deutschland nur noch 60 000 Bosnier verblieben waren, beschlossen die Innenminister nach jahrelangem Drängen von Flüchtlingsorganisationen, Kirchen und auch der Wirtschaft als letztes mitteleuropäisches Land ein dauerhaftes Bleiberecht in Form einer Aufenthaltsbefugnis für Traumatisierte und Arbeitnehmer, von dem etwa die Hälfte der noch verbliebenen Flüchtlinge profitieren dürfte.
Bei den kosovoalbanischen Flüchtlingen muss zwischen zwei Gruppen unterschieden werden: Die einen, obengenannten 120000 kamen Anfang der neunziger Jahre nach Deutschland und wurden nach zum Teil langwierigen Asylverfahren großenteils abgelehnt, jedoch aus unterschiedlichen Gründen nicht alle ausgewiesen. Im Kosovo-Krieg kamen nochmals einige zehntausend Flüchtlinge hinzu. Zum Teil wurden sie im Rahmen eines humanitären Kontingents eingeflogen , zum Teil kamen sie über die grüne Grenze und erhielten zumeist ebenfalls eine Duldung. Viele dieser neu ankommenden Flüchtlinge waren durch Kriegs- und Fluchterlebnisse schwer traumatisiert.
Schon bald nach Kriegsende wurde auch auf die Kosovoflüchtlinge massiver Druck ausgeübt, sie sollten zur Hilfe beim Wiederaufbau zurückkehren. Die Kontingentflüchtlinge mussten als erste zurückkehren. Bei den übrigen verzögerte sich die Rückkehr jedoch. Im Frühjahr 2001 beschlossen die Innenminister dann ein Bleiberecht für kosovoalbanische Arbeitnehmer analog der Bosnien-Regelung. Diejenigen, die nicht unter diese Regelung fallen, sollen möglichst noch in diesem Jahr zurückkehren, so dass seit Sommer 2001 Abschiebungen stattfinden und die Flüchtlinge oftmals keinerlei Aufenthaltsverlängerung mehr erhalten und in die Illegalität abrutschen.

Sowohl bosnische als auch kosovoalbanische Flüchtlinge fallen unter das Asylbewerberleistungsgesetz (AsylBlG), das 1993 als eigenes Sozialhilferecht für Flüchtlinge geschaffen wurde. Es zeichnet sich im wesentlichen durch im Vergleich zum BSHG erheblich gekürzte Sätze und eine Reduzierung der medizinischen Versorgung auf das Lebensnotwendige (also zum Beispiel keine Zahnpflege) aus. Die Leistungen werden als „Sachleistungen" gewährt. Die Flüchtlinge erhalten entweder Essens- und Hygienepakete oder Gutscheine für bestimmte Läden sowie ein geringes monatliches Taschengeld. Dieses Prinzip schränkt die Betroffenen sehr ein, da sie nicht mehr nach eigenem Gutdünken kochen und haushalten können, sondern auf den Inhalt der oftmals minderwertigen und unkoordiniert zusammengestellten Pakete angewiesen sind. Das Sachleistungsprinzip wird deshalb als große Entwürdigung empfunden und ist neben den aufenthalts- und arbeitsrechtlichen Einschränkungen ein weiterer Faktor der Fremdbestimmung im Leben der Flüchtlinge.

Die Kriegs- und Fluchtfolgen

Bosnische und kosovoalbanische Flüchtlinge in Deutschland haben die unterschiedlichsten Kriegserfahrungen hinter sich. Meist sind diese unvorstellbar grausam, sowohl physischer als auch psychischer Natur, so gut wie nie sind sie verarbeitet und es ist ein langer und schwieriger Prozess sie zu verbalisieren und an ihnen zu arbeiten. Sie alle haben Geschichten mitgebracht, die in ihnen leben, toben, wüten, die sie Tag und Nacht beschäftigen, sie verändern, zu seltsamen Verhaltensweisen veranlassen und im schlimmsten Fall langsam zerstören. Die meisten von ihnen benötigen eine psychologische oder therapeutische Behandlung über einen längeren Zeitraum, unter Umständen über viele Jahre, hinweg.
Nach internationalen Schätzungen können bis zu 80% der Flüchtlinge aus Konflikten wie in Bosnien oder dem Kosovo als traumatisiert gelten. Eindrücklichste medizinische Diagnose hier für ist das Posttraumatische Stresssyndrom PTSD (englisch Posttraumatic Stress Disorder), das allerdings in unterschiedlichen Formen und unterschiedlicher Schwere auftreten kann, aber durch eine Reihe von Symptomen (z.B. Gedächtnisverlust; Schwindelanfälle, Angstzustände, Schweißausbrüche etc.) klassifiziert ist. Oftmals treten diese Symptome erst nach Monaten oder auch Jahren auf.

Das Medientrauma/ der Gewissenskonflikt

Ambivalent für die bosnischen und kosovoalbanischen Flüchtlinge war und ist, dass die Situation in ihrer Heimat hier jederzeit abrufbar für sie war und ist. Über das kroatische, serbische und albanische Fernsehen, über Satellit zu empfangen, und über die zahlreichen muttersprachlichen Zeitungen und Zeitschriften bekamen sie entsprechende Informationen zu jeder Tages- und Nachtzeit frei Haus geliefert. Dies führte ihnen ihre eigene Hilflosigkeit überdeutlich vor Augen und ließ Frust und Zorn entstehen. Gleichzeitig verstärkte das Wissen über die Situation zuhause vor allem bei den Männern das Bewusstsein, sich in einer sehr ambivalenten Situation zu befinden: selber in Sicherheit zu sein, die Familie oder Teile derselben gerettet zu haben, während man gleichzeitig Teile der Familie oder zumindest das eigene Volk im Stich gelassen hat, anstatt für ihre/seine Rettung zu kämpfen. Dies löste bei manchen Männern eine große Ruhelosigkeit aus, ständig standen sie unter einem inneren Drang, eigentlich nachhause zurückkehren und dort kämpfen zu müssen.
Im Kosovokrieg schließlich konnten sich junge erwachsene Männer von ihrer Verpflichtung, in den Krieg in der Heimat zu ziehen, oft nur durch entsprechende Zahlungen an die UCK, die kosovoalbanische Rebellenbewegung, freikaufen. Diese hatte und hat in Deutschland durch umfangreiche politischen Strukturen die Möglichkeit, entsprechenden Druck auf Flüchtlinge auszuüben. Nicht wenige Väter bangten damals um das Leben ihrer Söhne, die zum Teil in Deutschland aufgewachsen waren und nun plötzlich im Kosovo für die Befreiung kämpfen sollten.
Seit dem Ende des Krieges sind die obengenannten Ambivalenzen durch neue abgelöst worden: Die Hoffnung, vielleicht bald nach Hause (im Kosovo: in eine befreite Heimat!) zurückkehren zu können, steht der Angst gegenüber, dass zunehmenden Spannungen in manchen Regionen, unzureichende medizinische Versorgung und ethnische Verfestigungsprozesse (in Bosnien) eine Rückkehr an den Heimatort erschweren oder letztlich unmöglich machen könnten.

Der Generations- und Rollenkonflikt

Die meisten bosnischen und kosovoalbanischen Flüchtlingsfamilien bestehen aus zwei Generationen: Eltern und Kindern. Oftmals sind sie gemeinsam geflohen, manchmal getrennt, manchmal blieben die Väter im Krieg und schickten Mütter und Kinder auf die Flucht. Es gibt viele verschiedene Konstellationen. Allen gemeinsam ist jedoch, dass die heimatliche Struktur der Großfamilie sich zu lockern beginnt, je länger sie in Deutschland lebt, weil die Interessen der verschiedenen Generationen immer weiter auseinanderklaffen.
Den Kindern und Jugendlichen fällt die Integration naturgemäß am leichtesten. Sie kommen mit etwas Glück in den Kindergarten bzw. werden eingeschult oder finden einen Ausbildungsplatz. Viele finden deutsche Freunde, fühlen sich wohl in Deutschland und können sich durchaus vorstellen, hier zu leben und zu arbeiten. Oft sagen sie explizit, dass sie angesichts der unsicheren Zukunft ihrer Heimat dort keinerlei Perspektive mehr für sich sehen.
Die mittlere Generation, also die Eltern, stecken in einem starken Zwiespalt. Selbst wenn ihre Existenz daheim zerstört ist, träumen sie doch davon, sie eines Tages wieder aufzubauen. In gewisser Weise fühlen sie sich schuldig, weil sie nicht zuhause blieben, um zu kämpfen. Daher stehen sie unter Druck, einen Beitrag zum Wiederaufbau nach dem Krieg zu leisten, auch wenn sie Angst davor haben, dass der Weg der Rückkehr durch die Vorwürfe der daheim Gebliebenen erschwert werden wird.
Sie selbst finden allerdings oftmals nicht die Kraft, ihre eigene Gegenwart anzupacken. Eine Arbeit zu finden, ist sehr schwer, gar einen Job im ursprünglichen Beruf quasi unmöglich. Das schafft Frust. Zugleich lernen die Kinder schneller deutsch, finden sich im Alltag besser zurecht und übernehmen nach und nach Aufgaben für die Eltern, übersetzen z.B. bei Ämtergängen, gehen zum Einkaufen. Die Rolle der Eltern im Familiengefüge verändert sich, und hier fließen Generations- und Rollenkonflikt ineinander. Die Eltern werden passiv, ziehen sich immer mehr in die eigenen vier Wände zurück, laden Verantwortung auf die Kinder ab. Gleichzeitig leiden vor allem die Väter unter dieser Entwicklung. Zuhause waren sie die Geldverdiener, sie sorgten für das Wohl der Familie, verteilten Aufgaben, waren verantwortlich. Jetzt werden sie im praktischen Alltag zunehmend nutzlos, haben keine Aufgabe mehr, vertreiben sich die Zeit mit Nachdenken über die eigene Si-

tuation, Kaffeetrinken und Konversation. Zugleich halten sie an dem fest, was ihnen noch geblieben ist: Der Rolle des Patriarchen in der Familie, des Befehlserteilers – und diese üben sie oftmals umso entschlossener aus, je mehr sie ihnen zu entgleiten droht. Denn nicht nur ändert sich die Aufgabenverteilung innerhalb der Familie, auch das Rollenverständnis der Familienmitglieder, besonders der weiblichen, verändert sich. Heranwachsende Töchter kommen in Kontakt mit deutschen Mädchen, in deren Familien die Rollenverteilung nicht so klassisch ist wie in vielen bosnischen/kosovoalbanischen Großfamilien (wo die Frauen verstärkt mit dem Haushalt und der Kindererziehung beauftragt sind und einen geringeren Spielraum zur Verwirklichung individueller Interessen haben). In der Folge verändert sich das Verhalten der bosnischen/kosovoalbanischen Mädchen. Sie wollen abends länger ausgehen, auch eine Ausbildung machen, sie wollen selber Geld verdienen und über dieses auch verfügen – und sie stecken nicht selten ihre Mütter mit ihrem Verhalten an. Diese Mütter, eigentlich noch im klassischen Rollenverständnis verhaftet, tun sich natürlich viel schwerer als die Töchter und haben zudem weniger Ausweichmöglichkeiten. Dennoch – allein die bloße Verweigerung, einen Befehl des Vaters auszuführen, ist ein Schritt in die Richtung der Eigenständigkeit. Manche Väter reagieren auf solche Entwicklungen mit innerfamiliärer Gewalt, andere resignieren, werden depressiv, beginnen zu trinken.

Der ethnische Konflikt

Der Erkenntnis, dass das ehemalige Jugoslawien ein Staat war, indem verschiedene Religionen zumindest zu bestimmten Zeiten weit gehend friedlich zusammenlebten, verschließen sich mittlerweile viele der bosnischen und kosovoalbanischen Flüchtlinge. Fast jede Familie hat Tote zu beklagen, Gefolterte, Verschwundene, Verletzte, Vergewaltigte. Der daraus resultierende Schmerz mündet meist in Hass nicht nur auf die (oftmals unbekannten) Täterindividuen, sondern vielmehr auf das Volk/die Ethnie der Täter (Serben, Kroaten, Bosniaken). Der gegenseitige Vorwurf einer Kollektivschuld schafft ein klares Feindbild und damit etwas, woran sich die Opfer festhalten, was sie benennen und fixieren können, und was ihnen zugleich das Ablehnen jeglicher Kompromisse erleichtert.

So werden Konflikte zwischen Einzelpersonen oder Familien nicht selten ethnisch begründet ("Die schimpfen nur auf meine Radiolautstärke, weil ich Kroate bin"), ebenso angebliche oder tatsächliche Benachteiligungen. Tatsächliche Konfliktursachen bleiben außen vor. Allerdings lässt sich feststellen, dass die Konfliktbereitschaft mit den Jahren, die das Kriegsende weiter zurücklegt, an Schärfe etwas verliert – vielleicht auch ein Hoffnungsschimmer für das Zusammenleben der Ethnien auf dem Balkan vor Ort.
Bei den Kosovoalbanern ist die Situation etwas anders: Da es in Deutschland kaum Flüchtlinge aus Serbien gibt, kommt es hier auch nicht zu Spannungen. Der Hass der KosovarInnen auf die Serben ist allerdings ebenfalls groß, was sich nicht zuletzt durch die Vertreibungen von Serben aus dem Kosovo nach dem Krieg und das völlige Unverständnis kosovoalbanischer Flüchtlinge für das europäische Eintreten eines „multikulturellen Kosovo" mit Serben und Albanern erweist.

Perspektive

Die Perspektive der meisten bosnischen und kosovoalbanischen Flüchtlinge war jahrelang unklar, von großer Unsicherheit und verschiedenen möglichen Optionen geprägt, die sie jedoch letztlich nicht frei wählen konnten.
Eine Rückkehr in den alten Heimatort war und ist für viele Bosnier nicht möglich, da dort nach dem Krieg eine andere ethnischpolitische Mehrheit regiert als vorher. Nach wie vor sind bei einigen, die in den Heimatort zurückkehren könnten, die Zerstörung ihrer Häuser oder schlechte medizinische Versorgung ein Problem. 40 000 Bosnier entschieden sich deshalb für die Weiterwanderung in die USA, die extra für bosnische Flüchtlinge aus Deutschland, die hier nicht bleiben können, ein Weiterwanderungsprogramm aufgelegt hatte. Zahlreiche Flüchtlinge kehrten in eine ungewisse Zukunft zurück, andere harrten aus und hofften auf eine Lösung in Deutschland. Zumindest ein Teil der verbliebenen 60000 bosnischen Kriegsflüchtlinge kann nach derzeitigem Stand dauerhaft in Deutschland bleiben.
Die KosovoalbanerInnen, die bereits Anfang der neunziger Jahre nach Deutschland kamen, haben aufgrund des langjährigen Aufenthalts hier von ihrer Heimat einen gewissen Abstand genommen. Sie haben zwar oft noch Verwandte im Kosovo, aber ihre Bereitschaft zur Rückkehr ist gering. Sie haben Angst, sich unter

veränderten Verhältnissen nicht mehr zurechtzufinden, „Fremde" im eigenen Land geworden zu sein.

Die erst im Krieg 1999 geflohenen KosovarInnen haben zumeist noch engere Bindungen an die Heimat und intensiven Kontakt mit zurückgebliebenen Familienmitgliedern, sind aber aufgrund ihrer eigenen noch „frischen" Kriegserlebnisse und der schlechten medizinischen Versorgungslage im Kosovo verunsichert und haben momentan große Angst vor einer Rückkehr, auch wenn sie eigentlich irgendwann zurück wollen.

Letztlich werden aufgrund der gesetzlichen Grundlagen und der restriktiven Rechtssprechung der Gerichte in Bezug auf Abschiebehindernisse aber nur wenige KosovoalbanerInnen in Deutschland verbleiben können.

Die Rolle der Migrationssozialarbeit

Will die Migrationssozialarbeit bei der Bewältigung der oben genannten Problemlagen eine Rolle spielen, muss sie zunächst den Kontakt zu den Flüchtlingen aufnehmen und ihr Vertrauen gewinnen. Hierbei erweist sich eine gemischte „Komm - und Hol - Struktur" als ratsam.

Während jüngere BewohnerInnen mit guten Deutschkenntnissen von selbst in die Beratung kommen, sind vor allem ältere Menschen darauf angewiesen, dass man sie anspricht. Häufig nehmen sie ihre eigenen Probleme nicht wichtig genug, sprechen die deutsche Sprache nicht, trauen sich nicht ins Beratungsbüro der Unterkunft oder wissen einfach nicht, dass es da jemanden gibt, der ihnen helfen könnte.

Der Aufenthaltsstatus stellt ein Problem dar, das auf politischer Ebene anzugehen ist und deshalb im Rahmen der Sozialarbeit nur mittelbar beeinflusst werden kann, obwohl es Ursache für viele Schwierigkeiten ist.

Neben dem Versuch, die Öffentlichkeit z.B. durch Pressearbeit für die Missstände zu sensibilisieren, bleibt nur, mit der Ausländerbehörde zu verhandeln, damit „Kann" - Bestimmungen umgesetzt werden und durch Begleitung dafür zu sorgen, dass Flüchtlinge zumindest korrekt behandelt werden, alle Unterlagen vorlegen und das erhalten, was ihnen zusteht. Im Rahmen von Rückkehrprojekten können für einzelne Betroffene auch „Zeitpläne" mit der Behörde vereinbart werden, die zumindest eine gewisse Pla-

nungssicherheit ermöglichen (z.B. Aufenthaltsverlängerung für ein Jahr, bis das Haus wieder aufgebaut ist). Der Erfolg solcher Maßnahmen hängt allerdings ausschließlich von der Kooperationsbereitschaft der Ausländerbehörde ab.
Außerdem müssen oft misstrauische oder unwissende Arbeitgeber aufgeklärt werden, was der jeweilige Aufenthaltsstatus bedeutet, dass der Stempel „selbständige Tätigkeit nicht gestattet" bedeutet, dass unselbständige Tätigkeit gestattet ist, dass kurzfristige Aufenthaltsverlängerungen nicht zwangsläufig die unmittelbar drohende Ausreise bedeuten usw.

Die gesetzlichen Leistungen sind ein Problemkomplex, der das Alltagsgeschäft in der Migrationssozialarbeit stark prägt. Das Sachleistungsprinzip führt bei den Flüchtlingen zu großer Frustration und auch Aggression, weil es sie einer ihrer wesentlichen Freiheiten (wo kaufe ich ein, was koche ich heute) beraubt. Oftmals ist die Qualität der Pakete Zielscheibe von Kritik. Das geringe Taschengeld (20 Euro für Kinder, 40 Euro für Erwachsene) reicht bei weitem nicht aus, Wünsche der Kinder können nicht erfüllt werden, was wiederum zu Spannungen innerhalb der Familie führt. Die Requirierung von Spenden und kreative Projekte wie „Kochabende für Flüchtlinge mit dem Thema: Was koche ich aus Essenspaketen" sind die wenigen, gleichwohl hilflosen Handlungsmöglichkeiten neben der Möglichkeit, die Öffentlichkeit auf die Folgen des Sachleistungsprinzips hinzuweisen.
Bei der medizinischen Versorgung liegt es letztlich am Leistungsgewährer (der Kommune), wie der geringe Spielraum des Gesetzes möglicherweise zugunsten der Flüchtlinge genutzt und der Begriff „lebensnotwendige Leistungen" definiert wird. Auch hier ist der sozialarbeiterische Spielraum gering; vereinzelt lassen sich Ärzte finden, die in speziellen Fällen Flüchtlinge ohne Krankenschein behandeln.

Die Kriegs- und Fluchtfolgen beschäftigen viele Flüchtlinge intensiv. Aufgabe der Sozialarbeit in der Unterkunft ist es, sie als solche zu erkennen und die Flüchtlinge zu motivieren, geeignete Fachstellen wie Therapiezentren aufzusuchen. Die punktuelle Zusammenarbeit von Heimleitungen und muttersprachlichen Beraterinnen, die in einigen Heimen praktiziert wird, hat sich hierbei als hilfreich erwiesen.
Die Angebote an Fachstellen hinken dem Bedarf allerdings bei Weitem hinterher. Häufig bleibt es in der Praxis daher dabei, dass

Kriegs- und Fluchttraumata erkannt bzw. angesprochen, nicht aber anschließend aufgearbeitet werden.

Generations- und Rollenkonflikte stellen eines der umfangreichsten Problemfelder dar. Sie können nur in langen Beratungsprozessen bearbeitet werden.
Die schwierige Aufgabe der Sozialarbeit besteht darin, sich dafür zu entscheiden, wo man ansetzen und wen man unterstützen soll. Hierbei spielt auch die eigene Sozialisation eine Rolle, denn in unserer Gesellschaft genießt die individuelle Freiheit mittlerweile einen vergleichbaren Stellenwert wie das Familiensystem. Gilt es also im Konfliktfall, das System der Familie zu stützen oder die Tochter, die darunter leidet? Ist es vielleicht möglich, einen Weg zu finden, der der Tochter ihre notwendige Entfaltung ermöglicht und doch die Familie zusammenhält bzw. in ihrer schützenden, stützenden Funktion bestärkt?
Vielfach ist dieser Weg ein Balanceakt, bei dem die Zusammenarbeit zwischen muttersprachlicher und deutscher Sozialarbeit im Sinne einer bi- oder multikulturellen Sozialarbeit, die den Konflikt aus verschiedenen Positionen zu betrachten imstande ist, sicherlich von Vorteil ist, um nicht das Gleichgewicht zu verlieren.
Im Rahmen von Generations- und Rollenkonflikten taucht häufig das Thema „Gewalt" auf. Gewalt in der Familie, Gewalt zwischen einzelnen BewohnerInnen, Gewalt gegenüber Kindern, Gewalt gegenüber Frauen. Die Herangehensweise an „Gewalt" ist komplex. Oftmals wird ihre Existenz von Tätern oder/und Opfern geleugnet, oder sie wird kulturell begründet. Ängste, Unsicherheit und Misstrauen gegenüber der Beratung sind sehr groß, da mangelndes Verständnis oder Sanktionen befürchtet werden. Generell gilt: Ist es einmal gelungen, existierende Gewalt zum Thema zu machen, muss den Tätern signalisiert werden, dass Gewalt im Rahmen des Unterkunftslebens geahndet werden kann und wird. Den Opfern gilt es anzuzeigen, dass sie mit allen möglichen Mitteln geschützt werden. Kompliziert wird es, wenn Gewalt nur vermutet wird und die möglichen Opfer sich nicht äußern oder wenn z.B. eine von ihrem Mann geschlagene Frau Äußerungen aus Angst vor weiterer Gewalt zurückzieht oder die Beratungsperson explizit bittet, nicht einzugreifen, da man in Bosnien bzw. im Kosovo ja doch wieder zusammenleben müsste und ein Bruch hier in der Fremde alles nur viel schlimmer machen würde.

Der ethnische Konflikt unter den bosnischen Flüchtlingen (bzw. unter Flüchtlingen verschiedener Ethnien oder Religionen generell) war und ist mit sozialarbeiterischen Mitteln nicht lösbar. Als kurzfristige Handlungsoption bleibt oft nur, mit Sanktionen auf Konflikte zu reagieren oder durch aufmerksames Beobachten von Stimmungen und Situationen potentielle Konflikte im Vorfeld zu erkennen und rechtzeitig zu entschärfen.
Die zum Teil fehlende Bereitschaft der Flüchtlinge, in einem hier geschaffenen Rahmen konstruktiv und frei von (berechtigten oder unberechtigten) Schuldzuweisungen miteinander zu leben, erschwert es hierbei, Sozialarbeit in einem unterkunftsorientierten Kontext zu leisten. Der notwendige und wichtige Anspruch einer weitergehenden Selbstbestimmung im Sinne von Hilfe zur Selbsthilfe (beispielsweise „Bewohnervertretung") setzt die Bereitschaft der Betroffenen zur Konfliktlösung, zur Achtung von Minderheiten und zu einer gewissen Solidarität voraus. Letztere ist in einer Unterkunft primär innerhalb ethnischer, sozialer oder familialer Netzwerke vorhanden, selten jedoch darüber hinaus.
Soziale Arbeit kann allerdings einen entscheidenden Beitrag dazu leisten, hier Prozesse in Gang zu setzen. Einerseits müssen Gemeinsamkeiten gestärkt und gefördert, andererseits Unterschiede zugelassen und als bereichernde Vielfalt anerkannt werden. Zwischen diesen Polen zu agieren bedeutet, unterkunftsorientierte Arbeit als Gemeinwesenarbeit zu verstehen. Eine Unterkunft ist ein organisches, sich entwickelndes Miteinander von Individuen, die in verschiedenen parallel ablaufenden und sich überschneidenden Prozessen interagieren. Es ist von großer Bedeutung, diese Prozesse zu erkennen und damit zu arbeiten. Die soziale Arbeit kann hierbei koordinierend, organisierend und steuernd tätig sein. Veranstaltungen wie regelmäßige Bewohnerversammlungen sind dabei ebenso wichtig wie gemeinsame Ausflüge, Bewohnerfeste oder gruppenspezifische Angebote. Der katalytische Effekt besteht hierbei darin, Kommunikation zwischen den verschiedenen Bewohnergruppen zu fördern. Durch besseres Kennen Lernen, durch gemeinsames Erleben können übergreifende Netzwerke entstehen, die einzelne Bewohner, z.B. allein erziehende Mütter oder alte Menschen, stützen und Konflikt vermeidend bzw. Konflikt mindernd wirken.

In den letzten Jahren ist die Rückkehrberatung immer stärker in den Vordergrund gerückt. Da es sich hierbei um ein umfassendes, wenn auch erst im Entstehen befindliches Gebiet der Sozialarbeit handelt, wird ihm ein eigener Beitrag in diesem Buch gewidmet. An dieser Stelle wird daher nur kurz auf das Thema eingegangen. Kann und will ich grundsätzlich zurück, steht mein Haus noch, ist es von anderen Flüchtlingen bewohnt oder verfügbar, habe ich Verwandte oder Bekannte, bei denen ich vorübergehend Unterschlupf finden kann, kann ich eine Arbeit finden, ist meine medizinische und psychosoziale Versorgung in der Heimat gewährleistet, ist eine Orientierungsreise oder eine Rückkehr in eine andere als meine Heimatregion oder eine Weiterwanderung in ein anderes Land möglich - all diese Fragen stellen sich den Flüchtlingen.

In den Beratungsgesprächen sind die Flüchtlinge aufgrund ihrer Angst oftmals blockiert und äußern nur in allgemeiner Form, sie könnten nicht zurück. Aufgabe ist es nun, die Situation anhand der einzelnen Fragen zu zerlegen und übersichtlicher zu machen. Oft finden sich dann Ansatzpunkte, die weiterverfolgt werden können, z.B. die vorübergehende Unterbringungsmöglichkeit bei Verwandten oder die Weiterwanderung in andere Staaten. Im Rahmen von neuen Projekten der Kommunen (so haben viele Städte für Bosnien und den Kosovo Rückkehrprojekte gestartet; in München gibt es z.B. eine eigene Stelle für Rückkehrhilfen mit umfangreicher personeller und finanzieller Ausstattung) können in manchen Fällen individuelle Rückkehrpläne erarbeitet werden. Eigenleistung der Flüchtlinge, finanzielle und materielle Unterstützungen für die Rückkehr und entsprechende Verlängerung des Aufenthaltes bis zum Abschluss der Maßnahmen können hier im Idealfall aufeinander abgestimmt werden und zu einer angemessen befriedigenden Lösung führen.

Immer wieder wird es aber auch Schicksale geben, für die keine oder nur unbefriedigende Lösungen gefunden werden können. Wichtig ist, in solchen Fällen die Enttäuschung über die eigene Hilflosigkeit nicht mit falschen Versprechungen oder unrealistischen Hoffnungen zu übertünchen, sondern in gebotener Klarheit auf Grenzen und Möglichkeiten eigenen Handelns hinzuweisen. Ehrlichkeit ist das Mindeste, was der betroffene Flüchtling erwarten kann.

Angesichts der neuen politischen Entwicklungen mit der Möglichkeit eines Bleiberechtes für traumatisierte Bosnier und bosnische und kosovoalbanische ArbeitnehmerInnen bleibt abzuwarten, wie sich die unvermittelte Lösung des Aufenthaltsproblems nach jahrelanger Angst vor Abschiebung auf die Psyche und das Verhalten

der Flüchtlinge und damit auf das Handeln der Migrationssozialarbeit auswirken wird.
Erste Erfahrungen zeigen, dass einer anfänglichen Euphorie - gerade bei Traumatisierten- manchmal eine Verschlechterung des Zustandes folgt, wenn nämlich erkannt wird, dass trotz des Bleiberechtes zahlreiche andere Probleme weiter bestehen. Soziale Arbeit sieht sich mit der doppelten Herausforderung konfrontiert, depressiven Mechanismen entgegenzuwirken und zugleich den Fokus verstärkt auf integrative Maßnahmen zu lenken. Bei Klienten, die durch jahrelanges Warten und jahrelange Unsicherheit apathisiert und ein Stück weit „zukunftsunfähig" gemacht worden sind (weil Zukunft ein Begriff war, der weder gedacht noch gelebt werden durfte), bedeutet dies zunächst, im Beratungsprozess wieder Zutrauen zu sich selbst entwickeln zu lernen, um damit auch den bisher schwankenden Boden des Wartesaals Deutschland, der plötzlich fest und stabil unter den Füßen liegt, als Gewissheit wahrnehmen zu können und nicht ständig von der Furcht besessen zu sein, er könnte doch wieder unter einem wegsacken.

Literatur:

Florian Fritz: Coming Home – über die Rückkehr bosnischer Flüchtlinge aus dem Exil, Band 1 und 2; Wohnungs- und Flüchtlingsamt München, 1999, 2000

Anni Kammerlander (Hrsg.): Refugio München: Jahresberichte;

Georg Classen: Menschenwürde mit Rabatt – das Asylbewerberleistungsgesetz und was man dagegen tun kann, von Loeper Literaturverlag mit PRO ASYL, 2000

Hubert Heinhold: Recht für Flüchtlinge; von Loeper Literaturverlag mit PRO ASYL, 2000

Torsten Jäger/Jasna Rezo: Zur sozialen Struktur der bosnischen Kriegsflüchtlinge in der Bundesrepublik Deutschland, hrsg. Über PRO ASYL, 2000

Reinhard G. Varchmin (Hrsg.). Soziale Arbeit mit Flüchtlingen, KT-Verlag, Bielefeld, 1990

Mathias Rüb: Kosovo – Ursachen und Folgen eines Krieges in Europa, Dtv, 2000

Dorothea Irmler: Traumatisierte Flüchtlinge – bosnische Bürgerkriegsflüchtlinge in Deutschland; DIM-NET.e.v., Sankt Augustin, 2001

Steffen Wurzbacher: Gut beraten...abgeschoben...- Flüchtlingssozialarbeit zwischen Anspruch und Wirklichkeit, von Loeper Literaturverlag mit PRO ASYL, 1997

Klaus-Henning-Rosen (hrsg.): Flucht - Ältere Menschen - Vergessene Flüchtlinge; Jahrbuch der Deutschen Stiftung für UNO-Flüchtlingshilfe, 2000, Ostwest-Verlag

David Rohde: Die letzten Tage von Srebrenica, 1997, rororo Verlag

Paolo Rumiz: Masken für ein Massaker, 2000, Verlag Antje Kunstmann

Internet:

www.proasyl.de
www.dim-net.de
www.refugio-muenchen.de
www.asyl.de
www.unhcr.de
www.oscebih.org
www.refugees.net
www.kosovo.de

Trauma

Mädchen aus Bosnien beim Sommerfest in der Unterkunft Bodenehrstrasse, 1996

Trauma: Bildfetzen, Wortfetzen, die sich schlagartig verdichten, grell und gleißend, ohrenbetäubend, ein Blitz- und Donnerschlag, der betäubt. Und dann wieder, unvermittelt, scheint alles sanft davonzuschweben. Ein Bündel Luftballons.

Soziale Arbeit mit traumatisierten Flüchtlingen

Jürgen Soyer

Einleitung

Das Thema „Trauma" erlebt in den letzten Jahren eine wechselvolle Geschichte. Die Öffentlichkeit und die Medien setzen sich immer mehr und sensibler mit der Frage auseinander, welche Auswirkungen Kriege auf Kinder und Erwachsene haben.[18] Dies wirkte sich im Jahr 2000 unter anderem dahingehend aus, dass die Innenminister der deutschen Bundesländer für traumatisierte Bosnier unter bestimmten Voraussetzungen ein Bleiberecht beschlossen. Das erste Mal erkannten Politiker offiziell die Relevanz dieses Themas im Zusammenhang mit Flüchtlingen an.
Die Präsenz des Themas „Trauma" geht bisweilen aber auch so weit, dass das Trauma gleichsam zur Mode gerät und in inflationärer Weise gebraucht wird. So sprachen in der Folge des Anschlages auf das World Trade Center in New York manche Medien davon, dass die USA eine „traumatisierte Nation" sei. Sofern überhaupt eine Nation als Ganze traumatisiert sein kann, löst ein vergleichbarer Anschlag wie am 11. September 2001 sicherlich keine Traumatisierung bei Millionen von Menschen aus. Ein solcher Sprachgebrauch hört sich eben dramatischer an. Aber nicht jeder Schrecken und jede Angst ist gleich ein Trauma. Dies gilt auch für den Flüchtlingsbereich.
Und gerade hier wird das Thema „Traumatisierung" aber zunehmend wichtiger. Zum Einen, weil unsere Gesellschaft nun offensichtlich mehr in der Lage ist als früher, das Thema wahrzunehmen und bisweilen auf besondere Bedürfnisse dieser Menschen mehr einzugehen. Zum Anderen ist Traumatisierung ein wichtiger Grund geworden, um einen Antrag auf Aufenthalt zu stellen. Mit beiden Aspekten beschäftigt sich die Soziale Arbeit mit Flüchtlingen.

---

[18] siehe zum Beispiel die ausführliche Dokumentation in der Süddeutschen Zeitung vom 28./29.06.2003 zum Thema "Das Trauma - eine Prägung für das ganze Leben"

Dieser Artikel diskutiert in Grundzügen den Begriff des Traumas und der Traumatisierung und stellt seine Relevanz für den Asylbereich dar. Als zweiter Schritt werden Therapie und Soziale Arbeit mit traumatisierten Flüchtlingen dargelegt und in Beziehung zueinander gesetzt. Der Artikel kann ob seiner Kürze keine praktische Anleitung für das Arbeiten mit Flüchtlingen sein. Vielmehr soll aufgezeigt werden, dass die Soziale Arbeit ein elementarer Bestandteil für die Therapie und damit die Heilung traumatisierter Flüchtlinge darstellt.

Die Posttraumatische Belastungsstörung (PTSD)

Wenn es um die Relevanz von traumatischen Ereignissen und deren Folgen zum Beispiel für den Aufenthalt geht, dann brauchen wir Kriterien, wann von einer Traumatisierung zu sprechen ist. Gängigerweise einigte man sich auf die Kriterien, die das DSM-IV, das Diagnostische und Statistische Manual Psychischer Störungen der American Psychiatric Association, formulierte.[19] In Deutschland wird zwar in der Regel das ICD-10, die Internationale Klassifikation psychischer Störungen der Weltgesundheitsorganisation WHO, zitiert[20], in der Praxis stellt sich aber heraus, dass das DSM-IV detaillierter die Kriterien der Traumatisierung beschreibt und deswegen eine bessere Unterstützung in der Diagnose ist. Die psychische Erkrankung, die der Traumatisierung in erster Linie zugeschrieben wird, ist die Akute Belastungsstörung, beziehungsweise die Posttraumatische Belastungsstörung (Posttraumatic Stress Disorder PTSD), sofern die Symptome der Akuten Belastungsstörung länger als drei Monate andauern.

Das DSM-IV beschreibt als auslösendes Moment der Traumatisierung eine Situation, die folgende zwei Kriterien erfüllen muss:

"(1) die Person erlebte, beobachtete oder war mit einem oder mehreren Ereignissen konfrontiert, die tatsächlichen oder drohenden Tod oder ernsthafte Verletzung oder eine Gefahr der körperlichen Unversehrtheit der eigenen Person oder anderer Personen beinhalteten.

---

[19] siehe zu den folgenden Angaben: Diagnostisches und Statistisches Manual Psychischer Störungen DSM-IV 1996. Göttingen, Bern, Toronto, Seattle, S. 487-492
[20] vgl. hierzu: WHO 2000, 4.Auflage: Internationale Klassifikation psychischer Störungen ICD-10. Göttingen, Bern, Toronto, Seattle, S. 167-170

(2) Die Reaktion der Person umfasste intensive Furcht, Hilflosigkeit oder Entsetzen."[21]
Das Ereignis kann eine Naturkatastrophe oder eine durch menschlichen Einfluss hervorgerufene Situation (Krieg, Verbrechen, Unfall u.a.) sein. Es sei hier noch einmal hervorgehoben, dass eine Traumatisierung schon durch das Zusehen eines solchen Ereignisses hervorgerufen werden kann. Ebenso wie bei Opfern von Gewalt ist es die erlebte Hilflosigkeit und Angst, die sich traumatisierend auswirkt. Oft kommen auch noch Schuldgefühle dazu, weil man nicht eingreifen konnte. Je mehr eine Person durch frühere Erlebnisse seelisch verletzt ist, desto höher ist die Wahrscheinlichkeit, dass beispielsweise auch durch Zusehen eines schrecklichen Ereignisses eine Traumatisierung erfolgen kann. Es kann also sein, dass eine Person, die ein traumatisierendes Ereignis mit an sah, stärkere Symptome einer Traumatisierung entwickelt als eine Person, die selbst Objekt eines solchen Ereignisses war. Eine Person, die zum Beispiel Folter erlitten hat, muss noch nicht einmal Symptome einer Traumatisierung aufweisen. Die Person mag die Erlebnisse für sich verarbeitet und in ihr Leben integriert haben, so dass im klinischen Sinne keine Traumatisierung vorliegt.
Mir erscheint dies wichtig anzumerken. Denn es ist nicht zwangsläufig die objektive Geschichte, die uns einen Hinweis auf den Grad der Traumatisierung gibt, sondern es ist die individuelle Bedeutung, die den Erlebnissen zugemessen wird. Es ist also nicht die Suche nach einer vermeintlich spektakulären Geschichte, die der Sozialen Arbeit den Schlüssel zur Traumatisierung gibt, sondern die Angabe der konkreten Probleme und deren Bezug zu einem Ereignis der Vergangenheit.
An dieser Stelle kann nicht eine umfangreiche Beschreibung der Posttraumatischen Belastungsstörung erfolgen. Es sei auf die entsprechende Literatur verwiesen.[22] Dennoch sollen kurz die Symptome aufgeführt werden, die häufig bei traumatisierten Menschen auftreten:
(1) Das traumatische Ereignis wird immer wieder durch Träume, Erinnerungen in Form von Bildern oder Wahrnehmungen von

---

[21] DSM-IV, a.a.O., S. 491
[22] Zum Beispiel: Van der Kolk 2000: Traumatic Stress - Grundlagen und Behandlungsansätze, Paderborn
Maercher, Andreas (Hrsg.) 1997: Therapie der Posttraumatischen Belastungsstörungen, Berlin Heidelberg

Gerüchen, Farben oder Geräuschen wieder erlebt. Dies kann dazu führen, dass die betreffende Person die Gegenwart so wahrnimmt, als finde aktuell das traumatisierende Ereignis statt. Die Menschen wirken dann abwesend, vergesslich oder ängstlich. Sie können nicht adäquat auf die Gegenwart reagieren.

(2) Die Menschen vermeiden alle möglichen äußeren Reize, die sie an das traumatisierende Ereignis erinnern oder sie stumpfen gefühlsmäßig ab. Ebenso vermeiden sie Gedanken an das traumatische Ereignis oder Gespräche darüber. Dies kann dazu führen, dass Teile des Traumas nicht mehr erinnert werden können, dass Menschen sich zurückziehen oder dass sie das Gefühl haben, nicht mehr „normal" zu sein.

(3) Auf Grund des Traumas können sich eine erhöhte Reizbarkeit und Nervosität, Konzentrationsschwierigkeiten, Schlafstörungen und eine erhöhte Schreckhaftigkeit ergeben. Dies ist ein Ausdruck erhöhter Wachsamkeit, um sich instinktiv vor einem weiteren schrecklichen Ereignis zu schützen. Allerdings kann die Person dann bisweilen nicht mehr zwischen realer und eingebildeter Bedrohung unterscheiden.

Sofern das oben beschriebene Störungsbild „(...) in klinisch bedeutsamer Weise Leiden oder Beeinträchtigungen in sozialen, beruflichen oder anderen wichtigen Funktionsbereichen (...)"[23] verursacht, spricht man von einer Posttraumatischen Belastungsstörung. Das Leiden kann dann bis zur Suizidalität oder gar dem Suizid führen. Außen Stehende bekommen aber manchmal auch nichts von den Leiden mit, denn die Menschen sind oft tunlichst bemüht, sich nach außen nichts anmerken zu lassen. Denn ihr Bemühen wird stets sein, in die Normalität früherer Tage zurück zu kehren.

Barbara Abdallah-Steinkopff greift einen Gedanken von Janoff-Bulman auf, dass sich die Traumatisierung auf das ganze Welt- und das Selbstbild des Betroffenen auswirkt. Demnach sieht ein traumatisierter Mensch sich selbst als verletzt und zukünftig verletzbar, die Welt als feindlich, unverständlich und unkontrollierbar und sich selbst als beschädigt und wertlos an.[24]

---

[23] DSM-IV, a.a.O., S.492
[24] Donna Mobile München (Hrsg.) 2000: Dokumentation zur Fachtagung: Trauma - Migration - Geschlecht - Psychiatrie, S. 45

Die Posttraumatische Belastungsstörung stellt nicht die einzige psychische Reaktionsweise auf ein traumatisierendes Ereignis dar. Begleitend zu PTSD kann es auch zu anderen psychischen Störungen wie Depression, Angststörungen, Phobien, Panikattakken, akuten und chronifizierten Psychosen oder auch Alkoholproblemen und Drogenmissbrauch als auch zu den verschiedensten Somatisierungsstörungen kommen.[25] Die genannten Störungen können auch als alleinige Störung in Folge eines traumatisierenden Ereignisses auftreten, ohne dass es zu einer PTSD kommt. Ein Trauma kann sich also auch in den anderen genannten Störungen zeigen.

Kritische Anmerkungen zum Verständnis der Posttraumatischen Belastungsstörung

Wie bereits erwähnt, gewinnt die Diagnose von PTSD zunehmend an Bedeutung für das Verständnis der Bedürfnisse von Flüchtlingen und für die Frage des Aufenthaltes. Es ist zweifellos ein Gewinn, dass sich hier ein differenziertes Wissen und damit verbunden ein Verständnis für die spezielle Problemlage langsam durchsetzt.
Es sei aber auch nicht verschwiegen, dass die Begrifflichkeit „Posttraumatische Belastungsstörung" durchaus auch ihre Schattenseiten hat. Caren Ubben greift eine Idee von Van Trommel auf, wonach bereits der Begriff „Belastungsstörung" besser in „Posttraumatische Belastungsreaktion" zu verändern sei. Denn im Wort „Störung" wird das negative Bild des gestörten Subjektes verstärkt und lenkt von der Pathologie des verursachenden Täters ab. Belastungsreaktion sei deshalb viel angemessener, weil dadurch der gesunde und starke Anteil der Menschen hervorgehoben wird.[26] Die Symptomatik der PTSD kann durchaus als gesunder Schutz verstanden werden, um nicht an den schrecklichen Erinnerungen verrückt zu werden. Sie sind eine gleichsam „gesun-

---

[25] vgl. Butollo, Willi 1997: Traumatherapie - Die Bewältigung schwerer posttraumatischer Störungen, München. S.120ff
[26] Ubben, Caren 2001: Psychosoziale Arbeit mit traumatisierten Flüchtlingen, Fallstudie über einen Beratungs- und Therapieansatz, Schriftenreihe des IBKM an der Carl-von-Ossietzky-Universität Oldenburg, No.8, S.76

de" Reaktion auf traumatisierende Ereignisse. Dies heißt nicht, dass man es bei dieser Symptomatik belassen sollte. Denn zweifellos beeinträchtigt sie das Leben des Menschen. Aber es ist auch wichtig zu sehen, dass die ganze Symptomatik ein Versuch ist, Erlebnisse zu verarbeiten, sie zu vergessen und sich zu schützen. In der Arbeit mit traumatisierten Flüchtlingen neigt man schnell dazu, nur die Opferseite der Menschen zu sehen. Die Sichtweise, wonach die Symptomatik der PTSD durchaus auch eine kraftvolle und „gute" Seite hat, mag den Blick auf die betroffene Person etwas verändern. Es wird leichter, die Ressourcen des Menschen wahrzunehmen, diese zu fördern und den Menschen mehr Eigeninitiative zuzutrauen. In dieser Sichtweise kommt dann die viel zitierte „Hilfe zur Selbsthilfe" stärker zum Tragen.

David Becker geht noch einen Schritt weiter. Er stellt nicht nur die Begrifflichkeit, sondern grundsätzlich die Diagnose der PTSD in Frage. Die Posttraumatische Belastungsstörung ist erst 1980 in das Manual DSM-IV als psychische Störung aufgenommen worden. Dies geschah unter anderem in Folge der Behandlung von Vietnam-Veteranen, die unter ähnlichen Symptomen litten. Indem das Krankheitsbild der PTSD geschaffen wurde, sah man die Traumatisierung als individuelles Krankheitsbild an. Der politische Kontext, warum die Traumatisierung entstand, wird durch diese Individualisierung völlig abgespalten. Es wäre für die Politik ja auch schwer darzustellen, warum ein „gerechter Krieg" zum Trauma für die eigenen Soldaten werden kann. Deswegen spricht Becker nur von „Extremtraumatisierung", die ein Mensch erlitten hat. Darin ist der soziopolitische Kontext enthalten, in dem eine solche Traumatisierung erfolgen konnte.[27]
Gerade in den Fragen der Flüchtlingsarbeit ist dies von Bedeutung. In der Frage des Aufenthaltes geht es juristisch stets darum, ob jemand behandlungsbedürftig ist und ob im Heimatland Behandlungsmöglichkeiten bestehen. Dies macht sich letztlich an

---

[27] vgl. Becker, David 1992: Ohne Hass keine Versöhnung, Freiburg i. Br., S.37f; vgl. Becker, David 1997: Trauerprozeß und Traumaverarbeitung im interkulturellen Zusammenhang. In: Wirtgen, Waltraut (Hrsg.) 1997: Trauma - Wahrnehmen des Unsagbaren, Heidelberg, S.23-39; vgl. Becker, David 2003: Migration, Flucht und Trauma - Der Trauma-Diskurs und seine politischen und gesellschaftlichen Bedeutungen. In: Forster, Edgar u.a. (Hrsg.) 2003: Migration und Trauma, Münster, Hamburg, London, S. 17-37

der Diagnose von PTSD und den Möglichkeiten einer speziellen Traumabehandlung fest. Nach Becker ist aber die richtige Frage, was der Mensch in seiner Heimat erlebt hat. Es müsse genügen, dass jemand grausame Erlebnisse hatte, um ihn oder sie in Deutschland in Ruhe leben zu lassen. So müsste die Tatsache, dass ein Bosnier während des Krieges im Konzentrationslager war, Grund genug sein, um zu erschaudern und ihm voller Respekt den Aufenthalt bei uns anzubieten.[28] Vielmehr wird der Mensch aber durch die Mühlen der Begutachtungen und Befragungen geschickt, um ein individuelles Krankheitsbild PTSD festzustellen oder den Menschen als „Simulanten" zu entlarven.

Deswegen meint Becker auch, es gebe kein „Post" nach einer Traumatisierung. Vielmehr finde stets eine erneute Traumatisierung der Menschen nach ihrer Aufnahme bei uns durch die Unterbringung in Sammelunterkünften, Polizeirazzien in den Lagern, das Abholen von Mitbewohnern zur Abschiebung, die Anhörung beim Bundesamt oder der Ausländerbehörde statt. Becker spricht hier in Anlehnung an Hans Keilson von einer „sequentiellen Traumatisierung", das heißt die Menschen werden immer wieder neu traumatisiert. Es kann also immer im Bezug zu einer gegebenen sozialen und politischen Realität eine Sequenz der Traumatisierung beschrieben werden: zum Beispiel Haft und Folter wegen politischer Tätigkeit, Flucht mit Hilfe von Fluchthelfern, Aufenthalt im Asylland, Rückkehr.[29]

Die Diagnose von PTSD mit dem Bezug zu einem einzigen auslösenden Moment wird somit laut Becker einer soziopolitischen Realität nicht gerecht. Trauma ist nicht wie ein Beinbruch, der ein Mal geschah und den man eben ausheilen muss. Trauma ist ein fortwährender Prozess, der immer in einem gesellschaftspolitischen Kontext steht.

Nun habe ich schon eingangs darauf hingewiesen, dass seit einigen Jahren schnell von einer Traumatisierung gesprochen wird. Das Modell der sequentiellen Traumatisierung birgt deshalb die Gefahr in sich, dass beispielsweise nicht mehr zwischen einer Foltererfahrung in einem türkischen Gefängnis und einem zu forschen Sachbearbeiter in einer deutschen Ausländerbehörde unterschieden wird. Alles wird als traumatisierend beschrieben. Und

---

[28] Es sei aber noch ein Mal darauf hingewiesen, dass auch vermeintlich "harmlose" Geschichten als Extremtraumatisierung erlebt werden können.
[29] Becker, David Trauerprozeß und Traumaverarbeitung im interkulturellen Zusammenhang 1997, a.a.O., S. 31

bei allen Problemen, die es auch auf deutschen Ämtern geben mag, in der Regel dürfte doch ein gewaltiger Unterschied zwischen beiden Situationen bestehen. Dies sollte man auch in der Begrifflichkeit deutlich machen. Deswegen spricht Ingrid Egger nicht von Traumatisierung, sondern der „Retraumatisierung von Flüchtlingen durch Behörden im Aufnahmeland"[30]. Das alte Geschehen wird also wieder neu erlebt, weil die aktuelle Situation in bestimmten Punkten dem ursprünglichen traumatischen Geschehen ähnelt.

Auch wenn derzeit für die Frage des Aufenthaltes allein die Diagnose PTSD entscheidend ist, sehe ich in Beckers Sichtweise für die Soziale Arbeit eine maßgebliche Komponente. Denn Sozialarbeiter sind in ihrem beruflichen Alltag mit den tagtäglichen Retraumatisierungen beschäftigt. Sie können Behörden, Polizei, Politikern, Medien oder Privatpersonen transparent machen, auf welche Weise der Traumaprozess bei uns ständig aufrecht erhalten wird. Es ist für viele Beteiligten unangenehm, diese Wahrheit zu hören. Eine Beamtin erwiderte mir ein Mal auf meine Darlegungen: „Ah, Sie immer mit ihrem Trauma!" Doch was heißt das anderes, als dass die Frau überfordert war, mit diesem Thema umzugehen. Es geht nicht darum, traumatisierte Flüchtlinge als krank anzusehen, sondern ihre vergangene und gegenwärtige Geschichte wahrzunehmen und ihnen Bedingungen zu schaffen, in denen sie ihre Erfahrungen in ihren Lebensfluss integrieren können und in Ruhe und Sicherheit weiterleben können. Zu dieser Sichtweise kann die Soziale Arbeit viel beitragen.

Zahlen über Traumatisierung

Natürlich gibt es keine verlässlichen Studien über die Anzahl traumatisierter Flüchtlinge bei uns. Erfahrungsgemäß liegt sie weitaus höher, als offizielle Stellen immer wieder angeben. Sepp Graessner et al. zitieren eine dänische und eine schwedische Studie, wonach 25 bis 30% der Flüchtlinge Foltererfahrungen haben. Sie schließen daraus und aus ihrer Erfahrung in der Flüchtlingsarbeit, dass statistisch etwa jeder vierte Flüchtling Folter erfahren

---

[30] Egger, Ingrid 2003: Retraumatisierung von Flüchtlingen durch Behörden im Aufnahmeland. In: Forster, Edgar et al. 2003: Migration und Trauma, Münster - Hamburg - London, S.141-150

hat. Der Foltererfahrung wird dabei die Definition der Tokyoter Erklärung der World Medical Association zu Grunde gelegt.[31]
Caren Ubben bezieht sich auf Studien, die annehmen lassen, dass in Deutschland circa 20% der Flüchtlinge als traumatisiert gelten... In ehemaligen Kriegsgebieten, wie zum Beispiel im ehemaligen Jugoslawien, leiden 90-100% aller Vertriebenen und Geflüchteten an klinisch relevanten psychischen und somatischen Symptomen.[32] Willi Butollo formuliert dies so:
„In Bosnien, z.B. stellt sich die Frage nach der Wahrscheinlichkeit einer Traumatisierung gar nicht mehr, sondern nach deren Häufigkeit, deren Dauer und deren Intensität. Vor allem interessieren dort die Möglichkeiten und Erfolgschancen der posttraumatischen Verarbeitung. Traumatisiert ist dort ohnehin jeder."[33]
Die Zahlen sind erschreckend hoch. Und vielleicht ist dies auch der Grund dafür, dass angesichts eines solchen Schreckens das Thema Trauma im Flüchtlingsbereich von Seiten der Behörden immer wieder heruntergespielt wird. Denn die Konsequenzen wollen Politiker und eine breite Öffentlichkeit aus den Zahlen kaum ziehen. Allen voran in der Frage eines humanitären Aufenthaltes.

Die Bedeutung der Traumatisierung für den Aufenthalt

Hier ist nicht der Rahmen, um die rechtlichen Dimensionen von Traumatisierung auszuloten. Sie reichen von der Frage des Aufenthaltes wegen Behandlungsbedürftigkeit nach §53 AuslG[34] bis zum Erlass des Arbeitsamtes, wonach Traumatisierte mit Duldung unter bestimmten Umständen von der Arbeitsmarktprü-

---

[31] Graessner, Sepp / Ahmad, Salah / Merkord, Frank 1996: Alles Vergessen! - Gedächtnisstörungen bei Flüchtlingen mit Foltererfahrung. In: Graessner, Sepp (Hrsg.) 1996: Folter - an der Seite der Überlebenden, München, S.252
[32] Ubben, Caren, a.a.O., S.11
[33] Butollo, Willi, a.a.O., S.22
[34] zur Frage des Aufenthaltes wegen PTSD siehe: Wolff, Theresia 2002: Die Bedeutung der posttraumatischen Belastungsstörung für Aufenthalt und Rückkehr von Flüchtlingen. In: Asylmagazin 6 / 2002, S.10-15
Müller, Kerstin 2003: Posttraumatische Belastungsstörung. In: Asylmagazin 3 /Ö 2003, S.5-9

fung ausgenommen werden können[35]. Behörden und Politik gestehen diesem Personenkreis auch immer wieder eine besondere Schutzbedürftigkeit zu. Geht man aber von obigen Studien aus, wonach etwa 25% der Flüchtlinge als traumatisiert gelten, gewährt man in der Realität niemals 25% der Flüchtlinge diesen Schutz. Die Dynamik ist dann in der Realität kein Mitfühlen mit diesen Menschen mehr, sondern das immer stärkere Selektieren von Menschen, die vielleicht doch nicht oder nicht so stark traumatisiert seien.

Die Traumatisierung hat eine hohe Bedeutung im Rahmen des Asylverfahrens. Entweder wird sie als Indiz dafür gewertet, dass eine Verfolgungsgeschichte plausibel sei und deshalb Asyl zu gewähren sei. Oder es wird kein Zusammenhang zwischen einer Verfolgungsgeschichte und der Symptomatik einer Traumatisierung hergestellt, weswegen „nur" eine Duldung nach §53 AuslG wegen der Behandlung einer Posttraumatischen Belastungsstörung ausgesprochen wird. Gerade im Falle der Duldung für die Behandlung nach §53 AuslG liegt der Denkfehler auf der Hand: der Mensch soll in Deutschland gesund therapiert werden, damit er dann in das Ursprungsland seiner Traumatisierung zurück geschickt werden kann. Die Menschen dürfen deshalb nicht gesund werden, denn sonst würden sie bei der Rückkehr in die Schrecken ihrer Vergangenheit neu eintauchen. Die Menschen werden auf diese Weise krank oder noch kränker gemacht und dann krank gehalten.
Hier zeigt sich wieder das Verständnis von Traumatisierung als individualisierte Krankheit. Wie der Beinbruch soll die Traumatisierung als Krankheit geheilt werden. Der soziopolitische Kontext, der den Rahmen der Traumatisierung stellt, wird völlig ausgeblendet. Man kommt argumentativ bei den Behörden allemal noch mit dem Argument von „Retraumatisierung bei zwangsweiser Rückkehr" weiter. Der Argumentationsstrang läuft dann aber wieder auf der Ebene der individuellen Befindlichkeit. Ein Arzt eines Behandlungszentrums für Gefolterte in der Türkei sagte mir deshalb folgerichtig, es ginge bei Traumatisierung nicht darum, ob die Menschen in der Türkei Therapie erhalten könnten

---

[35] Erlass der Bundesanstalt für Arbeit vom 08.01.2001: Anwendung der Härteregelung des §1 Abs.2 Satz 1 ArGV auf traumatisierte Flüchtlinge, Geschäftszeichen 5751(1)A/6157/7413

oder nicht, sondern dass keine Gewissheit besteht, dass sie bei der Rückkehr nicht wieder gefoltert würden.
Ganz einfach gefragt: warum kann man es den Leuten nicht ersparen, an den Ort zurück zu müssen, wo sie geschlagen, beschimpft, gefoltert oder vergewaltigt wurden? Warum müssen sie so krank sein oder krank gemacht werden, bis sie zum Teil nahe am Suizid stehen, damit sie in Frieden in Deutschland bleiben können?

Vielleicht fragen Sie sich an dieser Stelle, was diese Ansichten in einem Buch über Soziale Arbeit mit Flüchtlingen zu tun haben. Wenn man manchen traumatisierten Flüchtlingen auf dem Wege über den §53 AuslG helfen kann, dann tut man es eben, egal ob hier eine Krankheit individualisiert wird oder die Zusammenhänge für Traumatisierung beachtet werden. Und dies ist in der Praxis sicherlich richtig und angemessen, weil man auf diese Weise für die Einzelperson etwas erreichen kann. Trotzdem sollte gerade die Soziale Arbeit, die oft im Schnittpunkt von Ärzten, Psychologen, Juristen und Ehrenamtlichen arbeitet, stets die generalisierte Sichtweise im Auge behalten und diese weitergeben. Die juristische Sichtweise, die auch bei Behörden meist zählt, individualisiert das Trauma und dessen Folgen. Man wird dieser Sichtweise in der Praxis nicht auskommen, weil sie über Bleiben oder Gehen entscheidet. Immer wieder sollte die Soziale Arbeit aber darauf hinweisen, dass Trauma einen Ursprung in der Vergangenheit und eine Fortsetzung in der Gegenwart hat. Nur durch diese Sichtweise wird auch in der Frage des Aufenthaltes ein Mal ein Umdenken erfolgen. Dann wird traumatisierten Flüchtlingen ein dauerhaftes Bleiberecht gewährt, da die Gesundung eben nicht nur eine Frage von befristeter Behandlung ist, sondern auch von Sicherheit und Stabilität. Der 104. Deutsche Ärztetag vom 22.-25. Mai 2001 in Ludwigshafen hat deswegen folgerichtig gefordert: „In Anknüpfung an den Beschluss des Weltärztekongresses 1998 in Ottawa zur medizinischen Versorgung von Flüchtlingen (...) fordert der Deutsche Ärztetag die Bundesregierung auf, Flüchtlingen/Asylbewerbern mit traumatisch bedingten Gesundheitsstörungen (Posttraumatische Belastungsstörung, diagnostiziert nach ICD 10 / DSM IV und als komorbide Störungen Depressionen, Angststörungen, psychosomatischer Symptomenkomplex) ein unbefristetes Aufenthalts- und Bleiberecht zu erteilen."

Kulturelle Aspekte bei der Sichtweise von Trauma

In ausführlicher Weise legt Barbara Abdallah-Steinkopff die kulturellen Aspekte bei der Behandlung traumatisierter Flüchtlinge dar.[36] Es sei an dieser Stelle explizit auf folgende Aspekte hingewiesen:
- Die Reaktionen auf eine erlebte Traumatisierung wie Scham, Schuld, Wut und Ärger oder Sinnverlust hängen stark vom kulturellen Kontext ab. Hierbei ist entscheidend, ob die Menschen eine starke Bindung an gesellschaftliche oder religiöse Werte haben und demnach die Gefühle bestimmten Tabus unterliegen. Dementsprechend klarer oder versteckter äußern die Menschen ihre Gefühle, somatisieren sie oder spalten sie ganz ab.
- Die Tatsache der Migration stellt Flüchtlinge vor eine große Herausforderung, die auch zu psychischen oder psychosomatischen Beschwerden führen kann. Yesim Erim et al. zitieren Studien, wonach Migrantenkinder eine besondere Risikogruppe für psychische Störungen darstellten.[37] Der Verlust von Heimat, Freunden und Verwandten als auch das Einleben in das neue Umfeld stellen einen starken Belastungsfaktor dar. Bei Flüchtlingen werden diese Anforderungen oft übersehen und der Fokus nur auf mögliche traumatische Erfahrungen im Heimatland gerichtet.
- Menschen kommen mit unterschiedlichen Vorstellungen von Krankheit und Heilen zu uns. Es ist notwendig, dieses Verständnis abzuklären, um auch adäquate Lösungswege vorschlagen zu können. Psychotherapie orientiert sich meist am Ziel der Entfaltung des Individuums. Dies erscheint uns so selbstverständlich, hat aber in anderen Kulturen bei weitem nicht diesen Stellenwert wie bei uns. Auch der Zusammenhang zwischen körperlichen Beschwerden und Erfahrungen

---

[36] Abdallah-Steinkopff, Barbara 1999: Berücksichtigung kultureller Aspekte bei der Behandlung traumatisierter Flüchtlinge. In: Refugio München (Hrsg.): Hilfe für gefolterte und traumatisierte Flüchtlinge, Frankfurt a. M. 1999; Abdallah-Steinkopff, Barbara 1999: Psychotherapie bei Posttraumatischer Belastungsstörung unter Mitwirkung von Dolmetschern. In: Verhaltenstherapie 1999; 9: S.211-220
[37] Erim, Yesim / Senf, Wolfgang 2002: Psychotherapie mit Migranten. In: Psychotherapeut 6-2002, S.337

der Vergangenheit ist ein Konzept unseres Denkens. Vielen Flüchtlingen ist dieses Denken fremd. Sie haben aus ihrer Kultur heraus andere Konzepte, wie mit den Beschwerden umgegangen werden kann.

Die Begegnung von Sozialarbeiter und Klient ist also in der Regel auch eine Begegnung zweier Kulturen. Es ist die Aufgabe des Sozialarbeiters, durch richtiges Fragen das kulturelle Verständnis des Klienten zu erfassen. Im Idealfall steht ein muttersprachlicher Dolmetscher zur Verfügung, der zugleich auch kulturelle Besonderheiten „dolmetschen" kann. Dies ist für den Erfolg der Beratung oder Begleitung entscheidend. Wenn der Sozialarbeiter alleine mit seinen eigenen Vorstellungen von Werten, Krankheit und Heilung vorgeht, wird kaum eine Veränderung stattfinden und bei allen Beteiligten das Gefühl der Unzufriedenheit bleiben. Da Sozialarbeiter oft die ersten professionellen Kontaktpersonen für Flüchtlinge sind, liegt hier eine große Verantwortung. Die Vermittlung an eine spezialisierte Fachstelle für Psychotherapie oder medizinische Behandlung bedarf eines guten Fingerspitzengefühls, um die Flüchtlinge nicht zu entmündigen. Denn Vermittlung heißt nicht nur, eine Adresse weiterzugeben, sondern auch den Boden für eine tiefere Bereitschaft der Auseinandersetzung zu bereiten. Dies erscheint umso wichtiger, als Willi Butollo darauf hinweist, dass generell traumatisierte Patienten selten eine Not sehen, wegen ihrer Erlebnisse in Therapie zu gehen.[38] Es hat deshalb keinen Sinn, einen Flüchtling zum Psychologen zu schicken, wo dann festgestellt wird, dass der Flüchtling eigentlich Tabletten möchte und nicht wöchentlich zum Sprechen kommen will. Dies hinterlässt beim Flüchtling allemal das Gefühl, nicht verstanden zu werden und keine Hilfe zu bekommen. Eine gute Vorbereitung durch die Sozialarbeit kann ein Startschuss zu einer gelungenen Begleitung durch andere Fachstellen oder den Sozialarbeiter selbst werden.

Therapie und Sozialarbeit bei traumatisierten Flüchtlingen

Traumabehandlung bei Flüchtlingen erfordert meist eine Zusammenarbeit der beiden Professionen Psychologie und Sozialar-

---

[38] Butollo, Willi, a.a.O. S.32

beit. Dazu kommen bei Bedarf auch noch Mediziner, Juristen oder Ehrenamtliche. Da Flüchtlinge stets auch mit vielen sozialen Fragen belastet sind, erscheint es bei traumatisierten Flüchtlingen sehr sinnvoll, dass beide Berufszweige eng kooperieren. Ansonsten kommt es dazu, was Nicolas Kaye von einem Psychologen berichtet, der in Göttingen mit Flüchtlingen therapeutisch arbeitet: „Zudem übernimmt er die Rolle eines Sozialarbeiters, der die Flüchtlinge durch ein Dickicht aus rechtlichen Fragen, fremder Kultur und Sprache und unbekannten Institutionen lotst."[39] Ferdinand Haenel, Psychotherapeut an einem Berliner Behandlungszentrum für Flüchtlinge, folgert daraus: „Daher ist eine funktionstüchtige Sozialabteilung für jede Behandlungseinrichtung für Folterüberlebende ein unverzichtbarer Bestandteil (...)". Er schränkt ein, dass „(...) auf der anderen Seite aber auch darauf geachtet werden muss, dass die therapiebegleitenden sozial stützenden Maßnahmen auf die notwendigsten Interventionen beschränkt bleiben. Bleiben sie es nicht oder gewinnen sie in der therapeutischen Beziehung gar die größere Bedeutung, stagniert der therapeutische Prozess. Denn beim Patienten wird der sich hieraus ergebende sekundäre Krankheitsgewinn wenig zur Verringerung seiner Beschwerden beitragen."[40]
Auch wenn diese Meinung logisch erscheint, halte ich dies in der Praxis für missverständlich. Man wird niemandem eine soziale Unterstützung deswegen versagen, weil sonst die Beziehung zum Sozialarbeiter wichtiger werden könnte als die zum Therapeuten und somit der therapeutische Prozess stagnieren würde. Um dieser Entwicklung vorzubeugen, sind enge Absprachen und gemeinsame Zielformulierungen zwischen Sozialarbeiter und Psychologe notwendig und keine Verteilung von Zeitanteilen.
Außerdem teile ich die Ansicht nicht, wonach die Sozialarbeit in genanntem Fall als sekundärer Krankheitsgewinn betitelt wird, aber nichts zur Verringerung der Beschwerden beitragen würde. Soziale Arbeit kann in diesem Kontext auch eine therapeutische Funktion innehaben. In manchen Perioden wird sie von den Flüchtlingen auch als wichtiger wahrgenommen, weil sie sich um ganz reale Probleme der Gegenwart kümmert, die eben auch eine

---

[39] Kaye, Nicolas 2002: Grenzen und Möglichkeiten der Traumabehandlung. In: Schriftenreihe der Ausländerbeauftragten des Landes Niedersachsen (Hrsg.): Trauma und Flucht - Danach ist nichts mehr so wie es war, Hannover März 2002, 2. Auflage
[40] Haenel, Ferdinand 2002: Psychisch reaktive Kriegs- und Folterfolgen. In: Psychotherapeut 2002. 47, S.188

reale Lösung erfordern. Wenn eine reale Angst um Abschiebung besteht, hilft die unmittelbare Intervention in der Ausländerbehörde eben mehr als die Frage, wie man mit den Ängsten umgehen kann. Diese Frage der Psychotherapie wird dann wichtiger, wenn die Sozialarbeit geklärt hat, dass gar keine Abschiebung droht, aber die Angst trotzdem nicht weggeht.
Traumatisierte Flüchtlinge leben in einem inneren und oft auch äußeren Chaos. Die soziale Begleitung dient der Ordnung dieser äußeren Welt, hat dann aber auch fundamentale Auswirkungen auf die innere Welt. Dies erfolgt unter anderem auf Grund folgender Punkte[41]:

- Soziale Ängste und Nöte werden durch ihre Bearbeitung in der Sozialen Arbeit klarer umrissen und verstanden. Ängste haben dann nicht mehr ihre diffuse Allmacht und werden kontrollierbar.
- Flüchtlinge haben oft in ihrer Heimat Willkür und Verfolgung erlebt. Sie glauben auch oft, dies im Exilland zu erfahren. Eine beständige Begleitung durch den Sozialarbeiter hilft, Zusammenhänge im Exilland zu verstehen. Das Erklären von Gesetzen und Regeln macht deutlich, dass nicht reine Willkür herrscht... Durch die Begleitung kann der Flüchtling leichter wieder zum Subjekt seines Handelns werden.
- In der Beziehung zum Sozialarbeiter kann ein Urvertrauen, das durch die traumatischen Erlebnisse - auch im Exilland - verletzt oder zerstört ist, Heilung erfahren. Sozialarbeit hat hier die Funktion, parteilicher Helfer zu sein und leistet somit in der konkreten menschlichen Beziehung Beistand. Dies schreckt vielleicht manchen Theoretiker, der gleich die Wirrnisse der Übertragung und Gegenübertragung fürchtet, stellt aber meines Erachtens eine der fundamentalen Funktionen menschlichen Helfens und Heilens dar: Dasein für den anderen.

Bei allem Respekt vor meiner eigenen Profession warne ich aber davor, sich mit Aufgaben zu überfrachten und die eigenen Kompetenzen und Grenzen zu überschätzen. Vor allem das Gespräch über traumatische Erlebnisse und aktuelle psychische Beschwer-

---

[41] ausführlicher habe ich dazu geschrieben in: Soyer, Jürgen 2003: Konsequenzen für die Arbeit in Einrichtungen der Flüchtlingsbetreuung: Die therapeutische Funktion sozialer Arbeit. In: Forster, Edgar et al. 2003 (Hrsg.): Migration und Trauma, Münster - Hamburg - London S.156-160

den birgt auch die Gefahr, dass ein Flüchtling in den Zustand von psychischer Destabilisierung gerät. Es ist unverantwortlich, jemanden in einen solchen Zustand zu führen, ohne für diesen Ernstfall passende Interventionen zu wissen, wie sich jemand wieder stabilisieren kann. Deswegen gibt es Bereiche, die die Sozialarbeit zu Recht der Psychologie überlassen soll. Wie gesagt: den Erfolg der Begleitung macht die gelungene Kooperation beider Berufszweige aus.

Vorschläge zur Sozialarbeit mit traumatisierten Flüchtlingen

Bei der Sozialarbeit mit traumatisierten Flüchtlingen gelten natürlich alle Grundsätze, die auch sonst bei der Arbeit mit Flüchtlingen gelten.[42] In der Beratung arbeitet der Sozialarbeiter ausgehend vom Auftrag des Klienten immer mit Arbeitshypothesen, warum ein Problem entstand und wie es zu lösen sei. Uli Alberstötter et al. greifen ein hilfreiches Modell von Kunze auf. Demnach schlagen sie bei Beratung im interkulturellen Kontext vor, alle potentiellen verschiedenen Arbeitshypothesen in der Beratung auf drei Ebenen zu formulieren:
1. Psychologische Hypothesen, die ausgehend von den psychologischen Schulen das Problem im Individuum, der Familie oder dem Umfeld festmachen.
2. Kulturspezifische Hypothesen, wonach letztlich das Problem im Widerstreit der Ursprungs- und der Exilkultur begründet sei.
3. Migrationsspezifische Hypothesen, wonach die Tatsache der Migration verbunden mit einer eventuell ablehnenden Aufnahme im Exilland zu Problemen führte.[43]

---

[42] Überlegungen für ein kompetentes und erfolgreiches Handeln allgemein mit Flüchtlingen hat meines Erachtens Johannes Flothow gut beschrieben in: Flothow, Johannes 2002: Flüchtlingssozialarbeit im Vertrauen auf die Stärken und Fähigkeiten der Flüchtlinge. In: Handbuch der Asylarbeit, 7.Lief., 4. Aufl, Mai 2002, Seite 07.023.001-07.027.001
[43] Alberstötter, Uli et al. 2000: Unterschiedliche Sichtweisen im interkulturellen Beratungsprozess. In: Friese, Paul / Kluge, Irene (Hrsg.): Fremdheit in Beratung und Therapie, Bundeskonferenz für Erziehungsberatung e.V., Herrnstr.53, 90763 Fürth, bke@bke.de, 2000

Bei traumatisierten Flüchtlingen kann man meines Erachtens einen vierten Punkt hinzufügen, der als Ursprung psychosozialer Probleme angesehen werden kann:
4. Traumabezogene Hypothesen, wonach durch die erlebte Traumatisierung ein Problem zu erklären sei.

In einer konkreten Fallkonstellation sind bei Flüchtlingen oft alle vier Sichtweisen denkbar. Es erscheint wichtig, einen Menschen nicht nur unter dem Aspekt Trauma zu sehen, er ist auch ein Mensch mit individuellen Eigenheiten, mit einer Familiengeschichte, stammt aus einer anderen Kultur und hatte auch all die Schwierigkeiten der Migration zu meistern. In dieser differenzierten Sichtweise steckt oft der Schlüssel zum Menschen und der jeweiligen Problemlage.

Es seien hier ein paar Tipps für den Umgang mit traumatisierten Flüchtlingen gegeben, die zugleich auch eine Haltung ausdrücken. Dies ist die Grundlage, um in der Arbeit kompetente Thesen zu formulieren, ob ein Problem auch in traumatischen Erfahrungen begründet sein kann:
1. Es erscheint mir bei traumatisierten Flüchtlingen noch wichtiger als sonst zu sein, in Ruhe zuzuhören und nicht gleich in Aktion zu treten. Manchmal kommen die Menschen, nicht weil sie etwas Konkretes brauchen, sondern weil sie menschliche Nähe spüren wollen. Es kann also durchaus sinnvoll sein, nicht gleich auf das Problem einzugehen, das der Klient vorbringt. Er führt es gleichsam als äußeren Grund an, um kommen zu können. Vielleicht will der Mensch einfach Beruhigung oder Anerkennung.
Die Ruhe ist auch deswegen so wichtig, weil die häufige Übererregung traumatisierter Menschen schnell auf professionelle Helfer übergreift. Da beginnen schnell Telefon- und Rettungsaktionen, obwohl noch gar nicht alle Aspekte im Gespräch ausgelotet wurden. Was hat die Person schon selbst übernommen und was kann sie nun vielleicht selbst machen? Was haben eventuell schon andere Helfer getan? Es fällt einem so schwer, Aufträge abzulehnen, wenn jemand in blanker Sorge vor einem steht. Und doch kann nach ruhiger Abwägung genau dies die richtige Intervention sein. Denn dies kann Ruhe ins Geschehen bringen und eventuell sogar dem Klienten die Kraft geben, seine Angelegenheiten alleine zu lösen.

2. Menschen mit traumatischen Erfahrungen vergessen manchmal Teile ihrer eigenen Geschichte, sie vergessen das, was ihnen schon fünf Mal erklärt wurde oder sie vergessen Termine. Der Kopf ist einfach voll. In der Regel wird den Menschen die Verantwortung für ihr Tun zugeschoben. Dies stimmt natürlich, weil sie als erwachsene Menschen nun einmal für ihr Tun verantwortlich zeichnen. Und doch kann die Sozialarbeit durch Unterstützung helfen, die meist negativen Effekte dieser Vergesslichkeit abzumildern oder gar zu modifizieren. Dies kann zum Einen sein, Gedächtnisstützen für Termine zu erarbeiten. Oder Freunde und Verwandte heranzuziehen, denen man stellvertretend für den Klienten wichtige Dinge erklärt. Oder man ist Mittler zu Behörden, die schon Sozialhilfe gekürzt haben, oder zum Gerichtsvollzieher, der bereits in der Wohnung war, weil der Klient seine Angelegenheiten nicht zu regeln vermochte. Es ist eine Gratwanderung, wann man helfend einspringt und wann man den Menschen die Konsequenzen seines Handelns alleine tragen lässt. Es ist auch oft ein Balanceakt zwischen professioneller Distanz und Mitgefühl mit einem Menschen, der durch viel Denken, Alpträume, Schlaflosigkeit und Schmerzen beeinträchtigt ist. In extremen Fällen wird man eine gesetzliche Betreuung einleiten müssen.

3. Manchmal fühlen sich Sozialarbeiter von bestimmten Klienten genervt. Diese Klienten rufen immer wieder an, obwohl man einen Rückruf zugesichert hat, sie werden schnell aggressiv, sie jammern viel oder sie brechen ständig Vereinbarungen. Es ist selbstverständlich wichtig, klare Grenzen zu haben und diese auch nach außen zu zeigen. Dies ist sowohl für die eigene Psychohygiene als auch für die Flüchtlinge sinnvoll, die deutlich wissen sollen, woran sie sich halten können. Trotzdem kann es auch sinnvoll sein, sich das Gefühl von „Genervtsein" anzusehen. Es ist auch möglich, dass traumatische Ereignisse, damit verbundene Gefühle oder Reaktionen durch den Flüchtling wieder inszeniert werden. Die aktuelle Wiederholung kann als Versuch gewertet werden, Erlebnisse aufzuarbeiten. Thea Bauriedl beschreibt dies so:
"Schwierig ist es auch, das Agieren der Patienten nicht misszuverstehen. Durch ihre Unfähigkeit zur Erinnerung und zur sprachlichen Mitteilung können die Opfer ihre Mitteilungen über das Erlebte oft nur in der Wiederholung der erlebten Szenen machen. Ihr Rückzug in die Sprach- oder Kontaktlosigkeit erscheint dann wie eine Ablehnung des Helfers oder der Helferin, ihre unterwür-

fige Anpassung könnte als Therapieerfolg missverstanden werden."[44] Es kann also durchaus einen therapeutischen Effekt haben, den Menschen nicht abzulehnen, sondern ihn genau mit dieser nervigen Seite zu akzeptieren. Wenn der Mensch erfährt, dass er trotz seiner anstrengenden Seite Zuspruch erhält, vermag er leichter sein nerviges Muster zu durchbrechen und andere angenehmere Muster zu erproben. Dies erfordert vom Sozialarbeiter einen langen Atem und die Fähigkeit, eigene Gefühle wahrzunehmen und mit ihnen zu arbeiten.

Wenn man diese eigene Haltung inne hält, dann kann man als Berater die Zusammenhänge von Traumatisierung und bestimmten Symptomen sowohl an die Klienten als auch an die Behörden weitergeben. Dadurch trägt die Soziale Arbeit wiederum viel zur Gesundung als auch Rehabilitierung dieser Menschen bei:
1. Es ist eine sehr wichtige Aufgabe, die Klienten über die Symptomatik der Traumatisierung aufzuklären. Es kann für Flüchtlinge unglaublich entlastend sein, wenn sie erfahren, dass sie „normal" auf ihre Erlebnisse reagieren. Und sie staunen, wenn sie erfahren, dass sehr viele Flüchtlinge unter den gleichen Beschwerden leiden. Ein kurzes Beispiel soll dies verdeutlichen:
Eine Familie, die den Kosovo-Krieg miterlebt hat, war bei mir und einer therapeutischen Kollegin zum Erstgespräch wegen Familientherapie. Der Familienvater schilderte uns, die Familie sei nicht in Ordnung. Er macht dies daran fest, dass alle immer traurig seien und die zwei Söhne immer zu Hause bei der traurigen Mutter blieben. Früher seien sie so eine fröhliche Familie gewesen. Voller Scham blickten uns alle Familienmitglieder dabei an und nickten dazu. Zunächst erklärten wir der Familie, dass es sehr verständlich und normal sei, wenn alle ob der grausamen Erfahrungen im Krieg traurig seien. Es sei im Gegenteil ein Zeichen von Stärke, wenn sie die Traurigkeit zusammen aushalten würden. Und wir würdigten die Kraft der Familie, alle zusammen herzukommen und etwas verändern zu wollen. Schon änderte sich die Haltung und der Gesichtsausdruck aller Familienmitglieder. Die Erleichterung war zu spüren, dass sie keine kaputte Familie, sondern eine starke und „gute" Familie waren. Sie sagten daraufhin, dass sie

---

[44] Bauriedl, Thea 1998: Das Persönliche ist politisch - zur Spiegelung der Folterszenen in der Behandlung und Betreuung von Folteropfern. In: Kammerlander, Anni (Hrsg.): Das Persönliche ist politisch, Frankfurt a. M. 1998, S. 101

wegen der Traurigkeit gemeinsam etwas ändern wollten. Alle Mitglieder der Familie schienen am Ende sehr motiviert, in die Familientherapie zu gehen.
Es sind zwei Aspekte, die Erleichterung schaffen:
a) der Blick geht weg von der individuellen Krankheit hin zu den soziopolitischen Zusammenhängen, dass sie einen schlimmen Krieg miterlebt haben. Dies kann den Menschen die Scham nehmen, sie seien Schuld an ihrem Zustand. Und es zeigt ihnen, dass sie nicht die einzigen sind, die solche Schwierigkeiten haben.
b) der Blick geht hin auf die Ressourcen. Überlebende von Folter und Verfolgung, die eine meist illegale Flucht nach Westeuropa geschafft haben, sind in der Regel starke Persönlichkeiten. In der Situation als Flüchtling werden sie von der Sozialarbeit oft nur in ihrer Bedürftigkeit und als Opfer gesehen. Auch hier ist die Fähigkeit gefragt, andere kulturelle aber auch individuelle Werte wahrzunehmen. Denn oft sehen die Klienten in bestimmten Dingen eine elementare Unterstützung, die dem Sozialarbeiter nicht in den Sinn kämen (z.B. Familie, Religion). Nachfragen hilft, diese Ressourcen aufzudecken und verfügbarer zu machen.
2. Auch die Behörden müssen immer wieder auf die Zusammenhänge und Bedürfnisse von Traumatisierung hingewiesen werden. Deshalb ist es sinnvoll, sich Zeit zu nehmen, um die Situation des Klienten oder seiner Familie annähernd zu erfassen. Dies kann hilfreich sein, um dann den Behörden oder anderen wichtigen Stellen die Lage im Kontext zu schildern. Auch hier zeigt die Erfahrung, dass Behörden mehr auf die Bedürfnisse der Flüchtlinge eingehen, wenn nicht einfach laut „traumatisiert" geschrieen wird, sondern Zusammenhänge deutlich werden. Es kann aber fatal werden, die Zusammenhänge zur eigenen Sache zu machen und sie grundsätzlich als wahr zu vertreten. Die Sozialarbeit ist hier nicht der Garant dafür, dass eine Geschichte stimmt, sondern das Sprachrohr zwischen Flüchtling und Behörde.

"Fallstricke" in der Beratung

Gerade im letzten Absatz wurde bereits deutlich, dass auch immer Fallstricke in der Arbeit mit traumatisierten Menschen bereit liegen. Deswegen ist eine kompetente Supervision in dieser Arbeit unerlässlich. Ich halte es aus menschlicher wie fachlicher Sicht für einen groben Fehler, auf eine solche Supervision zu verzichten. Ich will hier nur einen kurzen Aufriss möglicher Problemfelder geben.

Mit dem Thema der Überidentifikation von Helfern mit traumatisierten Flüchtlingen beschäftigen sich mehrere Autoren. Franziska Lamott betont den narzisstischen Gewinn in der Arbeit mit Opfern: „Mit der Nähe zu den Opfern bekommen die Helfer etwas von der Besonderheit ab, die auf das Opfer fällt, etwas von dessen moralischer Autorität geht durch die Arbeit auch auf sie über. (...) Der narzisstische Gewinn in der Arbeit mit Opfern besteht darin, eigene Abhängigkeiten, Ohnmachtsgefühle und Depressionen beim Gegenüber deponieren und aus der Vergangenheit rührende Scham- und Schuldgefühle beruhigen zu können, ohne die eigene Position reflektieren zu müssen. Doch diese Identifikation fordert als Tribut die strikte Zweiteilung der Welt in Opfer und Täter, in Freund und Feind."[45]

Traumatisierte Flüchtlinge kommen oft mit übergroßen Erwartungen, dass bald alles wieder so wird wie früher. Der Druck, hier zu helfen, ist enorm groß. Klaus Ottomeyer beschreibt vier Typen nach Wilson und Lindy, wie auf einen solchen Empathie-Stress eingegangen werden kann: mit einem gestörten psychophysischen Gleichgewicht (z.B. Unsicherheit), mit Verstrickung (z.B. Grenzverlust und wechselseitiger Abhängigkeit), mit Rückzug (z.B. Intellektualisierung) oder mit Verdrängung (z.B. Verleugnung).[46] Bei Letzerem kann es auch dazu kommen, dass der Sozialarbeiter sich in Aktionismus stürzt, um dem seelischen Druck des Grausamen zu entfliehen.

Thea Bauriedl bietet eine Überlegung an, die mir neben Supervision und einem wachsamen Auge und Herz sehr sinnvoll erscheint, um bei dieser Arbeit auch für sich zu sorgen[47]: Opfer von Gewalt haben ja stets einen Übergriff und eine Missachtung ihrer eigenen Grenzen erlebt. Es ist demgemäß eine der wertvollsten Taten, diesen Menschen ihre Grenzen immer wieder zu spiegeln

---

[45] Lamott, Franziska 2003: Vermintes Gelände. Paradoxien des Traumadiskurses. In: Forster, Edgar et al. 2003: Migration und Trauma, Münster - Hamburg - London 2003, S.61

[46] Ottomeyer, Klaus 2002: Psychotherapie mit traumatisierten Flüchtlingen - Fallstricke und Handlungsmöglichkeiten. In: Ottomeyer, Klaus et al. (Hrsg.): Überleben am Abgrund - Psychotrauma und Menschenrechte, Klagenfurt 2002, S. 139-170

[47] Bauriedl, Thea, a.a.O. S.101

und sie in ihren Grenzen zu respektieren. Wenn dies gelingt, dann muss auch der Sozialarbeiter weniger um seine eigenen Grenzen fürchten. Es mag dazu beitragen, diesen Menschen mit Empathie und gleichzeitiger Distanz zu begegnen.

Literaturverzeichnis

Abdallah-Steinkopff, Barbara 1999: Berücksichtigung kultureller Aspekte bei der Behandlung traumatisierter Flüchtlinge. In: Refugio München (Hrsg.): Hilfe für gefolterte und traumatisierte Flüchtlinge, Frankfurt a. M. 1999
Abdallah-Steinkopff, Barbara 1999: Psychotherapie bei Posttraumatischer Belastungsstörung unter Mitwirkung von Dolmetschern. In: VERHALTENSTHERAPIE 9-1999, S.211-220

Alberstötter, Uli et al. 2000: Unterschiedliche Sichtweisen im interkulturellen Beratungsprozess. In: Friese, Paul / Kluge, Helene (Hrsg.): Fremdheit in Beratung und Therapie, kostenlos zu bestellen bei: Bundeskonferenz für Erziehungsberatung e.V., Herrnstr.53, 90763 Fürth, bke@bke.de

Bauriedl, Thea 1998: Das Persönliche ist politisch - zur Spiegelung der Folterszenen in der Behandlung und Betreuung von Folteropfern. In: Kammerlander, Anni (Hrsg.): Das Persönliche ist politisch, Frankfurt a. M. 1998

Becker, David 1992: Ohne Hass keine Versöhnung, Freiburg i. Br.

Becker, David 1997: Trauerprozeß und Traumaverarbeitung im interkulturellen Zusammenhang. In: Wirtgen, Waltraut (Hrsg.) 1997: Trauma - Wahrnehmen des Unsagbaren, Heidelberg

Becker, David 2003: Migration, Flucht und Trauma - Der Trauma-Diskurs und seine politischen und gesellschaftlichen Bedeutungen. In: Forster, Edgar u.a. (Hrsg.) 2003: Migration und Trauma, Münster, Hamburg, London

Butollo, Willi 1997: Traumatherapie - Die Bewältigung schwerer posttraumatischer Störungen, München

Diagnostisches und Statistisches Manual Psychischer Störungen DSM-IV 1996. Göttingen, Bern, Toronto, Seattle

Donna Mobile München (Hrsg.): Dokumentation zur Fachtagung: Trauma - Migration - Geschlecht – Psychiatrie

Erim, Yesim / Senf, Wolfgang 2002: Psychotherapie mit Migranten. In: PSYCHOTHERAPEUT 6-2002, S.336-346

Graessner, Sepp / Ahmad, Salah / Merkord, Frank 1996: Alles Vergessen! - Gedächtnisstörungen bei Flüchtlingen mit Foltererfahrung. In: Graessner, Sepp (Hrsg.) 1996: Folter - an der Seite der Überlebenden, München
Haenel, Ferdinand 2002: Psychisch reaktive Kriegs- und Folterfolgen. In: PSYCHOTHERAPEUT 3-2002, S.185-188

Kaye, Nicolas 2002: Grenzen und Möglichkeiten der Traumabehandlung. In: Schriftenreihe der Ausländerbeauftragten des Landes Niedersachsen (Hrsg.): Trauma und Flucht - Danach ist nichts mehr so wie es war, Hannover März 2002, 2. Auflage

Lamott, Franziska 2003: Vermintes Gelände. Paradoxien des Traumadiskurses. In: Forster, Edgar et al. 2003: Migration und Trauma, Münster - Hamburg - London 2003

Ottomeyer, Klaus 2002: Psychotherapie mit traumatisierten Flüchtlingen - Fallstricke und Handlungsmöglichkeiten. In: Ottomeyer, Klaus et al. (Hrsg.): Überleben am Abgrund - Psychotrauma und Menschenrechte, Klagenfurt 2002, S. 139-170

Soyer, Jürgen 2003: Konsequenzen für die Arbeit in Einrichtungen der Flüchtlingsbetreuung: Die therapeutische Funktion sozialer Arbeit. In: Forster, Edgar et al. 2003 (Hrsg.): Migration und Trauma, Münster - Hamburg - London S.156-160

Ubben, Caren 2001: Psychosoziale Arbeit mit traumatisierten Flüchtlingen, Fallstudie über einen Beratungs- und Therapieansatz, Schriftenreihe des IBKM an der Carl-von-Ossietzky-Universität Oldenburg, No.8

WHO 2000, 4.Auflage: Internationale Klassifikation psychischer Störungen ICD-10. Göttingen, Bern, Toronto, Seattle

Illegale

Flüchtlingsunterkunft Görzer Strasse in München nach der Auflösung, 1993

Illegal? Wie kann ein Mensch illegal sein? Er kann es, wir erleben es täglich aufs Neue. Versteckt, alleine, ohne Zuhause, immer auf dem Sprung, gehetzt, vogelfrei. Vertrauen? Zukunft? Glaube?

Aus Überzeugung handeln: Die Soziale Arbeit mit Menschen in der Illegalität

Philip Anderson

In der Regel ist ja nicht die Emigration (Auswanderung), sondern die Immigration (Einwanderung) der Auslöser des illegalen Aufenthaltes. Wenn Einwanderer keinen legalen Aufenthaltstitel erhalten können, ist dies in erster Linie die Folge einer fehlenden oder der Situation nicht gerecht werdenden Gesetzgebung. Eine Einwanderungs- und Ausländergesetzgebung, die in erster Linie auf Abschottung ausgerichtet ist und nur wenig Spielraum für eine legale Einreise lässt, muss beim derzeitigen Migrationsdruck zu einer Erhöhung illegaler Einreisen führen. Die Frage ist längst nicht mehr, ob Einwanderung ja oder nein. Sie heißt längst, ob legal oder illegal." (in Uihlein, Hermann: „Menschen in Illegalität als Aufgabe der Sozialarbeit", Migration und soziale Arbeit, 1- 1997, S. 54-57.)

Der Hintergrund

Der folgende Aufsatz basiert auf Erkenntnissen aus einer Studie über Migranten ohne gültige Papiere in München. Hier geht es um die Fragen und Probleme in Umgang mit „Illegalen", die sich für die soziale Arbeit ergeben. Die Themen, welche konkret behandelt werden sind: die Gesundheit und soziale Probleme wie Lebens- und Beziehungsplanung, Wohnen und Arbeit. Allerdings geht es weniger um die wirtschaftliche Dimension der Arbeit dieser „stillen Reserve.[48] Dieses Thema wird nur am Rande behandelt. Durch eine Schilderung der sozialen Wirklichkeit dieser Menschen sollen die Herausforderungen für die konkrete soziale Arbeit in München dargestellt und einige Antworten darauf zur Diskussion gestellt werden.

---

[48] Siehe hierzu Aufsatz von Anderson, P.: *Unsichtbar in der deutschen Großstadt - Erkenntnisse aus einer Studie über Menschen in der Illegalität in München*, in Tagungsband Zuwanderung und Integration (Hrsg. A. Moosmüller), LMU München. (In Vorbereitung)

Bevor wir die einzelnen Themen betrachten, soll an dieser Stelle festgehalten werden, dass es sich für Sozialarbeiter/innen um ein vielschichtiges Dilemma handelt, wenn sie sich auf die Arbeit mit dieser Klientengruppe der Menschen ohne rechtlichen Aufenthaltsstatus einlassen. Viele in der sozialen Arbeit tätigen Menschen haben – auch wenn sie es nicht offiziell zugeben (dürfen) – immer wieder mit Menschen ohne Aufenthaltsstatus zu tun. Aufgrund der besonderen Gesetzlage in Deutschland ist es aber nach wie vor so, dass für Professionelle dieses Thema mit Angst und Unsicherheit verbunden ist. (siehe Kapitel Hilfe und Unterstützung hierzu) Zudem ist die Haltung des Arbeitgebers an z.B. Beratungsstellen der Migrationsdienste oft unklar.

Manchmal haben im Laufe der Münchner Untersuchung Mitarbeiter/innen die Brisanz des Themas für ihre Organisation durch die Aussage erkennen lassen, dass sie im Interview betonten, lediglich persönliche Einschätzungen von sich geben zu können. Ein wichtiger konkreter Grund für die Zurückhaltung mancher Gesprächspartner/innen im Rahmen dieser Studie war die Tatsache, dass ihre Organisation große Schwierigkeiten mit der Abrechnung z.B. der Beratung illegaler Klienten hätte. Im Hintergrund stand mit anderen Worten die Abhängigkeit von Subventionen seitens der Stadt, des Staates oder der EU.

Die Erfahrung eines Mitarbeiters des Forscherteams in dieser Hinsicht verdient besondere Aufmerksamkeit: Er untersuchte die Erfahrungen eines in der Migration tätigen Verbandes im Umgang mit „illegalen" Migranten/innen. Er stellte fest, dass die von der Leitungsebene erklärte Offenheit im Zusammenhang mit dem Thema sich nicht in eine Bereitschaft zur offenen Diskussion des konkreten Falls durch die Mitarbeiter/innen umsetzen ließ: Es gäbe kaum etwas zum Kontakt mit oder Beratung von „illegalen" Migranten/innen zu berichten, hieß es dann.

Entweder hatten die Beschäftigten tatsächlich viel weniger mit der Klientengruppe als vermutet zu tun – diese Erklärung schien aber dem Forscherteam wenig plausibel – oder: Die erklärte Offenheit auf Leitungsebene im Umgang mit diesem für Professionelle nach wie vor riskanten Thema (aufgrund der gültigen Gesetzlage) wird von der Mitarbeiterschaft mit Skepsis betrachtet. Anders gesagt sie haben Angst: Geben sie im Rahmen eines Interviews preis, vom konkreten Fall zu viel gewusst oder gar sich nicht regelkonform verhalten zu haben, könnten sie doch zur Rechenschaft gezogen werden. Von den vollmündigen Beteuerungen der Leitung zur Unterstützung des couragierten Handelns aus humanitären Erwägungen halten die Beschäftigten dann in der Praxis nicht sehr viel.

Dieses Dilemma ist aber bei weitem kein Einzelfall. Denn die wenigsten Arbeitgeber sind aus nachvollziehbaren Gründen bereit, ihren Mitarbeitern/innen volle Rückendeckung im Umgang mit dieser Klientengruppe zuzusichern. Mitarbeiter/innen vieler Einrichtungen beschließen deshalb nicht selten diskret und nach ihrer eigenen Überzeugung im konkreten Fall zu handeln. Bei dem oben beschriebenen Verband beobachten wir daher so etwas wie eine Institutionalisierung der Angst im Umgang mit diesem Thema.

Nichtsdestotrotz zeigen Einzelpersonen deutlich Zivilcourage, um diesen Menschen in Notlagen zu helfen. Im Laufe der Untersuchung hatten wir immer wieder mit einer Vertrauensperson zu tun, die im Rahmen des Projekts viele Gesprächspartner/innen vermittelte. Dieser Mann hat eine verantwortungsvolle Position innerhalb seiner in der sozialen Arbeit fest verankerten Institution, er ist für viele Menschen eine anerkannte Respektperson. Er geht mit seiner Unterstützung dieser Studie wie vor allem mit seinem konsequenten Engagement für Menschen in der Illegalität seit Jahren ein bewusstes Risiko ein. Danach gefragt, warum er es mache, war seine Antwort knapp und klar:

„Weil ich davon überzeugt bin."

Wie sehen Biographien von Menschen in der Illegalität aus?

Die Schilderung eines biographischen Abschnitts aus dem Leben eines seit Jahren illegal lebenden Menschen in München soll die „Alltäglichkeit" der Erfahrungen Vieler wiedergeben. Zu oft wird nämlich ein Hauch des Exotischen mit dem Leben in der Illegalität in Verbindung gebracht. Dieser Aufsatz soll u.a. zeigen, wie allgegenwärtig und unauffällig normal – aber trotzdem von vielen Problemen gekennzeichnet – die Existenz des Gros der Menschen in der Illegalität ist.

„Dimitri" ist Anfang dreißig und im folgenden geht es um eine Episode aus seinem Arbeitsleben in München (aus einem Gesprächsprotokoll), die bereits zwei Jahre vor dem Interview zu Ende war:

...Er hatte keine Arbeitserlaubnis, da er ein Visum als Sprachschüler hatte. Sein Bruder (der damals noch in Deutschland lebte) half ihm, indem dass er zum Studenten Service ging (er war Student der Physik) und einen Job bei einer großen Elektronikfirma X bekam, den Dimitri an seiner Stelle annahm. Das heißt Dimitri arbeitete unter dem Namen seines Bruders. Er sollte elektronische Messungen durchführen. Er hatte so etwas noch nie gemacht. Er musste sehr schnell lernen, sich auch PC Kenntnisse aneignen. Es war zunächst ein Job für vier Tage in der Abteilung. Er merkt an, wie komisch es anfangs war, auf einen fremden Namen zu reagieren, als er gerufen wurde. Da hat er eine Gewöhnungszeit von ein paar Tagen gebraucht.

Seine Aufgabe: Er sollte eine Grafik der Testergebnisse für den Chef für eine Sitzung bis zum nächsten Tag erstellen. Sein Glück war, dass eine Sekretärin da war, die ihm am Abend mit der PC Gestaltung der Grafik half. Er blieb bis zehn Uhr abends. Am nächsten Tag legte er die fertige Grafik hin, der Boss war angetan. Nach den vier Tagen bekam er das Angebot, länger zu bleiben, es wurde daraus ein halbes Jahr mit kleinen Unterbrechungen. Er arbeitete bei einem netten Kollegen, wo es viel Arbeit gab, oft 9-20 Uhr. Es hat ihm viel Spaß gemacht, war auch gut für seine Englischkenntnisse.

Dann wurde sein Chef in der Abteilung befördert, Dimitri bekam als Konsequenz eine neue Stelle von ihm angeboten. Dazu hätte er aber wirklich Physiker sein müssen. Dazu haben seine Kenntnisse nicht gereicht. Er musste absagen (ohne zu erklären, warum). Drei Wochen später hat er noch mal ein Angebot einer Stelle – diesmal bei der Softwareabteilung – bekommen. Dies wäre zwar fachlich gegangen, hätte aber viele Reisen ins Ausland bedeutet, da wäre das Risiko sehr groß gewesen, da er unter seinem eigenen Namen mit seinem Visum hätte reisen müssen. Seines Bruders Name verwendete er nämlich nur in der Firma. Er musste Nein sagen. Mitarbeiter von der ihm beliebten Abteilung riefen ihn wegen einer anderen Stelle noch mal an, zum ersten Mal in seinem Leben bedauerte er es, niemals einen Beruf gelernt zu haben. Diesmal ging es um eine Stelle bei der Produktplanung, die für viele begehrenswert gewesen wäre, nicht nur für ihn. Er hat aber nicht offen darüber sprechen können, das hätten sie nicht verstehen können: Er wäre ein „Verbrecher" gewesen. Viele Gesprächspartner haben es ihm seitdem bestätigt. Er sieht es nach wie vor so. Es ist mittlerweile zwei Jahre her...

Aus diesen Schilderungen kann man erkennen, wie viel an „Normalität" im beruflichen Alltag einerseits mit dem Leben als „Illegaler" verbunden sein kann: Der Migrant ohne gültige Papiere als der nette und unauffällige Kollege ausländischer Herkunft. Die Beschreibung zeigt auch, dass solche Menschen über attraktive Fähigkeiten für den Arbeitsmarkt verfügen und durchaus qualifizierte Stellen finden können. Andererseits merkt man die Frustration und auch die ständige Angst vor der Entdeckung, die mit diesem Versteckspiel in Sachen Identität für den Betroffenen einher gehen kann.

„Dimitri" jobbt seitdem auf Baustellen, im Gartenbau, in der Gastronomie, hat inzwischen aber mit gesundheitlichen Beschwerden aufgrund der körperlich anstrengenden Arbeit zu kämpfen. Er betrachtet den oben beschriebenen (erzwungenen) Weggang von der Firma damals als die verpatzte Chance seines beruflichen Lebens.

Wohnen in der Großstadt

Die Wohnformen als Migrant in der Illegalität sind vielfältig. Die Rolle des ethnischen Netzwerks als erste Anlaufstelle ist oft entscheidend. Es sind Familien- und Verwandtschaftsverhältnisse aber auch Verpflichtungen als Gastgeber dem (vielleicht unbekannten) Neuankömmling aus dem Heimatdorf gegenüber, die hier eine Rolle spielen. Nach den Regeln der Gastfreundschaft kann der Besuch zwar kurze Zeit bleiben, schon nach einigen Tagen steigen aber die Spannungen: Es ist räumlich eng, die Nachbarn werden allmählich aufmerksam, mit der Arbeitsuche ist es nicht so einfach wie zunächst vermutet. So kommt es, dass der „Gast" weitersuchen muss oder innerhalb des ethnischen Netzwerks weitergereicht wird.

Manche Migranten/innen haben als Teil des „Einreisepakets" vom Vermittler/Schleuser schon die Adressen von sozialen und karitativen Einrichtungen bekommen. Dort suchen sie eine Bleibe. Es gibt aber auch die Wohngemeinschaften der Arbeitsmigranten, meist vorwiegend Männer und stark traditionell „männlich" geprägt – Wohnraum als Schlafstätte, weniger Komfort, Sauberkeit und Gemütlichkeit eher minimalistisch gehalten. Auch hier ist die räumliche Enge kennzeichnend, Gesprächspartner redeten von acht bis zehn Personen in einem Raum von 20 Quadratmetern oder weniger. Nichtsdestotrotz sind die Mieten für alle hoch, denn auf diese Klientel spezialisierte Vermieter (ob Deutsche oder aus der eigenen Ethnie) können hohe Einnahmen durch die Abhängig- und Rechtlosigkeit der „Illegalen" einfordern.

Es gibt sogar Erscheinungen, die an das Schlafgängertum der frühen Industrialisierung erinnern: Migranten/innen belegen die Betten abwechselnd in Achtstunden Schicht, ansonsten sind sie „auf der Arbeit oder Besorgungen machen", wie ein Gesprächspartner es formulierte.

Migrantinnen ohne Papiere berichteten von einer besonderen Abhängigkeit in Bezug auf Wohnen. In der Disko oder der Kneipe kann die fehlende Bleibe der ausschlaggebende Grund dafür sein, mit einem Mann nach Hause zu gehen. Frauen erzählten von der Belastung, in Wohngemeinschaften ohne jegliche Intimsphäre zu wohnen (mit oder ohne Partner). Auch die mangelhaften hygienischen Verhältnisse seien für sie manchmal eher ein großes Problem.

Alle Migranten/innen ohne gültige Papiere müssen mit einer erhöhten Wohnunsicherheit leben, weil sie in der Regel keinen rechtskräftigen Mietvertrag abschließen und daher keine Mittel im Falle von Konflikt mit dem Vermieter in der Hand haben. Hohe Mieten werden vereinbart, anfällige Reparaturen werden vom Vermieter trotzdem nicht ausgeführt, Kündigungen der Mieter/innen können von heute auf morgen erfolgen. Diese Migranten/innen müssen lernen, extrem mobil zu sein. Immer wieder von neuem kurzfristig umziehen zu müssen – dies ist auch ein großer Stressfaktor auf Dauer. Letzteres wurde in mehreren Interviews bestätigt.

Gegenüber dieser negativen Bilanz der Unsicherheit und Rechtlosigkeit für die meisten Migranten/innen ohne Aufenthaltsstatus muss man aber die Perspektive für eine Minderheit von „Etablierten" setzen. Es gibt sans papiers, die durch ihre Beziehungen, sozialen und instrumentellen Kompetenzen, Flexibilität und auch durch ein Quentchen Glück, durchaus eine positive Wohnsituation für sich schaffen können. Sie wohnen womöglich mit Partner/in zusammen; oder sie lassen einen Bekannten den Mietvertrag unterschreiben, wohnen dann in klar geregelter Untermiete. Oder: Ihr Auftreten ist sicher genug, dass sie einen eigenen Mietvertrag bekommen und als „anständige Mieter" im Haus gelten und daher nie Probleme haben.

Dies ist überhaupt für das Leben als Migrant/innen in der Illegalität eine wichtige Handlungsregel: den Anschein wahren und nicht weiter auffallen – ob bezüglich Wohnen, Arbeiten oder sozialer Kontakte. Gerade bei hochqualifizierten, geschickt handelnden Menschen ohne gültige Papiere bildet sich mit der Zeit der Leitsatz heraus: Warum müssen die anderen überhaupt darauf kommen, dass man keinen Status hat?

Gesundheitsprobleme

Probleme mit der Gesundheit sind eine zentrale Sorge für Migranten/innen ohne geregelten Status. Das Motto für viele ist daher „Nie krank werden!" Symptome und Beschwerden werden so lang wie möglich ignoriert oder unterdrückt. Geht es nicht mehr, dann spielen die Netzwerke oft wieder die entscheidende Rolle. Manchmal lassen sich vor allem bei außereuropäischen Migranten/innen Mittel oder Kräuter der traditionellen Medizin aus der Heimatgegend besorgen. Viele üben sich in Selbstbehandlung, so weit es geht. Krankenversicherungskarten werden auch geliehen; es existiert ebenso ein informeller Markt für solche Ausweise und Dokumente.

Alternativ gibt es Informationen über Ärzte/innen, die gegen Barzahlung und möglicherweise auch in der Muttersprache (d.h. einer osteuropäischen Sprache, auf Französisch oder Spanisch) behandeln können. Es ist darüber hinaus in den entsprechenden Kreisen bekannt, dass z.B. die eine Ärztin ab Freitagmittag ohne Sprechstundenhelferinnen die Patienten/innen ohne Aufenthaltsstatus empfängt. Es existiert die Initiative Cafe 104, die engagierte Ärzte/innen in München mit einander vernetzt und auch Rechtsauskünfte für Menschen in der Illegalität anbietet. Vergleichbare Initiativen kann man mittlerweile in den meisten mittelgroßen bis großen deutschen Städten vorfinden.[49]

Was ist aber mit dem plötzlich auftretenden Notfall, z.B. dem Unfall auf der Baustelle oder der Autobahn? Dann kann (und will) der Betroffene meist gar nicht verhindern, dass er/sie ins Krankenhaus gebracht wird. Dort tun sich aber ganz andere Probleme auf. Es werden, soweit möglich, die Personalien festgestellt, damit wird das Fehlen einer sozialversicherungsrechtlichen Kostenabsicherung für die Behandlung offensichtlich. So bald er sich nicht mehr im akuten Zustand befindet, will der Patient so schnell wie möglich weg.

Es entsteht allerdings nicht selten Streit zwischen dem behandelnden Arzt, meist dem Oberarzt auf Station, und der Verwaltung wegen Abrechnungsschwierigkeiten: Ist der medizinisch Verantwortliche auch bereit, sich selbst um Finanzierung der Behandlung zu kümmern, durch eine Stiftung, spendable Personen oder womöglich aus der eigenen Tasche? Es sei denn, man hat sich aufgrund

---

[49] Siehe z.B. *Medinetz* Freiburg (Artikel TAZ 11.06.00.) oder die *Medizinische Flüchtlingshilfe* Nürnberg (Artikel in Nürnberger Nachrichten 10.8.99), die den Multikulturellen Preis der Stadt Nürnberg für ihre Arbeit verliehen bekam.

von früheren ähnlichen Fällen im Krankenhaus auf eine diskrete interne Finanzierungsregelung geeinigt – man nützt gewisse finanzielle Handlungsspielräume unauffällig aus, da es sich sowieso nur um einige wenige Fälle im Jahr handelt. Es ist aber problematisch, wenn ein solcher Fall wirklich teuer ausfallen soll, z.B. nach einem Autounfall liegt der Patient mehrere Wochen auf der Intensivstation. Man kann davon ausgehen, dass sich die meisten Verantwortlichen in der Finanzverwaltung inbrünstig wünschen, dass gerade dieser Kelch an ihnen vorbeigehe.

Nicht zu unterschätzen ist das rechtliche Dilemma für den Einzelnen im Krankenhaus, das durch solche Notbehandlungen trotzdem entstehen kann. Es besteht zwar eindeutig die vorrangige Pflicht des Mediziners, den Kranken zu behandeln, was ist aber mit der Mitteilungspflicht der Ausländerbehörde gegenüber für den Beschäftigten einer „öffentlichen Stelle", in diesem Falle einer städtischen, universitären oder staatlichen Krankenhaus? Für nicht wenige Mitarbeiter/innen im Gesundheitsbereich stellt diese Frage eine Grauzone des Ausländerrechts dar, die große Verunsicherung verursacht. So viel ist im Laufe der Münchner Studie deutlich geworden: Ärzte und Ärztinnen brauchen mehr Handlungssicherheit. Es besteht ein dringender Klärungsbedarf in dem Sinne, dass medizinisch Behandelnde lediglich den Anforderungen des hippokratischen Eids gerecht werden müssen und keiner Übermittlungspflicht unterliegen.

Wieder sehen sich Frauen mit einer übermäßig schwierigen Situation konfrontiert, insbesondere schwangere Frauen. Nicht nur, dass sie sich generell großen Belastungen durch Abhängigkeit ausgesetzt sehen (ungeregelte Dienstverhältnisse in Privathaushalten, ggs. sexuelle Belästigung), sondern auch, dass sie die ungewollte Schwangerschaft als große Krise erleben, bei der ihnen meistens ihre Isolation und Ohnmacht bewusst werden.

Schwangere Frauen finden meist Zugang zu Beratungsmöglichkeiten, können abtreiben oder auch ihr Kind austragen, aber jeder dieser Schritte ist durch die spezielle Belastung der fehlenden Aufenthaltssicherheit erschwert. Bei der Beratung fürchten die Frauen, ihre Identität preisgeben zu müssen. Die Abtreibung kann meist durch unterstützende Netzwerke von Frauenärztinnen irgendwie organisiert werden - vorausgesetzt die Betroffene findet dazu den entsprechenden Anschluss.

Für die Frau, die sich für das Austragen des Kindes entscheidet, ist dieser Entschluss meist mit der Preisgabe der Identität der Behörde gegenüber und nach Ablauf des Mutterschutzfrist auch dann mit der Abschiebung verbunden. Ärzte/innen bestehen verständlicherweise auf die Anmeldung des Neugeborenen, weil es um die Wahrung der Rechte des Kindes geht (z.B. auf notwendige und fällige Säuglingsuntersuchungen), die nur mit der Anmeldung eingefordert werden können.

Unter bestehenden Bedingungen kann man davon ausgehen, dass es erstens eine Dunkelziffer von „illegalen" Frauen gibt, die sich für die absolut „private" Geburt (d.h. ohne jegliche fachlich/medizinische Unterstützung) entscheiden; und zweitens, dass letztendlich ein faktischer Zwang zur Abtreibung für viele Frauen in dieser Notlage besteht.

Hilfe und Unterstützung

Im Vergleich mit vielen Ländern in Europa ist die Gesetzlage problematisch gerade für die Menschen, die aus beruflichen, ethischen, politischen oder einfach humanitären Gründen Menschen in der Illegalität Hilfe zukommen lassen. Nach den nach wie vor geltenden Paragraphen AuslG §76 und §92a des Ausländergesetzes macht jede/r sich strafbar, der diesem Personenkreis Hilfe zukommen lässt und damit dem widerrechtlichen Aufenthalt Vorschub leistet; oder jede/r Mitarbeiter/in einer „öffentlichen Stelle", der seine/ihre Kenntnisse über „illegal Aufhältlichen" nicht an die zuständige Behörde weiterleitet.[50]

Vor diesem Hintergrund stellt sich die Frage: Wie kommt es überhaupt zu Hilfe und Unterstützung von „illegalen" Migranten/innen? Im einleitenden Teil dieses Aufsatzes wurde eine langjährig engagierte Vertrauensperson im Rahmen der Untersuchung diesbezüglich zitiert, die ihre ethisch begründete Haltung wiedergab. Neben solchen oft religiös, ethisch motivierten Überzeugungszusammenhängen gibt es gesellschaftspolitische Kreise

---

[50] Vergleiche hierzu die Empfehlungen der Süssmuth Kommission von Juli 2001. Siehe Uihlein Hermann, *Menschen in der Illegalität – ein vernachlässigtes Problem*, in Migration und soziale Arbeit, 1-2002, S. 39-45.

wie die vorher zitierten medizinischen Netzwerke. Weniger bekannt sind die individuellen Hilfestellungen von Einzelpersonen: Im Laufe der Untersuchungen wurden diverse Beispiele für eine Solidarität dieser Art beschrieben. Es gibt die Arbeitgeber/innen, die im medizinischen Notfall ärztliche Betreuung für Migranten/innen in der Illegalität organisieren und sogar auch bezahlen. Freunde und Bekannte helfen bei der Wohnungssuche, vermitteln und bürgen für den potentiellen Mieter.

Die private Beziehungsebene ist oft komplex und ambivalent. Es zeigt sich, dass Zweckehen in einer Grauzone anzusiedeln sind, die von nüchterner kommerzieller Geschäftemacherei bis zur politischen Überzeugungstätigkeit reicht. Das heißt das Spektrum schließt Netzwerke der geschäftlich organisierten Scheinehen mit gestaffelten Preiskategorien nach entsprechendem Marktwert und auch Einzelpersonen, die aufgrund der restriktiven Gesetzlage bereit sind, eine Zweckehe zur Aufenthaltssicherung einer „illegalen" Person aus ethisch-politischen Gründen einzugehen, ein. Dazwischen gibt es die unterschiedlichsten kommerziell-pragmatisch-ausbeuterisch-erotisch definierten (und emotional widersprüchlichen) Mischformen, die mit diesem intimen Bereich der menschlichen Beziehungen einhergehen.

Das Lebensgefühl als Migrant ohne Aufenthaltsstatus

Migranten ohne geregelten Status leben mit der ständigen Angst vor der Entdeckung. Deswegen entwickeln sie Strategien, um sich unauffällig in der Öffentlichkeit zu bewegen. Interviewpartner deuteten eine ganze Reihe davon an: immer ein MVV Ticket dabei haben, Hauptplätze in der Stadt (und vor allem den Hauptbahnhof) vermeiden, immer gut gekleidet sein und sich korrekt benehmen. Manche bewegen sich nur von zu Hause in die Arbeit und zurück, trauen sich nicht von diesem bekannten Weg abzuweichen, weil sie eine ständige Angst vor Kontrollen haben. In der Freizeit bleiben sie in ihrer Unterkunft, werden auch zunehmend isoliert, es sei denn, sie haben Zugang zu einem Netz von Landsleuten in einer ähnlichen Situation, die eine weit gehend abgekapselte Lebenswelt in sich bildet.

Es ist trotzdem für diese Migranten/innen nicht selten der Fall, dass man immer mit allen Menschen (Landsleuten oder Einheimischen) vorsichtig umgehen muss – denn jede/r ist ein/e potentielle/r Denunziant/in. Diese allumfassende Vorsicht prägt auch Freundschaften und intime Beziehungen. Auf Dauer entstehen aus diesem Zwang, sich zu verstellen und verstecken, ein Druck und auch Schuldgefühle geliebten Menschen gegenüber. Längerfristig können daraus identitätsuntergrabende Symptome einer dauerhaften psychischen Belastung oder auch Erkrankung entstehen. Es wurde im Laufe dieser Untersuchung deutlich, dass sans papiers sehr unterschiedlich mit diesen Belastungen zurecht kommen. Es gibt durchaus manche, die mit dem Druck verhältnismäßig gut fertig werden können. Es zeichnete sich unter den Befragten aber eine generelle Tendenz ab, dass nach mehreren Jahren Illegalität die psychischen und auch psychosomatischen Probleme deutlich zunehmen.

Die Welt der Arbeit

Wie in anderen Studien hat es sich auch in München bestätigt, dass die Bauwirtschaft ein bedeutender Beschäftigungsbereich für sans papiers ist. Allerdings sind es weniger die Großbaustellen, wo mittlerweile die Baustellenkontrollen und auch das Prinzip der Haftung des Generalunternehmers zu einer größeren Vorsicht bei der Beschäftigung von „Illegalen" geführt haben. Vor allem die großen Firmen haben einen guten Ruf zu verlieren und können sich auch den möglichen Ausschluss aus der öffentlichen Vertragsvergabe nicht erlauben. Es sind deswegen eher die kleineren Subunternehmer (meist äußerst mobile Geschäftsinhaber, manchmal nur mit Postadresse) oder Auftraggeber im privaten Bereich, bei denen Migranten ohne gültige Papiere als Arbeiter – oft mit bauspezifischen Fachkenntnissen – unterkommen. Es geht z.B. um den Wintergarten im Haus, um sonstige kleine Erweiterungsbauten, Fliesenlegen, Malen, Tapezieren und andere Tätigkeiten, die innen verrichtet werden können, sind auch deswegen bevorzugt, weil sie in der Nachbarschaft weniger auffallen. Mundpropaganda ist die beste Werbung.

Ein ganz wichtiger Bereich der (vor allem weiblichen) Beschäftigung in einer Stadt wie München mit einer Wohnbevölkerung mit vergleichsweise hohem Durchschnittseinkommen sind die privaten Dienstleistungen im Haushalt. Putzen, Kinderhüten, Altenpflege, Bügeln, Einkaufen – das sind all die „reproduktiven" Tätigkeiten, die man im Zeitalter des allgegenwärtigen Zeitdrucks durch Beruf, Familie, soziales Leben, Fort- und Weiterbildung, gesellschaftliche Aktivität und Freizeit delegieren muss. Sie werden oft durch die ausländische Frau, über deren Status man sich nicht so genau unterhält, erledigt. Mundpropaganda bestätigt Tüchtigkeit, sprachliche Reduziertheit verringert Streit. Zumindest für allein erziehende Frauen sind solche häuslichen Dienste oft unersetzlicher Bestandteil einer sozialen und ökonomischen Eigenständigkeit als Frau und Mutter überhaupt.

Das Reinigungsgewerbe insgesamt ist ein weiterer Sektor. Wieder sind es vorwiegend Frauen, die im Sinne von Günter Voß als „Arbeitskraftunternehmerinnen" ihre Kundschaft als „live-outs" koordinieren können.[51] Das bedeutet zwar für diese arbeitenden Frauen eine vergleichsweise hohe Selbstbestimmung gegenüber anderen Tätigkeiten als Migrantin ohne gültige Papiere, aber es bleiben trotzdem große Nachteile. Wie andere Arbeitnehmer/innen in der Illegalität haben auch diese Frauen keine Möglichkeit, ihre Rechte im Konfliktfall durchzusetzen; darüber hinaus setzt mittel- bis langfristig für sie meist eine Dynamik der Entqualifizierung ein. Schließlich arbeiten diese Frauen in der Regel unter sehr hohem Zeit- und Leistungsdruck, damit sind längerfristig gesundheitliche Probleme und auch Dauerschäden verbunden (Rückenprobleme, Krampfadern, Hautallergien usw.).[52] Noch weniger autonom sind diese Frauen wenn sie sich bei Gebäudereinigungstruppen (auf Gelegenheitsbasis und oft auf Abruf) verdingen.

Migranten/innen ohne Status ermöglichen unzählige gewerbliche Dienstleistungen in Gastronomie, Hotels, Kleinbetrieben usw., die im Rahmen dieses Aufsatzes nicht näher behandelt werden können. Jede/r kennt eine Kneipe oder ein Gasthaus mit Arbeitnehmern/innen offensichtlich ausländischer Herkunft, die man gele-

---

[51] Siehe Voß, G. Günter: *Unternehmer der eigenen Arbeitskraft – Einige Folgerungen für die Bildungssoziologie*, in Zeitschrift für Soziologie der Erziehung und Sozialisation, 20. Jg./Heft 2/2000, S. 149-166.
[52] Vergleiche Rerrich, Maria S.: *„Bodenpersonal im Globalisierungsgeschehen." „Illegale" Migrantinnen als Bechäftigte in deutschen Haushalte.* In Mittelweg 36, 11. Jg. Okt/Nov. 2002, S. 4-22.

gentlich in der Küche erspäht aber sich möglichst unauffällig verhalten.

Wir müssen aber festhalten: Die ökonomische Bedeutung dieser „stillen Reserve" der Migranten/innen ohne gültige Papiere in diesen Wirtschaftssektoren wird deutlich, wenn man bedenkt, dass viele mittelständische Betriebe beispielsweise in der Gastronomie mit knapper Gewinnmarge und hohen Umsatzfluktuationen arbeiten müssen. Migranten/innen ohne Status – und damit ohne Arbeitnehmerrechte – können „schwarz" billig, kurzfristig, flexibel nach Bedarf und auf Gelegenheitsbasis eingesetzt und auch ausgestellt werden. In aller Regel werden sie die Arbeitszeit und -bedingungen ohne weitere Diskussion als „gegeben" hinnehmen. Auch bei Lohnverprellung werden sie sich in den wenigsten Fällen wirklich zur Wehr setzen (können). Für viele Arbeitgeber – und nicht nur die ruchlosen – sind diese die unübersehbaren Vorzüge, von denen man diskret Gebrauch macht. Das Motto des Arbeitgebers dabei mag sein: Alle haben was davon.

Zusammenfassend: Einige Anmerkungen zur sozialen Situation von Migranten/innen ohne sicheren Aufenthaltsstatus

Insgesamt wurde es im Laufe der Untersuchung klar, dass ein dringender Handlungsbedarf bezüglich Gesundheitsproblemen von Migranten/innen ohne gültige Papiere im ambulanten und im stationären Bereich besteht. Nicht nur Mediziner/innen sondern auch andere Professionelle wie Sozialberater/innen und Therapeuten/innen setzen sich in informellen Netzwerken für die Behandlung und Versorgung von Migranten/innen ohne Aufenthaltsstatus ein. Dabei erhalten sie keine Unterstützung und begeben sich oft rechtlich gesehen auf Glatteis.

Sans papiers bilden eine „stille Reserve" in verschiedenen Beschäftigungssparten. Es gilt, diese Tatsache zur Kenntnis zu nehmen und sozialpolitische sowie menschenrechtliche Konsequenzen daraus zu ziehen. Bis jetzt hat sich Deutschland im Vergleich mit den Nachbarländern nicht von einem seit langem bestehenden Tabu diesbezüglich lösen können.

Darüber hinaus dienen Migranten/innen ohne gültige Papiere der Erhaltung des Lebensstandards für einen nicht unerheblichen Teil der großstädtischen Wohnbevölkerung durch ihre personenbezogenen und anderen Dienstleistungen. Durch sie wird ein bestimmter Lebensstil für viele überhaupt ermöglicht. Sie sind auch dadurch gewissermaßen ein integraler Bestandteil des Lebensalltags.

Es könnten migrantenfreundliche Strategien zu Wegen aus der Illegalität gerade auf lokaler Ebene entwickelt werden. Das Stichwort dabei wäre die Enttabuisierung dieses Themas durch die Kommune. Hier würde es um Fragen gehen, wie:

- Können die Ausländerbehörden ihre Ermessensspielräume im Einzelfall in Zeiten der erwünschten Integration transparenter und nachvollziehbarer zur Regularisierung des Aufenthalts ausnützen?

- Welche Netzwerke von Einrichtungen, die ohnehin mit sans papiers zu tun haben, können ihr Potential zur Wahrung der Menschenrechte und zur Verfestigung und Regularisierung des Aufenthalts einsetzen?

- Was wollen Bündnisse für die Menschenrechte dieser Gruppe überhaupt erreichen? Beispielsweise könnten sie zur folgenden Frage eine klare Haltung finden: Welche Kriterien können von einer Härtefallkommission für den einzelnen herangezogen werden (Länge des Aufenthalts, Familie in Deutschland, Lebensmittelpunkt usw.)?

Die soziale Arbeit mit sans papiers als spezifische Herausforderung

Zuallererst eine allgemeine Feststellung. Auf der Grundlage der Münchner Untersuchungsergebnisse kann die folgende Erkenntnis festgehalten werden: Auf kommunaler Ebene ist die pragmatische Unterstützung von Menschen in der Illegalität durch Hilfe in humanitären Notlagen mittels eines Vernetzungsangebots möglich, d.h. Ansprechpartner im konkreten Krisenfall können angeboten werden. Dabei können Sozialarbeiterinnen und Sozialarbeiter eine wichtige Rolle spielen.

Dazu gehört auch eine informationelle Vernetzung, um Wege aus der Illegalität aufzuzeigen. Aus rechtlichen und sonstigen Gründen ist die kommunale Verwaltung selbst zu sehr viel mehr, z.B. zur Einrichtung einer Anlaufstelle für die Beratung von „illegalen" Migranten/innen aus Steuergeldern, nicht in der Lage. Der hier vorgeschlagene Ansatz der Vernetzung mit anderen Initiativen und Institutionen kann aber zu Verbesserungen im Leben der Betroffenen oder zum Aufzeigen von Auswegen aus einer verfahrenen Lage führen. Es wäre auch ein Beitrag dazu, den verantwortungsbewussten Umgang mit Menschen in der Illegalität überhaupt auf die Tagesordnung der praktischen Politik (und damit aus der Tabuzone heraus) zu bringen.

Nun zur Verantwortung des Einzelnen in der sozialen Arbeit mit diesem Klientenkreis.[53] In der Sozialen Arbeit Tätige sind Prinzipien der sozialen Gerechtigkeit verpflichtet, sie stellen sich gegen soziale Ausgrenzung und Diskriminierung, setzen sich für die Wahrung der menschlichen Würde eines jeden Einzelnen ein. Dies bedeutet, dass auch Klienten/innen ohne Aufenthaltsstatus nicht aus dem Aufgabenfeld ausgeblendet werden können.

Gerade Migranten/innen ohne Status befinden sich in einer besonderen Abhängigkeit von ihrer Umwelt. Sie können dadurch leichter als Andere Opfer von Ausbeutung und Missbrauch werden: durch Zwangsprostitution und Beschaffungskriminalität, durch Arbeit ohne jeglichen Schutz einschließlich Lohnbetrug; sie sind Mietwucher, Erpressung und auch Ausbeutung durch Schleuser und Menschenhändler ausgesetzt.

Vor diesem Hintergrund ist es wichtig, dem „illegalen" Klienten deutlich zu vermitteln, welche Hilfe und Unterstützung überhaupt möglich sind und vor allem wie die Grenzen der „vertraglichen Beziehung" zwischen Professionellen und Klienten/innen verlaufen. Im konkreten Fall sind diese zwar verhandelbar, es

---

[53] Die folgenden Ausführungen basieren auf den Text PICUM (Platform for International Coordination on Undocumented Migrants): *Book of Solidarity* (Volume I, Belgium, Germany, the Netherlands, the United Kingdom), Brussels 2003, S. 95-99.

muss aber deutlich werden, dass jenseits der persönlichen ethischen Haltung Sozialarbeiter/innen in Deutschland sich innerhalb eines eng abgesteckten rechtlichen und institutionellen Rahmens immer bewegen (müssen). Ebenso wichtig ist es, dem Klienten zu versichern, dass Daten vertraulich behandelt werden.[54]

Das Pendant hierzu ist die klärende Frage an die Leitung der Institution seitens der Professionellen: Wie steht der Arbeitgeber als Institution zu diesem Personenkreis? Man braucht klare Anweisungen und auch Leitlinien im Umgang mit Klienten/innen ohne Aufenthaltsstatus hinsichtlich Hilfe, die man gewähren kann oder ablehnen muss als Institution, hinsichtlich der Arbeitsweise im konkreten Fall, sowie der strukturellen Probleme für die Institution (z.B. Weiterleiten von vertraulichen Informationen, Abrechungsprobleme) und selbstverständlich auch des rechtlichen Schutzes der Mitarbeiter/innen durch die Institution für ihre Handlungen.

Inhaltlich bedeutet die Arbeit mit diesen Klienten/innen neben der Suche nach sofortigen Lösungen in einer Krise (nach einem Unfall, durch ungewollte Schwangerschaft oder Unterstützung gegen Ausbeutung) das Streben danach, ethisch annehmbare „Überlebenssituationen" zu finden. Grundsätzlich läuft dieses Streben mit dem Klienten meist auf eine von drei Optionen hinaus: a) Legalisierung des Aufenthaltsstatus, b) Freiwillige Rückkehr, c) Fortführung der illegalen Existenz.

Bei der letztgenannten Option ist die primäre Aufgabe der sozialen Arbeit jene, Marginalisierung, Ausbeutung und Diskriminierung des Klientenkreises dezidiert entgegenzutreten. Dies kann allerdings nicht den Gesetzesbruch seitens der Helfenden legitimieren. Professionelle müssen aber das Verhalten der Klienten/innen orten, erklären und gegebenenfalls auch vor anderen verteidigen. Die Klienten/innen übernehmen zwar selbst die volle Verantwortung für ihre eigenen möglichen illegalen Handlungen, trotzdem: Unterstützung seitens des Professionellen in ei-

---

[54] Die einzige Ausnahme hierzu wäre, wenn Informationen zu ernsthaften Straftaten erlangt werden. Die Bürgerspflicht, solche Informationen weiterzuleiten, geht vor. Dies soll am Anfang eines Kontakts mit Klienten deutlich vermittelt werden.

nem rechtlichen Grenzbereich muss immer mit dem Team und am besten mit der Leitung geklärt werden. In solchen Situationen darf der/die einzelne Mitarbeiter/in nicht alleine entscheiden.

Schließlich darf diese ethisch anspruchsvolle Arbeit in keinem gesellschaftspolitischem Vakuum geschehen. Die Organisationen, Initiativen und Institutionen der sozialen Arbeit sind verpflichtet, die Öffentlichkeit über die Probleme dieses Klientenkreises aufzuklären. Netzwerke auf regionaler, nationaler und auch europäischer Ebene sollten gebildet werden, um Solidarität zu ermöglichen und auch eine Enttabuisierung des Themas voranzutreiben. Dies kann durch gezieltes Informieren der Medien über Missstände und politische Lobbyarbeit ergänzt werden. In Absprache mit den Betroffenen können Einzelfalldarstellungen dazu dienen, mehr Bewusstsein für die komplexen Zusammenhänge der Lebenswirklichkeit in der Illegalität zu schaffen.

Literaturhinweise

Alscher, S./Münz,R./Özcan, V.: Illegal anwesende und illegal beschäftigte Ausländerinnen und Ausländer in Berlin, (Demographie aktuell) Berlin 2001.

Alt, J. Illegal in Deutschland, Karlsruhe 1999.

Alt, J. u. Fodor, R: Rechtlos – Menschen ohne Papiere, Karlsruhe 2001.

Cyrus, N.: Rechtssicherheit und Konfliktfähigkeit stärken. Ein arbeitsmarktbezogner Ansatz zur Sozialen Arbeit mit Menschen ohne Aufenthaltsstatus in Berlin, in Migration und Soziale Arbeit – IZA 1/2001,28-33.

Cyrus, N: Den Einwanderungskontrollen entgangen. Bestandsaufnahme und Anmerkungen zur unkontrollierten Zuwanderung in die Bundesrepublik Deutschland am Beispiel polnischer Staatsangehöriger, in: Von Grenzen und Ausgrenzung. Interdisziplinäre Beiträge zu den Themen Migration, Minderheiten und Frauenfeindlichkeit, herausgegeben von B. Dankwortt u. C. Lepp, Marburg 1997, S. 35-56.

Cyrus, N: Unterstützung statt Kontrollen: Der unterstützende Ansatz – Ein Konzept für die Durchsetzung tariflicher Standards auf deutschen Arbeitsmärkten unter Beachtung sozialer und grundrechtlicher Standards, in: epd-Dokumentation Nr. 4-5 (Heft 1) 1998, 26-34. (home.ipn.de/~polsorat/unterstu.htm)

Cyrus/Vogel: Ausbeuterische Arbeitgeber – Schwarzarbeiter – Illegale Ausländer – Ist die Schwerpunktsetzung von Arbeitsmarktkontrollen diskriminierend? IAPASIS – Deutschland Working Paper 1/2001.

Harding, J: The Uninvited: Refugees at the Rich Man's Gate, London 2000.

PICUM (Platform for International Coordination on Undocumented Migrants): Book of Solidarity (Volume I, Belgium, Germany, the Netherlands, the United Kingdom), Brussels 2003.

Rerrich, Maria S.: „Bodenpersonal im Globalisierungsgeschehen." „Illegale" Migrantinnen als Bechäftigte in deutschen Haushalte. In Mittelweg 36, 11. Jg. Okt/Nov. 2002, S. 4-22.

Robbers, G.: Gutachten: Soziale Arbeit mit Menschen in der Illegalität, in Beiheft 1 der Zeitschrift für Caritasarbeit und Caritaswissenschaft, Freiburg 1995, S. 41 ff.

Sekretariat der deutschen Bischöfe (Kommission für Migrationsfragen: Leben in der Illegalität in Deutschland – eine humanitäre und pastorale Herausforderung, Berlin Mai 2991.

Stellungnahme der Verbände der Freien Wohlfahrt zur rechtlichen und sozialen Situation der Ausländer ohne legalen Aufenthaltsstatus in Deutschland, Freiburg, 27.11.2001.

Uihlein, H., Menschen in der Illegalität – ein vernachlässigtes Problem, in Migration und soziale Arbeit, 1-2002, S. 39-45.

Vogel, D: Illegale Zuwanderung und soziales Sicherungssystem, in: Eichenhofer, Eberhard (Hrsg.): Migration und Illegalität. IMIS Schriften Uni Osnabrück, Bd. 7, 1999 S. 73-90.

Voß, G. Günter: Unternehmer der eigenen Arbeitskraft – Einige Folgerungen für die Bildungssoziologie, in Zeitschrift für Soziologie der Erziehung und Sozialisation, 20. Jg./Heft 2/2000, S. 149-166.

Rückkehr

Rückkehrer aus Bosnien vor seinem Haus in Stolac, 1998

Rückkehr – Heimat? Zuhause sein, ein Neuanfang, endlich nach vorne blicken. Ungeduldig, unsicher, mit den Geschehnissen vergangener Jahre als unsichtbarem Rucksack auf dem Rücken. Was kommt? Was wird sein? Ziegel für Ziegel schichten zum Gebäude Zukunft.

Rückführung von Flüchtlingen – Abschiebung „light" oder doch ein bisschen mehr? Sozialpädagogische Handlungskonzepte zwischen Politik, Auftrag und KlientInnen

Florian Fritz

Rückführung von Flüchtlingen – Begrifflichkeit und historischer Kontext

Nur ein kleiner Teil der Flüchtlinge, die nach Deutschland kommen, darf auch wirklich hier bleiben. Letztlich sind es unter 20% , die einen dauerhaften Aufenthaltsstatus erhalten. Der überwiegende Teil lebt aufgrund von Abschiebehindernissen zum Teil seit vielen Jahren mit unsicherem Aufenthaltsstatus hier. Bislang gibt es kein schlüssiges politisches und soziales Konzept, wie mit diesen Menschen zu verfahren ist. Während auf der einen Seite versucht wird, durch Regelungen wie Alt- oder Härtefallerlasse einem Teil der Flüchtlinge ein Bleiberecht zu ermöglichen, gibt es andererseits zunehmende Bestrebungen, eine Rückkehr der Betroffenen in ihre Herkunftsländer zu betreiben. Bislang geschieht dies entweder durch ausländerrechtlichen Druck oder, falls möglich, durch die Durchführung von Abschiebungen unter zumeist unerfreulichen Begleitumständen. Ausländerrechtlicher Druck bedeutet im Einzelnen, dass Flüchtlinge durch wochen- oder tageweise Verlängerungen von Ausreisescheinen oder Androhung von Kürzungen der Sozialhilfeleistungen zur Mitwirkung bei der Beschaffung von Reisedokumenten genötigt werden. Letztes Mittel ist oft die Anordnung von Abschiebehaft, die aufgrund fehlender Heimreisepapiere nicht selten viele Monate dauert. In Kauf genommen wird aber auch, dass Flüchtlinge bei verweigerter Verlängerung des Aufenthaltsstatus in die „Illegalität abtauchen", was behördlicherseits zumeist als „freiwillige Ausreise" gewertet wird und entsprechend in den amtlichen Statistiken auftaucht. Seit 1991 wurden mit zahlreichen Nachbar- oder Herkunftsstaaten Abkommen geschlossen, die im Wesentlichen zum Inhalt ha-

ben, dass die Vertragspartner Flüchtlinge zurücknehmen, die entweder aus ihrem Hoheitsgebiet stammen oder nachweislich durch es hindurch nach Deutschland eingereist sind. Als Gegenleistung erhalten diese Länder, zu denen unter anderem Polen, Tschechien, Bosnien, Serbien, Vietnam und Algerien gehören, jährliche Gelder in zwei- bis dreistelliger Millionenhöhe, um ihre Grenzen aufzurüsten, eigene Asylgesetzgebungssysteme aufzubauen oder die Flucht ihrer Staatsbürger wirksamer zu bekämpfen.
Unabhängig von diesen ernüchternden nationalen und internationalen Entwicklungen auf staatspolitischer Ebene hat sich in den letzten Jahren eine Diskussion darüber entwickelt, inwieweit eine Rückkehr von Flüchtlingen nicht mehr ausschließlich unter repressiven Gesichtspunkten zu betreiben ist. In diesem Zusammenhang wurde der Begriff der „Rückführung" geschaffen. Eine wissenschaftlich fundierte Definition gibt es zwar bislang nicht, dennoch werden in der beruflichen Praxis damit gemeinhin die verschiedenen Aspekte bezeichnet, die bei der Rückkehr eines Flüchtlings in seinen Herkunftsstaat zu beachten sind. Im Unterschied dazu wird die konkrete Unterstützung als „Rückkehrhilfe" bezeichnet und der Beratungsprozess mit dem Flüchtling als „Rückkehrberatung".
Zum Prozess der Rückführung gehören neben den genannten repressiven Elementen auch konstruktive Ansätze wie finanzielle Anreize, berufliche und schulische Unterstützung und Qualifizierung bis hin zur gezielten Existenzgründung im Herkunftsland. Der folgende Beitrag möchte diese Aspekte beleuchten und anhand konkreter Beispiele von Organisationen aus der Praxis auf die Bandbreite der „Rückführungskonzepte" aufmerksam machen. Die Rolle Sozialer Arbeit ist hierbei nicht frei von Widersprüchen. Anspruch und Wirklichkeit Sozialpädagogischer Rückkehrberatung werden ebenso analysiert wie konkrete Methoden und Handlungskonzepte.

Die Rückkehrberatung der Landeshauptstadt München

Die Stadt München befasste sich als eine der ersten Kommunen in Deutschland mit dem Thema der Rückkehrberatung. Ausgangspunkt hierfür war ein Beschluss des Stadtrates vom Frühjahr 1997, in dem festgehalten war, dass die Rückführung „human" gestaltet werden müsse. Dies war auch als politische Reaktion auf die strenge Rückführungspolitik des Bundes und auf die restriktive Auslegung der Rahmenbestimmungen durch die Münchner Ausländerbehörde zu werten. In der Folge wurden beim Flüchtlingsamt der Stadt München Stellen geschaffen, die im Laufe der Jahre vor allem aufgrund von Geldern aus dem Flüchtlingsfonds der Europäischen Union kontinuierlich ausgebaut wurden. Die Säulen der Rückkehrberatung in München gehen aber darüber hinaus und werden folgendermaßen formuliert :[55]

1. Die Rückkehrberatung im Sozialreferat bietet umfassende Informationen und Hilfen an, vermittelt Kontakte zu Organisationen im Heimatland, sie organisiert und finanziert Qualifizierungsmaßnahmen und Förderprojekte

2. Als staatliche Hilfe übernimmt die internationale Organisation für Migration (IOM) im Rahmen ihrer Programme REAG und GARP die Reisekosten sozial bedürftiger Flüchtlinge und gewährt für einige Nationalitäten eine Starthilfe

3. Ehrenamtliches Engagement sowie Sach- und Geldspenden Münchner Bürgerinnen und Bürger erleichtern vielen Flüchtlingen die Rückkehr in die Heimat

4. Die finanzielle Förderung durch die EU ist eine zusätzliche, individuelle Hilfe für Rückkehrer und ermöglicht ihre Reintegration im Heimatland.

Die Rückkehrberatungsstelle definiert sich als Koordinierungsstelle für diese Aktivitäten. So bietet sie neben muttersprachlicher Beratung in albanisch und bosnisch sowie englisch und französisch für die drei Schwerpunktgebiete „Osteuropa", Asien und Lateinamerika und Afrika schulische und berufliche Qualifizierungsmaßnahmen, beispielsweise Schneiderei- oder PC- Kurse und Bildungsmaßnahmen für Jugendliche. Zurückkehrende Existenzgründer werden finanziell oder mit Sachspenden, beispielsweise einer Ausstattung für ein mobiles Fotostudio oder für einen Friseursalon unterstützt. Hierbei wird mit Handwerk und Industrie kooperiert. Lange Jahre gab es ein Spendenlager und es wur-

---

[55] Aus: Coming Home, Broschüre der Stelle für Rückkehrhilfen der LH München, 2001

den Spendentransporte in den Kosovo und nach Bosnien durchgeführt. Die MitarbeiterInnen der Stelle reisen in die Herkunftsländer, besuchen Rückkehrer, die noch unterstützt werden und initiieren Projekte auf lokaler Ebene, z.B. die Ausstattung von Schulen mit Computern. Zudem holen sie rückkehrrelevante Informationen ein, in dem sie sich mit vor Ort arbeitenden Organisationen beraten. Bis zum Jahr 2003 gab es insgesamt vier Projekte, die von der EU gefördert wurden („Reconstructing Economy" und „Coming Home" sowie zwei gleichnamige Nachfolgeprojekte).
Im Jahr 2003 wurden zwei befristete Stellen neu geschaffen, um dem wachsenden Interesse der übrigen bayerischen Kommunen am Thema „Rückkehrberatung" gerecht zu werden und diese in Qualifizierungsmaßnahmen zu schulen. Die Stellen werden von der bayerischen Staatsregierung finanziert.
Der Erfolg des Konzeptes, basiert auch auf Absprachen mit der Münchener Ausländerbehörde. Es existieren Vereinbarungen darüber, dass Flüchtlinge, die sich in Qualifizierungsmaßnahmen befinden oder deren Rückkehr vorbereitet wird, nicht ausgewiesen werden sollen. Vielmehr soll der Aufenthalt bis zum Abschluss der Maßnahme oder des Prozesses verlängert werden.
In der Praxis klappt dies aus verschiedenen Gründen nicht immer. Viele Flüchtlinge melden sich erst zu einem sehr späten Zeitpunkt bei der Rückkehrberatung. Dann steht ihre Ausreise schon unmittelbar bevor und es ist nicht möglich, ein individuelles Rückkehrkonzept zu entwickeln. Oftmals wird den Betroffenen von der Ausländerbehörde vorgeworfen, sie begäben sich nur in Qualifizierungsmaßnahmen, um ihren Aufenthalt weiter verlängern zu können.
Eine große Zahl von Flüchtlingen kann sich überhaupt nicht überwinden, bei der Rückkehrberatung vorzusprechen. Denn dies käme für sie einem Eingeständnis gleich, dass sie sich mit einer nicht gewollten Rückkehr abfänden, und das wollen sie in jedem Fall vermeiden. Letztlich steckt dahinter ein Stück Überlebensstrategie: sich an eine Hoffnung für die Zukunft zu klammern und den Glauben an ein Ziel nicht zu verlieren. Zum anderen ist es den Sozialarbeitern so kaum möglich, eine realistische Einschätzung der aufenthaltsrechtlichen Situation zu vermitteln.
Insgesamt zielt das Konzept der Rückkehrberatungsstelle der Stadt München darauf ab, betroffenen Flüchtlingen Unterstützung bei der Planung und Durchführung einer Rückkehr zu vermitteln und Qualifizierungen zu ermöglichen, die die Chancen auf eine berufliche Reintegration im Herkunftsland erhöhen. Der

Erfolg dieser Maßnahmen lässt sich nur mittelbar messen. Bestehende Kontakte zu Rückkehrern nach Afrika, Bosnien und dem Kosovo zeigen, dass er von vielen Faktoren abhängig ist: persönliche Situation des Rückkehrers, psychosoziale Befindlichkeit, vorhandene soziale Netzwerke in der Heimat, professionelles Existenzgründungskonzept, das an den Erfordernissen des Marktes ausgerichtet ist, generelle wirtschaftliche und gesellschaftliche Entwicklung im Herkunftsland.

Auch wenn die Rückkehrberatung von manchen MigrationssozialarbeiterInnen und Organisationen skeptisch betrachtet wird, da sie die Gefahr in sich berge, sich von einer Ausländerpolitik instrumentalisieren zu lassen, die vor allem Druck auf unerwünschte Mitbürger ausüben wolle, so werden doch auch immer mehr die Chancen erkannt, die eine konstruktiv angelegte, ressourcen-orientierte Rückkehrkonzeption beinhaltet.

Die Rückführungskonzeption der bayerischen Staatsregierung

Die bayerische Staatsregierung hat sich im Kontext der anhaltenden Diskussionen um Ausländergesetzgebung, Zuwanderungsgesetz und verstärkte Rückführungsbemühungen in den letzten Jahren ebenfalls mit einer Rückführungskonzeption für Flüchtlinge befasst. In Folge des Krieges in Bosnien wurde eine Zentrale Koordinierungs- und Informationsstelle in Südbayern eingerichtet, deren Aufgabe zunächst primär die Herausgabe von Informationen an Organisationen war, die mit Flüchtlingen arbeiten. Mittlerweile wurde diese in die Zentrale Rückführungsstelle (ZRS) Südbayern umgewandelt und zudem eine ZRS Nordbayern geschaffen. Zentraler Baustein der Rückführungskonzeption sind wie schon in anderen Bundesländern die sogenannten Ausreiseeinrichtungen. Im Konzept zur Eröffnung der ersten Ausreiseeinrichtung in Bayern (INKA für „Integriertes neues Konzept für eine konsequente Aufenthaltsbeendigung ausreisepflichtiger Ausländer in Bayern") in Fürth vom August 2002 nennt die Regierung vier Gründe für die Notwendigkeit ihres Handelns:[56]

---

[56] Alle folgenden Informationen stammen aus diesem Konzept bzw. aus einem Gespräch, das ich anlässlich eines Besuches der ZRS Nordbayern und des Ausreisezentrums Fürth am 25.7.03 mit dem zuständigen Oberregierungsrat Dr. Hammer führte.

-die geringe asylrechtliche Anerkennungsquote
-das Ignorieren von Mitwirkungs- und Ausreisepflichten
-zunehmend schlechtere Rahmenbedingungen für Rückführungen
-Gründe der inneren Sicherheit

Die ausreisepflichtigen Flüchtlinge werden in einem zentralen Lager untergebracht, wo sie so lange verbleiben sollen, bis sie ausreisen. Sie dürfen nicht arbeiten und erhalten kurzfristige Aufenthaltsverlängerungen. Derzeit gibt es im Ausreisezentrum drei Anhörer, die aufgrund des momentan überwiegend osteuropäischen Klientels Spätaussiedler sind und in maximal zwei Gesprächen pro Woche versuchen, die Identität der Lagerinsassen zu ermitteln. Wenn die Flüchtlinge nicht zu diesen „freiwilligen" Gesprächen erscheinen, werden ihnen die Sozialleistungen gekürzt.
Dasa Ausreisezentrum, ein Barackenlager, ist von einem hohen Zaun umgeben, der dem Schutz der Bewohner dienen soll. Es befindet sich in unmittelbarer Nachbarschaft zu einem Asylbewerberheim. Dort gibt es eine Sozialberatung der Caritas, die auch von den Bewohnern des Ausreisezentrums aufgesucht werden kann. Im Ausreisezentrum selbst gibt es keine soziale Betreuung, dafür aber einen 24 Stunden anwesenden Wachdienst.
 Die ZRS Nordbayern versucht neben dem repressiven Ansatz, konstruktive Anreize zu schaffen, um die Flüchtlinge zur Ausreise zu bewegen.
Im Jahre 2003 lief das Projekt „RiA" („Reintegrative Ausbildung") an. Ausreisepflichtige AusländerInnen aus ganz Bayern (also nicht nur Insassen des Ausreisezentrums, aber auch diese) können sich in verschiedenen Berufen (z.B. Maurer, Schreiner, Kfz) einer dreimonatigen Kurzausbildung unterziehen und eine kleine finanzielle Starthilfe erhalten. Voraussetzung ist allerdings, dass sie bei der Beschaffung der Ausweispapiere kooperieren.
Ein weiteres Projekt zielt darauf ab, schwer erkrankten Flüchtlingen eine Rückkehr zu ermöglichen. Es nennt sich „Medizinische Rückkehrhilfe" (MHH) und sieht vor, in Zusammenarbeit mit dem Bundesamt für die Anerkennung ausländischer Flüchtlinge solchen Menschen, die einen Abschiebeschutz aufgrund ihrer Erkrankung genießen, bei der freiwilligen Rückkehr eine befristete Zahlung der medizinischen Versorgung im Heimatland zu garantieren. Hierzu müssen vorab die Möglichkeiten und Kosten der Versorgung im Heimatland ermittelt werden. Dieses Projekt steckt allerdings noch in den Anfängen.

Politisch war das Konzept der Staatsregierung von Beginn an umstritten. Initiativen wie Res Publica[57] kritisieren, dass alle Maßnahmen nur dazu dienen, den Druck auf Flüchtlinge zu erhöhen, die man mit rechtsstaatlichen Mitteln nicht loswerde. Zahlreiche Untersuchungen und praktische Erfahrungen belegten, dass neben der Diskriminierung und erheblichen psychosozialen Belastungssituation für die betroffenen Flüchtlinge auch die anvisierten Ziele des Konzeptes der Ausreisezentren nicht erreicht würden.
Die Bilanz des ersten Jahres Ausreisezentrum Fürth sieht so aus: Zum Erhebungszeitpunkt im August 2003 befanden sich 42 Personen im Lager. Insgesamt waren innerhalb eines Jahres 110 Personen eingewiesen worden. 45 sind als „untergetaucht" vermerkt, drei wurden abgeschoben, bei 23 wurde die Identität geklärt.[58]
Die laufenden Kosten für den Betrieb des Zentrums belaufen sich auf ca. 300 000 Euro jährlich.[59]
Selbst Herr Dr. Hammer wies im Rahmen des o.g. Gespräches darauf hin, dass es sich hierbei um verschwindend geringe Zahlen angesichts der Gesamtsituation im Flüchtlingsbereich handele. Vielmehr komme dem Ausreisezentrum eine eher „psychologische" Bedeutung zu.

Insgesamt kann der Kosten-Nutzen-Faktor dieser Konzeption selbst bei objektiver Bewertung und außer Acht lassen der moralisch-politischen Aspekte als eher gering eingestuft werden. Dies gilt nicht nur für Bayern, sondern auch für andere Bundesländer, die schon früher Ausreisezentren eröffneten. So wurden einige dieser Einrichtungen mittlerweile wieder geschlossen. In Bayern ist es trotz mehrerer Anläufe bislang vor allem aufgrund von Bürgerprotesten nicht gelungen, ein längst geplantes zweites Ausreisezentrum zu eröffnen.

---

[57] Res Publica ist eine Initiative mit Sitz in München, die sich kritisch mit dem Thema „Ausreisezentren" auseinandersetzt. Ausführliche Infor-mationen hierzu finden sich unter www.ausreisezentren.de
[58] Nürnberger Zeitung vom 26.8.03
[59] Diese Zahl wurde im Rahmen des o.g. Gespräches vom 25.7.03 genannt. Ob hierbei der Wachdienst schon miteingerechnet ist, war aber unklar.

Die Sozialpädagogische Rückkehrberatung von Flüchtlingen

Ausgangssituation

Zentraler Baustein eines jeden wie auch immer gearteten Rückführungskonzeptes sollte die Sozialpädagogische Rückkehrberatung sein. Wenn man davon ausgeht, dass eine Rückkehr in den meisten Fällen nicht freiwillig erfolgt, sondern aufgrund aufenthaltsbeendender Maßnahmen zum Thema wird – diese Annahme entspricht den tatsächlichen Erfahrungen aus der Praxis – so wird der Flüchtling zunächst nicht geneigt sein, sich mit dem Thema überhaupt zu befassen. Um zu verhindern, dass das „Rückkehrberatungskonzept" sich letztlich doch wieder darauf reduziert, dem Abzuschiebenden die Koffer mit zum Flughafen zu fahren und einen guten Flug zu wünschen, ist es nötig, frühzeitig mit dem Betroffenen über das Thema „Rückkehr" zu sprechen. Dazu ist eine Zusammenarbeit mit entscheidungsrelevanten Behörden, insbesondere der Ausländerbehörde, unumgänglich. Die Behörde muss dem Flüchtling bzw. dem Berater zum frühest möglichen Zeitpunkt mitteilen, wann mit einer Aufenthaltsbeendigung zu rechnen ist. Zugleich muss ihre Bereitschaft vorhanden sein, im Rahmen eines zu entwickelnden individuellen Rückkehrplanes gegebenenfalls eine Aufenthaltsverlängerung zu ermöglichen.

Zunächst jedoch geht es für den Sozialarbeiter darum, im Beratungsgespräch behutsam an das Thema „Rückkehr" heranzuführen. In den allermeisten Fällen verbinden die Flüchtlinge mit dem Herkunftsland traumatisierende Erfahrungen und große Ängste, die sowohl von früheren Erlebnissen vor Ort oder Fluchterlebnissen als auch davon herrühren, dass sie eine lange Zeit nicht mehr zuhause waren, und Angst vor angeblichen oder tatsächlichen Veränderungen sowie der Reaktion der Zurückgebliebenen haben. So wird das Thema „Rückkehr" konsequent verdrängt. Dies wird dadurch begünstigt, dass Flüchtlinge die Erfahrung machen, dass sie selbst mit einem extrem unsicheren Aufenthaltsstatus wie beispielsweise einer Bescheinigung, die wöchentlich verlängert wird, oft monatelang ohne spürbare Konsequenzen im Aufnahmeland verbleiben können. Die ständige lähmende Angst vor einer Abschiebung und vor dem nächsten Gang zur Ausländerbehörde und die gleichzeitige Erfahrung, dass die angekündigte Rückkehr ein ums andere Mal verschoben wird (sowie die vollmundigen Versprechungen vieler Rechtsanwälte,

die für wöchentliche Verlängerungen horrende Summen verlangen und zugleich darauf hinweisen, es werde bestimmt bald alles positiv geregelt), blockieren jegliche Bereitschaft, sich konstruktiv mit dem Thema auseinanderzusetzen. Sozialarbeiter, die ihre Klienten argumentativ oder auch mit sanftem Druck überzeugen möchten, sich doch endlich einmal mit dem Thema zu befassen, weil es zum eigenen Nutzen sei, sehen sich schnell dem Vorwurf ausgesetzt, sie wollten nicht zum Wohle des Klienten handeln oder seien sogar insgeheim für seine Ausreise. Ist der Prozess einmal an diesem Punkt angelangt, ist eine konstruktive Rückkehrberatung nicht mehr möglich, weil das Vertrauensverhältnis nicht mehr existiert.
Nicht selten passiert es allerdings, dass der Klient, der sich zunächst seinem ihm Hoffnung vermittelnden Rechtsanwalt zugewendet hat, einige Wochen oder Monate später und ein paar hundert Euro ärmer wieder im Büro des Sozialarbeiters erscheint und inständig darum bittet, in den verbleibenden acht Tagen bis zur Ausreise Geld, Unterkunft vor Ort, Medikamente und möglichst noch einen Existenzgründungsschnellabschluss zu vermitteln. Dann bleiben all die gut gemeinten Rückführungskonzepte auf der Strecke und gefragt sind Kreativität und Improvisationstalent, um zumindest noch das Wichtigste zu regeln.

Der Beratungsprozess

Ein idealtypischer Rückkehrberatungsprozess hat zum Ziel, die abstrakte Angst des Flüchtlings vor der Rückkehr zu konkretisieren, fassbar zu machen, in ihre Einzelteile zu zerlegen und so Ansatzpunkte zu finden, wie ihr begegnet werden kann. Der Klient ist in einem Knäuel von Bildern, Vorstellungen, Ängsten und auch Fakten gefangen, das zu entwirren ein mühsamer, langer und manchmal nur therapeutisch durchführbarer Prozess sein kann. Möglichst präzise und detaillierte Fragen sind hierbei die geeignete Technik.
Wie ist die Situation zu Hause wirklich? Wie zerstört ist das Haus? Welche Verwandten oder Bekannten leben noch im Dorf? Gibt es regelmäßigen Kontakt? Wie schaut dieser aus? Über wen lassen sich Informationen über die Lage vor Ort beschaffen?
Wie ist die persönliche Situation im Moment? Gibt es eine medizinische Behandlung? Wie sieht sie aus? Welche Medikamente werden benötigt?

Gibt es die Chance für einen beruflichen Wieder- oder Neuanfang im Herkunftsland? Welche Qualifikationen sind hierfür Voraussetzung? Welche sonstige Unterstützung würde benötigt?
Diese Fragen stellen einen kleinen Abriss aus der unbegrenzten Fülle möglicher, individuell anzupassender Fragestellungen dar. Jede Frage für sich kann einen eigenen Beratungsstrang erfordern, manche können aber auch in wenigen Sekunden beantwortet sein.
Im nächsten Schritt gilt es, aus den gesammelten und aufbereiteten Informationen einen Rückkehrplan zu entwickeln, der Ziele, Arbeitsaufteilung und Zeitraum zum Inhalt haben muss. Weichen die Vorstellungen des Klienten und des Sozialarbeiters voneinander ab, was häufig vorkommen wird, weil Fakten unterschiedlicher Bewertung unterliegen werden, ist eine Klärung auf einen Kompromiss hin nötig. Der Rückkehrplan wird letztlich nur dann von beiden Seiten umgesetzt werden, wenn er auch von beiden mitgetragen wird. Deshalb sind ehrliche Einschätzungen von Seiten des Sozialarbeiters von entscheidender Bedeutung. Auch unangenehme Wahrheiten sind Wahrheiten, und nur wenn sie ausgesprochen werden , ist die Basis für ein Vertrauensverhältnis da. Dazu gehört auch der für viele Flüchtlinge ernüchternde Hinweis, dass sie nicht die Einzigen sind, die sich in einer aktuell sehr belastenden Situation befinden, sondern dass es schon im Zimmer nebenan, zumindest aber im gleichen Haus Menschen mit ähnlichen Schicksalen gibt. Dieser Hinweis ist zwar kein Lösungsvorschlag, aber er führt manchmal dazu, dass es Menschen leichter fällt, sich aus ihrer momentanen Vereinzelung heraus zu begeben und beispielsweise sozialen Netzwerken anzuschließen. So gab es während des Krieges in Bosnien fast für jedes heimatliche Dorf einen Verein in München, dessen Mitglieder sich regelmäßig trafen, miteinander austauschten, Spenden sammelten und Hilfen organisierten.
Zu einer Rückkehrberatung, die den Klienten respektiert, gehört selbstverständlich auch, dass der Flüchtling eigene Aufgaben übernimmt, auch wenn sie ihm unangenehm erscheinen mögen. Der letzte Schritt des Planes ist zugleich einer der Wichtigsten und Meistunterschätzten: Ein Abschied in Würde.

Der Abschied

Abschied ist in der Sozialen Arbeit ein permanentes und zugleich ungeliebtes Thema. Viele SozialarbeiterInnen stoßen hier selbst

an ihre Grenzen. Deshalb sei der Hinweis erlaubt, dass ein Abschied in Würde nicht nur das Abschiednehmen des Klienten von seiner Umgebung und vom Sozialarbeiter beinhaltet, sondern auch den Abschied des Sozialarbeiters vom Klienten.
Die Bedeutung des Wortes „Abschied" wiegt schwer. Gerade in diesem Arbeitsfeld ist der Abschied existenziell, und er ist endgültig. Vieles wird zurückgelassen, weniges mitgenommen. Ein Stück weit ist der Abschied für den Klienten eine erneute Flucht aus einer lieb gewonnenen Umgebung, im schlimmsten Falle kann er gar retraumatisierende Züge tragen. Doch der Akt des Abschieds selbst kann und sollte diesen ungünstigen Voraussetzungen zum Trotz überschaubar und sogar angenehm gestaltet werden. Abschied von Flüchtlingen nehmen, heißt aus meiner Sicht, ihnen Respekt erweisen und ihnen, in einer an sich würdelosen Situation, das höchstmögliche Maß an Würde zu ermöglichen. Ich lasse ihnen daher in der Wahl des Abschiedsrituals gewöhnlich den Vortritt: Ob es nun ein rauschendes selbst zubereitetes Abschiedsessen am Vorabend der Abreise im Kreise von Dutzenden von Freunden und Familienmitgliedern ist oder eine schnelle Tasse Tee auf gepackten Koffern, eine flüchtige Umarmung vor dem Bus oder fünf Minuten gemeinsames Schweigen oder Weinen: Entscheidend ist, dass der Abschied stattfindet. In jedem einzelnen Fall, in dem mir ein Abschied nicht möglich war, weil es der Terminplan nicht zuließ oder etwas Unerwartetes dazwischen kam, hatte ich das Gefühl, dass der Beratungsprozess nicht sauber beendet war. Hinzu kam die Befürchtung, dass das letzte Signal an den Klienten, was er möglicherweise als prägende Erfahrung mit nimmt, kein für ihn befriedigendes war. Deshalb habe ich gelernt, dem Abschied eine überragende Priorität einzuräumen. Ich wünsche mir, dass der Flüchtling, allem zuvor Erlebten zum Trotz oder auch entsprechend, als letzte Erkenntnis in seinen Koffer packt: Ein Abschied in Würde ist möglich. Ein Abschied in Würde ist keine erneute Flucht.

Weitere Aspekte der Rückkehrhilfe

Zweifelsohne hat der Rückkehrberatungsprozess mit dem Klienten eine zentrale Funktion. Er stellt dennoch nur einen Baustein unter mehreren dar. Weitere Elemente der Rückkehrhilfe lassen sich in der Gruppenarbeit (therapeutisch oder sozialpädagogisch themenorientiert) , in gemeinsamen thematischen Veranstaltungen zum Thema Rückkehr oder Herkunftsland wie beispielsweise in einer Aufklärungsveranstaltung für kosovoalbanische Kinder und Jugendliche zum Thema „Minen", die das Flüchtlingsamt München gemeinsam mit der Bundeswehr durchführte, und in der Gemeinwesenarbeit finden. Unterstützung für Rückkehrer kann durch Ehrenamtliche oder Pfarreien geleistet werden, die Spendensammlungen organisieren, Lagerräume zur Verfügung stellen oder Rückkehrer in deren Herkunftsland begleiten. Dazu ist es nötig, das Schicksal der Flüchtlinge im Stadtteil publik zu machen und die oftmals weit gehend uninformierte Öffentlichkeit für das Thema „Rückkehr" zu sensibilisieren.

Zusammenfassend wird im Folgenden das inhaltliche und methodische Vorgehen Sozialer Arbeit im Bereich „Rückkehrberatung" anhand eines Schaubildes verdeutlicht. Ein zweites Schaubild stellt die sozialpädagogischen Kompetenzen dar, die nach Erfahrung des Autors für eine professionelle Rückkehrberatung vonnöten sind.

Abb.1 Rückkehrberatungskompetenz

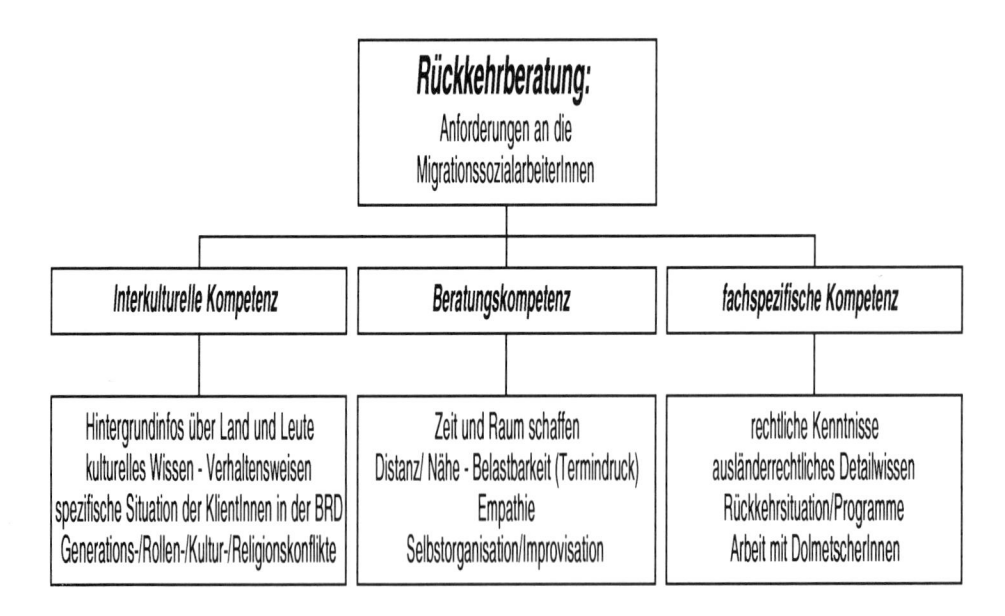

```
                    Rückkehrberatung:
                    Anforderungen an die
                 MigrationssozialarbeiterInnen
       ┌────────────────────┼────────────────────┐
 Interkulturelle Kompetenz  Beratungskompetenz   fachspezifische Kompetenz
       │                    │                    │
Hintergrundinfos über    Zeit und Raum schaffen   rechtliche Kenntnisse
Land und Leute           Distanz/Nähe -           ausländerrechtliches
kulturelles Wissen -     Belastbarkeit            Detailwissen
Verhaltensweisen         (Termindruck)            Rückkehrsituation/
spezifische Situation    Empathie                 Programme
der KlientInnen in       Selbstorganisation/      Arbeit mit
der BRD                  Improvisation            DolmetscherInnen
Generations-/Rollen-/
Kultur-/Religionskonflikte
```

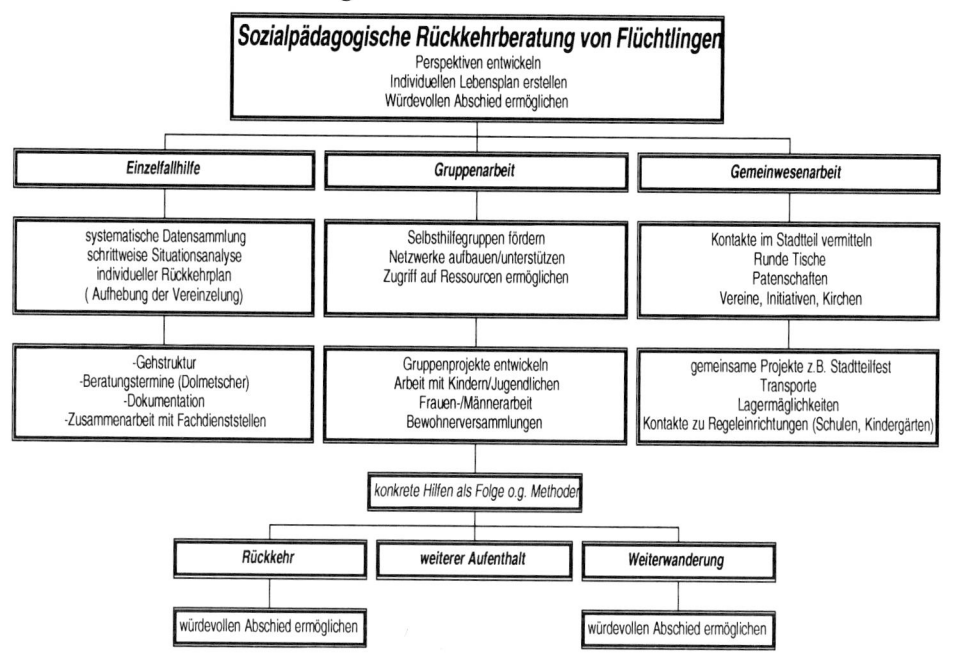

Abb.2 Rückkehrberatung Methodik

Sozialpädagogische Rückkehrberatung von Flüchtlingen
Perspektiven entwickeln
Individuellen Lebensplan erstellen
Würdevollen Abschied ermöglichen

Einzelfallhilfe	Gruppenarbeit	Gemeinwesenarbeit
systematische Datensammlung schrittweise Situationsanalyse individueller Rückkehrplan (Aufhebung der Vereinzelung)	Selbsthilfegruppen fördern Netzwerke aufbauen/unterstützen Zugriff auf Ressourcen ermöglichen	Kontakte im Stadtteil vermitteln Runde Tische Patenschaften Vereine, Initiativen, Kirchen
-Gehstruktur -Beratungstermine (Dolmetscher) -Dokumentation -Zusammenarbeit mit Fachdienststellen	Gruppenprojekte entwickeln Arbeit mit Kindern/Jugendlichen Frauen-/Männerarbeit Bewohnerversammlungen	gemeinsame Projekte z.B. Stadtteilfest Transporte Lagermöglichkeiten Kontakte zu Regeleinrichtungen (Schulen, Kindergärten)

konkrete Hilfen als Folge o.g. Methoden

Rückkehr	weiterer Aufenthalt	Weiterwanderung
würdevollen Abschied ermöglichen		würdevollen Abschied ermöglichen

Rückkehrbegleitung, Recherche, Qualitätskontrolle

Ein professionelles Rückführungskonzept beinhaltet weitere Elemente, die auf den ersten Blick wenig mit Sozialer Arbeit zu tun zu haben scheinen.

Da ist zum einen die Begleitung von Rückkehrern in ihr Herkunftsland. Diese kann dann sinnvoll sein, wenn es sich um eine hilfebedürftige oder nur beschränkt reisefähige Person handelt, wenn Unterstützung beim Transport von Gegenständen nötig ist oder wenn der Flüchtling in einer speziellen Einrichtung untergebracht wird, die möglicherweise vom Gastland bzw. der zuständigen Kommune mitfinanziert wird und man sich deshalb von den Gegebenheiten vor Ort überzeugen will.
Eine Rückkehrbegleitung kann sowohl durch Ehrenamtliche als auch durch professionelle Sozialarbeiter erfolgen. Was sinnvoller ist, muss im Einzelfall entschieden werden.
Im Idealfall kann eine Rückkehrbegleitung mit einer Recherchereise verknüpft werden, wenn es gilt, wichtige Informationen im Herkunftsland einzuholen, die sich auf anderem Wege nicht in der gleichen Qualität beschaffen lassen, beispielsweise bezüglich der medikamentösen Versorgung schwerstkranker Flüchtlinge.

Zu einem späteren Zeitpunkt kann es sinnvoll sein, zurückgekehrte Flüchtlinge zu besuchen, um den Stand ihrer Reintegration bewerten zu können. Zum einen lassen sich daraus Rückschlüsse für die Arbeit mit noch in Deutschland befindlichen Flüchtlingen ziehen, zum anderen lässt sich dabei die Qualität von Rückkehrprojekten bewerten, die unter finanzieller Unterstützung der zuständigen Kommune des Gastlandes zustande kamen.
Ein Aspekt, der nicht hoch genug bewertet werden kann, ist die Authentizität des Sozialarbeiters im Umgang mit Flüchtlingen, wenn er deren Herkunftsland besucht hat. Neben zusätzlichem Wissen um Hintergründe, Zusammenhänge, Sitten und Gebräuche zählt dazu vor allem der Respekt, den Flüchtlinge einem Sozialarbeiter erweisen, wenn er durch eine derartige Reise Interesse an ihrer Herkunft und damit letztlich an ihrer Person bekundet. Ich selbst habe diese Erfahrung machen dürfen, als ich 1996, ein Jahr nach Ende des Bosnienkrieges, dorthin fuhr und nach meiner Rückkehr mit Fragen über die alte Heimat bestürmt wurde. Die damalige Reise legte den Grundstein für ein stabiles und von dauerhaftem Vertrauen geprägtes Arbeitsverhältnis mit dem allergrößten Teil meiner bosnischen KlientInnen.

Dienstliche Reisen in Herkunftsländer sind schon aufgrund des Kosten- und Zeitfaktors umstritten. Daher müssen sie zielorientiert geplant und effektiv durchgeführt werden. Sie sind unter diesen Voraussetzungen allerdings ein wichtiger, ja unverzichtbarer Bestandteil einer sowohl humanen als auch erfolgsorientierten Rückkehrarbeit. Nicht zuletzt leisten sie durch eine saubere Dokumentation einen wichtigen Beitrag zur Öffentlichkeitsarbeit. Erstellte Berichte können beispielsweise der Presse zur Verfügung gestellt werden; es lassen sich Fotoausstellungen und Diavorträge über Reisen in die Herkunftsländer gestalten und zur Information und/ oder zur Akquisition von Spenden verwenden.

Fazit

Die Rückführung von Flüchtlingen wird immer ein sensibles und umstrittenes Thema bleiben. Manche sehen in ihr die dringend notwendige Korrektur der Politik hin zu einem humaneren Umgang mit Flüchtlingen, die kein Bleiberecht erhalten, andere betrachten sie als pure Heuchelei und Etikettenschwindel ebenjener Politik, die damit nur kaschieren wolle, dass sie an einem wahrhaftig humanen Umgang mit Flüchtlingen, nämlich der Schaffung von Bleiberechtsregelungen bei dauerhaften Abschiebehindernissen, kein Interesse habe. SozialarbeiterInnen, die im Bereich der Rückführung von Flüchtlingen tätig sind, werden angesichts dieses Spannungsfeldes Position beziehen müssen. Sie werden sich auf ihre Grenzen hin überprüfen müssen: Wo stehe ich selbst in der politischen Diskussion? Was kann ich verantworten, was trage ich mit? Zuletzt sei darauf hingewiesen, dass man bei allem politischen und humanitären Engagement nicht vergessen darf, das Klientel um seine Meinung zu fragen. Anders formuliert: Auch ein Sozialarbeiter wird es aushalten müssen, wenn ein Flüchtling ihm, womöglich nach langem gemeinsamen Kampf um ein Bleiberecht, eröffnet, er wolle jetzt doch lieber zurückkehren.

Literaturhinweise:

Broschüren „Reconstruction Economy" und „Coming Home" sowie umfangreiche weitere Materialien, zu beziehen unter :
Sozialreferat der LH München, Wohnungs- und Flüchtlingsamt, Rückkehr- und Integrationshilfen, Franziskanerstrasse 8, 81669 München

Internet:

www.ausreisezentren.de
www.regierung.mittelfranken.bayern.de

Unbegleitete minderjährige Flüchtlingskinder

Junge aus Bosnien bei einer Malaktion in der Unterkunft Bodenehrstraße, 1996

Ein Kind? Erwachsen? Das entscheidet alleine der Mann im weißen Kittel : Inaugenscheinnahme. Allein, weit weg vom Elternhaus, durch lange Schatten fortgezogen, die auch die Farben nicht vergessen machen. Auftrag oder Bestimmung? Egal, die Last wiegt zentnerschwer. Und wieder kein Zuhause, da, in Deutschland.

Soziale Arbeit mit Flüchtlingskindern – Anregungen zur Umsetzung einer komplexen Aufgabe

Silke Jordan, Albert Riedelsheimer

Ausgangssituation

Die Soziale Arbeit mit Flüchtlingskindern, ihre besondere Situation und adäquate Maßnahmen ihrer Betreuung und Förderung stellen an alle Beteiligten sehr hohe Anforderungen.
Kinder und Jugendliche, die ihr Herkunftsland aufgrund von Krieg, Bürgerkrieg oder Verfolgung verlassen mussten, die alle ihre Sicherheiten verloren haben und ihre Zukunftspläne aufgeben mussten, befinden sich bei ihrer Ankunft und bei ihrem Aufenthalt in der Bundesrepublik Deutschland in einer besonders schwierigen Situation.[60]
Sie haben Krieg und Verfolgung erlebt und dadurch häufig Traumata erlitten. Sie mussten ihr Herkunftsland verlassen, haben die Flucht durchlebt und werden in Deutschland mit einer aufenthaltsrechtlichen Situation konfrontiert, die ihnen in den meisten Fällen nur einen auf unbestimmte Zeit gültigen und unsicheren Aufenthaltsstatus zubilligt.
Besonders problematisch ist die Situation der Kinder und Jugendlichen, die im Herkunftsland oder auf der Flucht von ihrer Fami-

---

[60]Nach Definition des Programms „Unbegleitete Kinder in Europa" sind „Unbegleitete Kinder" Kinder unter 18 Jahren, die sich außerhalb ihres Herkunftslandes befinden und von beiden Elternteilen oder der Person getrennt sind, der zuvor die Betreuung des Kindes durch Gesetz oder Gewohnheit in erster Linie oblag. Manche Kinder sind völlig auf sich allein gestellt, andere [...] - leben bei entfernten Verwandten. Alle diese Kinder sind unbegleitete Kinder und haben Anspruch auf internationalen Schutz gemäß einer Vielzahl internationaler und regionaler Vertragswerke. Unbegleitete Kinder suchen Asyl, weil sie Furcht vor Verfolgung haben oder weil sie in ihrem Heimatland Menschenrechtsverletzungen, bewaffneten Konflikten oder sonstigen Wirren schutzlos ausgeliefert sind. Oder sie wurden zum Zweck der sexuellen Ausbeutung oder einer anderen Form der Ausbeutung Opfer von Menschenhandel oder kamen auf der Flucht vor großer Not nach Europa." SCEP Statement of Good Practice. 2000²

lie getrennt wurden und so als unbegleitete minderjährige Flüchtlinge in die Bundesrepublik Deutschland einreisen. Allein die Zahl der in Deutschland lebenden unbegleiteten Kinder beträgt nach groben Schätzungen 5.000 bis 10.000.[61]

Die Personen, deren Aufgabe es ist, unbegleitete minderjährige Flüchtlinge zu versorgen und zu betreuen, werden mit einer Situation konfrontiert, die eine erweiterte Wahrnehmung des Aufgabenfeldes der Sozialen Arbeit notwendig macht. Nicht nur die klassischen Felder sind bei der umfassenden Betreuung und Förderung minderjähriger Flüchtlinge zu bearbeiten. Aufgaben, die in Randgebieten der Sozialen Arbeit liegen, wie z. B. die psychosoziale Betreuung der Kinder sowie fremde Aufgabengebiete, wie z.B. die Auseinandersetzung mit juristischen Fragestellungen, kommen auf die Mitarbeiterinnen und Mitarbeiter der Sozialen Arbeit zu.[62]
Die Soziale Arbeit mit Flüchtlingskindern muss sich darüber hinaus mit einem Spannungsfeld widersprüchlicher Interessen auseinandersetzen. Dieses entwickelt sich zwischen den gesetzlichen Schutzmaßnahmen und Integrationsbestrebungen des SGB VIII und dem geltenden repressiven Asyl- und Ausländerrecht, in dessen Folge sich u.a. drohende Abschiebung, mangelnde Versorgung und Ausbildungsverbot ergeben. Soziale Arbeit ist in diesem Zusammenhang daher immer auch fachpolitische Arbeit. Um glaubhaft ihre Ziele zu verfolgen, muss sie das Kindeswohl unabdingbar in den Vordergrund stellen und sich aktiv für eine vor-

---

[61]Die neuesten Bestandszahlen basieren auf der vom Deutschen Komitee für UNICEF in Auftrag gegebenen Studie Angenendts von 1998. Nach eigenen Angaben der Innen- und Jugendbehörden der Länder fielen zum Zeitpunkt der Befragung 6.125 U.m.F. in deren Zuständigkeit Eine einheitliche Registrierung der Minderjährigen wird bundesweit nicht durchgeführt. Ausführlich zur Problematik der statistischen Erhebung siehe Angenedt, S. 24 f.
Zur Situation unbegleiteter minderjähriger Flüchtlinge in der Bundesrepublik Deutschland siehe u.a. : Woge e.V., Institut für Soziale Arbeit e.V. (Hrsg.): Handbuch der sozialen Arbeit mit Kinderflüchtlingen. Münster, 1999; Angenendt, S.: Kinder auf der Flucht. Opladen 2000; Jordan, S.: FluchtKinder. Allein in Deutschland. Karlsruhe, 2000.
[62]siehe auch Hänlein. R., Korring, K., Schwerdtfeger, S.: Soziale Arbeit zwischen den Welten. In: Handbuch der sozialen Arbeit mit Kinderflüchtlingen. Münster, 1999, S. 14 ff

rangige Behandlung der Minderjährigen als Schutzbedürftige einsetzen.[63]

Hänlein, Korring und Schwerdtfeger definieren Soziale Arbeit mit Flüchtlingskindern treffend als Wirken gegen die Maxime „Segregation statt Integration" und fordern die Wahrnehmung der Strukturmaximen der lebenswelt orientierten Sozialpädagogik. *Prävention* hieße in diesem Fall u.a. angemessene Unterbringungsmöglichkeiten zu schaffen, das Stadtteilumfeld auf die Ankunft der jungen Flüchtlinge vorzubereiten und die Akzeptanz zu fördern. *Regionalisierung* bedeute in diesem Zusammenhang, entgegen einer Quotenverteilung die Kinder und Jugendlichen in dem von ihnen gesuchten Umfeld zu lassen und Möglichkeiten der soziokulturellen Anbindung zu suchen. *Partizipation* könne aktiv nur greifen, wenn eine aufenthaltsrechtliche Absicherung gegeben ist und Gleichberechtigung auch gesellschaftlich gewollt sei. Im Hinblick auf *Integration/Normalisierung* führen Hänlein u.a. im Rückgriff auf die Ausführungen des 8. Jugendberichtes[64] an, dass die Jugendhilfe die besonderen Schwierigkeiten und Aufgaben, die sich aus dem Leben zwischen Kulturen und im Widerstreit von Kulturen ergeben, als Lebensbewältigungsstrategien ansehen müsse. Heranwachsende Flüchtlinge benötigen daher angemessene Bedingungen, Lebensbezüge und Lebensräume, um in der Bewältigung ihrer Entwicklungs- und Orientierungsaufgaben im Zusammenprall verschiedener kultureller Orientierungen handlungsfähig zu bleiben und eine stabile Identität zu entwickeln. *Alltagsorientierung* ziele bei Flüchtlingskindern darauf hin, im Erfahrungsraum der Minderjährigen präsent zu sein und

---

[63] Seit vielen Jahren werden von pädagogischen Fachkräften, Fachorganisationen und Wissenschaftlern Forderungen aufgestellt, die das Wohl der Kinder sichern sollen. Siehe u.a. Angenendt, S.: Kinder auf der Flucht; Bundesarbeitsgemeinschaft Jugendsozialarbeit: Isoliert und am Rande der Gesellschaft – Perspektive ungewiss.; Bundesfachverband Unbegleitete minderjährige Flüchtlinge e.V.: Forderungen zur Verbesserung der Situation unbegleiteter minderjähriger Flüchtlinge in Deutschland; Jordan, S.: FluchtKinder; Peter, E.: Das Recht der Flüchtlingskinder, Pro Asyl: Alle Kinder haben Rechte; Save the children, UNHCR: Standards of Good practice im Umgang mit unbegleiteten Minderjährigen in der Bundesrepublik Deutschland.

[64] Bundesministerium für Jugend, Familie, Frauen und Gesundheit (Hrsg.): Achter Jugendbericht: Bericht über Bestrebungen und Leistungen der Jugendhilfe. Bonn, 1990, S. 92

es ihnen in jeder Lebenslage zu ermöglichen, Hilfsangebote und Beratung zu finden und ohne große Hürden Hilfen abzufordern. Alltagsorientierung bedeute aber auch Nähe zum Erfahrungsraum und ein ganzheitlicher Blick, der den Menschen in seiner Vielfältigkeit mit allen Belastungen, Beschränkungen und Möglichkeiten wahrnehme sowie die subjektive Lebenssituation der Betroffenen als deren tatsächliche Lebensgrundlage zu akzeptieren und auch in scheinbar ausweglosen Situationen Handlungsmöglichkeiten zu entwickeln.[65]
Es wird deutlich, dass soziale Arbeit mit Flüchtlingskindern sowohl die bestehenden Aufträge der Jugendhilfe ausführen als auch weitere Wege finden muss, um den Ansprüchen der Situation gerecht zu werden. Im Weiteren werden einige Bereiche ausgeführt, die als Anregungen für dieses weit gefasste Anforderungsprofil gelten können.

Auseinandersetzung mit Verlusterfahrungen und Fluchttraumata

Unbegleitete Flüchtlingskinder haben aufgrund ihrer Trennung von ihrer Familie, Verwandten und Freuden vielfältige Verlusterfahrungen machen müssen. Sie haben nicht nur die Menschen verloren, die ihnen Sicherheit und Vertrauen vermittelt haben sondern auch ihre gewohnte Umgebung. Darüber hinaus sind sie in Folge von Krieg, Verfolgung und der dauerhaften Bedrohung ihrer Existenz oft traumatisiert und stehen unter dem Eindruck von Tod, Gewalt und Zerstörung. Die physischen und psychischen Belastungen sind groß. Viele haben Überfälle und Folter mit ansehen müssen oder sind selbst Opfer geworden, wurden durch die Flucht oft abrupt aus ihren bisherigen Lebenszusammenhängen herausgerissen. Auch die Flucht selbst, die ständige Angst vor Entdeckung trägt zur Belastung der Kinder bei. Diese existentiell bedrohlichen Erlebnisse hinterlassen zwangsläufig Spuren in ihrem weiteren Leben.[66]
Auch die Flucht an sich belastet die betroffenen Jugendlichen sehr. Oft wird die Flucht ins Exil von Erwachsenen geplant. Die

---

[65]Hänlein, R., Korring, K., Schwerdtfeger, S.: Soziale Arbeit zwischen Welten. In: Handbuch der sozialen Arbeit mit Kinderflüchtlingen. Münster, 1999, S. 19 f
[66]Kurzendörfer, P.: Psychische Störungen. in: Woge e.V., Institut für Soziale Arbeit e.V. (Hrsg.), S. 576 ff

Kinder werden über die Hintergründe teilweise im Unklaren gelassen, um die eigene Sicherheit und die Sicherheit von Angehörigen nicht zu gefährden. Sie machen sich mit Fluchthelfern, die sie nicht kennen auf die Reise in unbekanntes Land. Häufig wagen sie es nicht, Fragen an ihre Begleiter zu stellen. Fluchthelfer verbieten ihnen über bestimmte Details des Reisewegs zu sprechen, um Fluchtwege nicht zu gefährden. Der Weg ins Exil ist geprägt von Unsicherheiten und Ängsten, es gibt Fälle von Ausbeutung und Übergriffen während der Flucht. Am Ende werden die Minderjährigen häufig ohne weitere Erklärung verlassen und sind plötzlich in einem fremden Land vollkommen auf sich selbst gestellt. Nach diesen Erfahrungen ist ein massiver Vertrauensverlust festzustellen. Vielen Kindern fällt es extrem schwer, nach diesen Erfahrungen neue Beziehungen zu Betreuern aufzubauen.
Fachleute benennen im Hinblick auf die Auswirkungen dieser Erlebnisse auf die Flüchtlingskinder eine Vielzahl von Symptomen. Zu diesen zählen u.a. Angstzustände, Schlafstörungen, depressive Stimmungen, psychosomatische Beschwerden wie Übelkeit, Kopfweh oder Rückenschmerzen, aggressives und autoagressives Verhalten.[67] Sobotta weist darauf hin, dass sich oft eine „Sprachlosigkeit" ergibt. Als Trauer- und Entwurzelungsreaktion ruht diese oft in dem plötzlichen ungelebten Abschied von der Familie und in den Ängsten um sie, auch im Empfinden der so genannten Überlebensschuld"[68]
Psychologen sehen selbst bei jungen Flüchtlingen, die keine schwere Traumatisierung davon getragen haben, große Probleme in der Entwicklung. Die fluchtbedingten Verlassenheitsgefühle werden dadurch verstarkt, dass diese häufig in die Phase der Ado-

---

[67] Kurzendörfer, P. in: Woge e.V., Institut für Soziale Arbeit e.V. (Hrsg.), S. 576 ff; Ahmad, S., Rudolph, E.: in: Woge e.V., Institut für Soziale Arbeit e.V. (Hrsg.), S. 589 ff; Sobotta, J.: in: von Loeper, A., von Loeper D., S. 12.033.001 ff, Eberding, A., Schepker, R. in: Woge e.V., Institut für Soziale Arbeit e.V. (Hrsg.), S. 594 ff

[68] „In allen Aspekten emotionaler und affektiver Verinnerlichung des Flüchtlingskonflikts steht das Verstandesmäßige einer emotionalen Leere gegenüber. Das Gefühl, zerrissen zu sein, dass etwas nicht stimmt, nicht genug ist etc., dieses Gefühl bleibt und ist so lange ein wesentliches Anzeichen für Flucht, wie diese nicht in die vernünftigen Alternativen des Hierbleiben-Könnens bzw. der Rückkehr in die veränderten gesellschaftspolitischen Bedingungen der Heimat münden. Sobotta, J.: Die besondere Situation unbegleiteter minderjähriger Flüchtlinge. in: von Loeper, A. und D. (Hrsg.), S. 12.029.001 ff

leszenz fallen. Diese persönlichkeitsprägende Lebensphase durchleben die Flüchtlingskinder nun in einer ihnen fremden Kultur, deren Werte und Normen häufig von den bisher erfahrenen abweichen.[69] Seelische Belastungen ergeben sich zusätzlich aus der Unklarheit der Zukunftsperspektive. Bei einer Befragung (Weiss u.a.) junger Flüchtlinge nach dem Grund ihrer Ängste, wurde überwiegend die Angst vor Abschiebung und dem Alleinsein genannt. Die Ungewissheit, ob und wie lange sie noch in Deutschland bleiben können, die ungesicherten schulischen und beruflichen Entwicklungsmöglichkeiten verunsichern die Minderjährigen. Beobachtet wurden in diesem Zusammenhang sowohl eine erhöhte Bereitschaft zur Aggressivität als auch das Nachlassen persönlicher Motivation und „Langeweile" als ein Synonym für eine depressive Grundstimmung.[70] Gerade in dieser depressiven Phase, die von vielen Kinderflüchtlingen auch in mehreren Abschnitten durchlebt wird, benötigen sie ganz besonders die Unterstützung von professionellen Betreuern. Hier treffen alters entsprechende Probleme, die von allen Jugendlichen gleichermaßen erfahren werden wie Prüfungsstress, Schwierigkeiten bei der Lehrstellensuche oder Streitigkeiten mit Erziehern zusammen mit Ereignissen und Konflikten, die in Zusammenhang mit der Thematik Flucht und Exil stehen. Hierzu zählen unter anderem Rassismus im Alltag, Probleme bei der Erlangung der Arbeitserlaubnis oder Unsicherheiten, die durch kurzfristige Verlängerungen von Aufenthaltsgestattung oder Duldung entstehen. Für die Empfindungen des Betroffenen ist es hierbei ohne Bedeutung, ob das Erlebte objektiven Kriterien aus Sicht von Betreuern entspricht oder nicht. Vielfach verlieren Jugendliche in dieser Phase jeden Halt und steigern sich geradezu unendlich in Misserfolge und Versagensängste. Sie sind überzeugt davon, dass sie am Ende ohnehin abgeschoben werden und jede Anstrengung in Hinblick auf Integration oder schulische und berufliche Ausbildung vergeblich ist. Viele Jugendliche geben in depressiven Stimmung alles bisher Erreichte auf, brechen eine begonnene Ausbildung ab und verzichten auf weitere Unterstützung durch die Jugendhilfe. Sie erfüllen sich ihre negativen Prognosen gewissermaßen selbst.

---

[69]Zur Persönlichkeitsentwicklung bei Flüchtlingskindern: Rohr, E., Schnabel, B.: in: Woge e.V., Institut für Soziale Arbeit e.V. (Hrsg.), S. 351 ff, Zur Identitätsbildung: Zenk, R.: in: Woge e.V., Institut für Soziale Arbeit e.V. (Hrsg.), S. 359 f
[70]Weiss, K. u.a., S. 69 ff

Zielsetzung der sozialen Arbeit ist, den Kindern und Jugendlichen eine Lebenssituation zu ermöglichen, in der sie eine Stabilisierung erfahren und langsam ihre Ängste abbauen können.
Sie benötigen einen festen Beziehungsrahmen, Ansprechpartner und das Gefühl von Geborgenheit.[71] Im pädagogischen Alltag ist daher eine intensive Beziehungsarbeit wichtig, in der die Kinder wieder die Erfahrung von Sicherheit und Vertrauen machen können. Nur auf der Basis dieser gelungenen Beziehungsarbeit ist es möglich, die beschriebenen depressiven Phasen gemeinsam zu überwinden. Da viele Flüchtlingskinder „still" leiden, muss besonders hellhörig auf Angstsignale geachtet werden.[72]
Die angemessene Betreuung minderjähriger Flüchtlinge ist am ehesten in einer adäquaten Einrichtung der Jugendhilfe möglich. Die pädagogischen Mitarbeiterinnen und Mitarbeiter sollten eine hohe interpersonelle, fachliche, interkulturelle und kommunikative Kompetenz vorweisen.
Eine gründliche Anamnese zu Beginn der pädagogischen Betreuung und eine kontinuierliche fachliche Auseinandersetzung mit der besonderen Lebenssituation der Minderjährigen sind Grundvoraussetzungen für eine professionelle Betreuung von Flüchtlingskindern. Zugleich benötigen Betreuer Verständnis dafür, dass Jugendliche möglicherweise aufgrund der geschilderten Erlebnisse und der für sie unklaren Rollenverteilung am Anfang der Betreuung Teile ihrer Biographie verschweigen. Eine stundenweise Betreuung durch psychologische Fachkräfte sowie Weiterbildung und Supervision für die pädagogischen Fachkräfte ist in diesem Zusammenhang notwendig.[73]

Unterstützung des „Lebens in zwei Welten"

Die Unterstützung der Minderjährigen bei der Entwicklung einer stabilen Persönlichkeit und dem Aufbau eines selbständigen Lebens sind wichtige Aufgaben der Sozialen Arbeit mit Kinderflüchtlingen.

---

[71] Woge e.V., S. 3
[72] Weiss, K. u.a., S. 83 f
[73] Sobotta, J.: Die besondere Situation unbegleiteter minderjähriger Flüchtlinge. in: von Loeper, A. und D. (Hrsg.), S. 12.033.001; Eberding, A. Schepker, R. in: Woge e.V., Institut für Soziale Arbeit e.V. (Hrsg.), S. 594ff

Für die Heranwachsenden ergeben sich durch die Unsicherheit des Aufenthaltes kaum steuerbare Zukunftsperspektiven. Sie verbleiben für eine unbestimmte Zeit in der Bundesrepublik, ihnen wird nahegelegt, dass sie dann nach Beendigung der Konflikte im Herkunftsland wieder in dieses zurückkehren sollen, doch auch dieses ist unbestimmt. Für sie, denen durch die Flucht ein hohes Maß an Eigenverantwortung abverlangt wurde, führt diese Situation oft in ein Gefühl des Ausgeliefertseins.[74] Hinzu kommt noch, dass der aufenthaltsrechtliche Status zum prägenden Teil des Selbstbildes werden kann. „Der Status *Asylbewerber* oder *Geduldeter* hat deutliche Auswirkungen auf das Fremd- und Selbstbild der Minderjährigen. Die hiesige aktuelle soziale Mitwelt kommuniziert ihm seinen bestimmten Status. Was er sonst für Fähigkeiten und Wissen mitbringt, ist in der Regel nicht sehr gefragt."[75]

Für die pädagogische Arbeit ist daher die Stärkung der Fähigkeiten und die positive Bestätigung der Kinder und Jugendlichen von großer Bedeutung. Zum einen bietet eine professionelle pädagogische Betreuung die Möglichkeit, die Kinder wieder als Kinder leben zu lassen, ihre Selbständigkeit zu fördern und die bestehenden Ressourcen zu nutzen. „Flüchtlingsjugendliche brauchen eine sinnvolle Lebensplanung, aber ebenso Möglichkeiten, ihre pubertäre Lebensphase auszuleben, Grenzen zu spüren, zu streiten, Freude am Alltag zu haben und ihre Interessen im Freizeitbereich zu entdecken und zu entwickeln."[76]

Zum anderen ist eine schulische und berufliche Förderung unabdingbar, um Zukunft aktiv zu gestalten zu können. Doch gerade diese wichtigen Maßnahmen können für Flüchtlingskinder selten realisiert werden. Der Zugang zu schulischer Bildung ist Flüchtlingskindern in der Bundesrepublik nicht garantiert, eine generelle Schulpflicht besteht nicht. In den Bundesländern, die einen Schulbesuch vorsehen, wie z.B. Berlin, ist den Kindern kein Schulplatz garantiert. Auch ist die schulische Realität nicht auf Flüchtlingskinder eingestellt. Flüchtlingskinder werden meist in

---

[74] „Das bisher wahrgenommene Selbstbild verändert sich radikal; die Kompetenz für die eigene Lebensbewältigung und die Eigenverantwortung, die während der Phase der Flucht noch in hohem Maße gefordert waren, reduzieren sich auf ein Minimum." Kurzendörfer, P. in: Woge e.V., Institut für Soziale Arbeit e.V. (Hrsg.), S. 578

[75] Zenk, R.: Identität in: Woge e.V., Institut für Soziale Arbeit e.V. (Hrsg.), S. 365

[76] Woge e.V., S. 3

Sondermaßnahmen mit hoher Fluktuation beschult, es fehlt entsprechend qualifiziertes Lehrpersonal, ein Übergang in den normalen Schulbetrieb findet selten statt.[77] Mit eigenen Bildungsmaßnahmen versuchen private Träger, die Misere des staatlichen Schulwesens aufzufangen. So bietet der Berliner Verein „Flucht nach vorn" sozialpädagogisch gestützte Alphabetisierungs- und Deutschkurse für junge Flüchtlinge an.[78] Die Zahl der Minderjährigen, die durch diese Maßnahmen eine Bildungschance erhalten, ist jedoch sehr gering.
Die Aufnahme einer Berufsausbildung auf dem Arbeitsmarkt ist für jugendliche Flüchtlinge mit kaum überwindbaren Hürden verbunden. Neben den regelhaft nicht vorhandenen schulischen Voraussetzungen benötigen sie eine Arbeitserlaubnis, um einen Ausbildungsplatz zu erhalten. Die Arbeitserlaubnis wiederum setzt einen annähernd gesicherten Aufenthaltsstatus voraus. Flüchtlingsjugendliche erhalten allerdings nur eine Arbeitserlaubnis, wenn ein Arbeits- bzw. Ausbildungsplatz nicht mit deutschen Bewerbern, EU-Bürgern und bevorrechtigten Ausländern besetzt werden kann.[79] Die wenigen Projekte beruflicher Qualifizierungsmaßnahmen können nur einigen Jugendlichen eine Perspektive bieten. Kinder und Jugendliche, die aus den Maßnahmen der Jugendhilfe ausgeschlossen werden, haben nur in den seltensten Fällen die Möglichkeit, eine schulische oder berufliche Förderung zu erhalten. Beschäftigungsprojekte, wie eine durch den Hamburger Verein Woge e.V. initiierte und betriebene Wäscherei[80] weisen Wege aus dem Nichtstun und Warten der Flüchtlingskinder, können und wollen aber kein Ersatz für eine notwendige und zukunftssichernde Berufsausbildung sein.

Die Auseinandersetzung mit zwei Kulturen und Sprachen verlangt von Kindern und Jugendlichen ein hohes Maß an Verständnis, Flexibilität und Anpassungsfähigkeit.[81] Der Prozess dahin ist sehr kompliziert und mit vielen Mühen verbunden. Aufgabe der Sozialen Arbeit ist es, die Minderjährigen in ihrer schwierigen Si-

---

[77]ausführliche zum Schulbesuch von Flüchtlingskindern: Rieker, P. in: Woge e.V., Institut für Soziale Arbeit e.V. (Hrsg.), S. 420 ff
[78]Schwamborn, C., 2002
[79]siehe auch: Pelzer, A., Kobusch, T. in: Forum für Kinder und Jugendarbeit, S. 63 ff
[80]Woge e.V., S. 7
[81]zur Identitätsentwicklung von Flüchtlingskindern siehe Zenk in: Woge e.V., Institut für Soziale Arbeit e.V. (Hrsg.), S. 359ff

tuation, nämlich der gleichzeitigen Auseinandersetzung mit der Kultur des Herkunfts- und des Exillandes zu unterstützen. Dies ist vor allem in Hinblick auf die Unsicherheit des Verbleibes bzw. der Rückkehr wichtig.

Für die Anfangsphase unterstreicht Kunzendörfer in diesem Zusammenhang die Bedeutung von Verwandten oder Jugendli- aus dem gleichen Kulturkreis. „Das Gefühl völliger Fremdheit wird relativiert, es können Erfahrungen ausgetauscht und psychisch und sozial angemessene Verhaltensrepertoires erworben werden."[82] Auch Weiss u.a. stellten in ihrer Befragung von jungen Flüchtlingen in einer multikulturellen Wohngruppe fest, dass diesen vor allem zu Beginn des Zusammenlebens eine Gemeinschaft mit gleichaltrigen Landsleuten für das Gefühl Zuhause zu sein wichtig ist. Im Laufe des Zusammenlebens treten beim Aufbau sozialer Beziehungen persönlichere Kriterien wie Sympathie und gemeinsame Interessen und auch das gemeinsame Schicksal in den Vordergrund. Heimatliche Medien, Feste und vor allem Speisen zählen bei den von Weiss u.a. befragten Minderjährigen zu den wichtigsten kulturellen Bezugspunkten.[83]

Für die pädagogischen Fachkräfte besteht in der alltäglichen Arbeit nun die Aufgabe, die Bedürfnisse der jungen Flüchtlinge nach der Pflege heimatlicher Gewohnheiten zu unterstützen, einen Rückzug in eine „kulturelle Ecke" jedoch zu vermeiden. Voraussetzung dafür ist eine über Grenzen hinweg gültige Sensibilität und Offenheit für die besonderen Bedürfnisse und Nöte der Jugendlichen.[84]

Der Anspruch einer interkulturellen Pädagogik beinhaltet im Hinblick auf Flüchtlingskinder einen Aspekt der aktiven Förderung.[85] Nicht nur ein „Erhalt" der kulturellen Merkmale des Herkunftslandes und das „Erlernen" einer neuen Sprache und neuer kultureller Gepflogenheiten sind wichtig. Entscheidend ist eine aktive Auseinandersetzung mit der Muttersprache und der deutschen Sprache, mit den unterschiedlichen Religionen, Musikrichtungen und Speisen. Daneben müssen unterschiedliche Lebensentwürfe und Rollenverständnisse berücksichtigt werden. Basis

---

[82] Kurzendörfer, P.: Psychische Störungen. in: Woge e.V., Institut für Soziale Arbeit e.V. (Hrsg.), S. 580
[83] Weiss, K. u.a., S. 57 f
[84] Weiss, K. u.a., S. 57 f
[85] ausführlich zur Interkulturellen Pädagogik: Krüger-Potratz in: Woge e.V., Institut für Soziale Arbeit e.V. (Hrsg.), S. 507 ff

dieser aktiven Auseinandersetzung sind kontinuierliche Gespräche und eine Vielfalt pädagogischer Maßnahmen, die sowohl freizeit- als auch bildungsorientiert sein sollten.
Im Bewusstsein der interkulturellen Pädagogik muss stets verankert sein, dass eine Rückkehr für den Minderjährigen unabhängig vom Aufenthaltsstatus weiterhin möglich sein muss. Zugleich muss berücksichtigt werden, dass ein Minderjähriger, der einen Teil seiner Entwicklung in einem westlich geprägtem Kulturkreis verbracht hat, nicht wieder als die selbe Person in seine Heimat zurückkehren kann, als die er sie verlassen hat. Diese beiden Aspekte müssen in zunehmendem Alter mit den Minderjährigen auf der Metaebene thematisiert werden, um ihnen das Leben zwischen zwei Kulturen zu ermöglichen.

Sicherung des Kindeswohls aller Minderjährigen

Die Sicherung des Kindeswohls kann als eine grundlegende Aufgabe der Sozialen Arbeit betrachtet werden. Besonders im Hinblick auf das Spannungsfeld zwischen den gesetzlichen Maßnahmen gemäß SGB VIII und dem geltenden Asyl- und Ausländerrecht kommt es zu Fragestellungen, in denen das Kindeswohl stark gefährdet ist. Dies gilt im Besonderen für die Minderjährigen, die das 16. Lebensjahr vollendet haben.
Als Minderjährige gelten in der Bundesrepublik Deutschland offiziell alle Kinder und Jugendlichen, die das Alter der Volljährigkeit noch nicht erreicht haben. Diese tritt gemäß § 2 BGB mit der Vollendung des 18. Lebensjahres, d.h. mit dem 18. Geburtstag ein. Auf internationaler Ebene korrespondiert diese Altersgrenze mit Artikel 12 des Haager Minderjährigenschutzabkommens[86] und Art. 1 der UN-Konvention über die Rechte des Kindes.[87]
Für unbegleitete minderjährige Flüchtlinge gilt jedoch faktisch eine andere Volljährigkeitsgrenze. Minderjährige, die das 16. Lebensjahr vollendet haben, werden in der Bundesrepublik in der Praxis wie Erwachsene behandelt und aus dem System der Jugendhilfe ausgeschlossen.[88] Ihre Handlungsfähigkeit im Asylver-

---

[86]BGBl. 1971 II, S. 219
[87]BGBl. II 1992, S. 221
[88]Zur nationalen und internationalen Rechtslage unbegleiteter minderjähriger Flüchtlinge siehe: Peter, E.: Das Recht der Flüchtlingskinder. Karlsruhe, 2001

fahren wird als eine generelle Handlungsfähigkeit interpretiert. Durch die §§ 12, 44 III, 47 I und 14 I AsylVfG hat der Gesetzgeber die Grundlage geschaffen, Minderjährige nach Vollendung des 16. Lebensjahres unter Ausschluss jugendhilferechtlicher Bestimmungen in Erstaufnahmeeinrichtungen und Gemeinschaftsunterkünften unterzubringen und in das bundesweite Verteilverfahren EASY einzubeziehen.

Sie werden bundesweit verteilt, leben in Gemeinschaftsunterkünften und haben nur in Ausnahmefällen Zugang zu angemessener Unterbringung und Förderung. In einigen Bundesländern ist auch Minderjährigen, die das 16. Lebensjahr noch nicht vollendet haben, eine dem Kindeswohl angemessene Unterbringung nicht garantiert.[89]

Für die Kinder und Jugendlichen hat dies schwerwiegende Folgen. Zum einen sehen die Aufnahmebehörden die Notwendigkeit der Altersfestsetzung. Minderjährige, die über keine gültigen Ausweispapiere verfügen oder denen das angegebene Alter nicht geglaubt wird, werden einer Augenscheinnahme unterzogen, die in etlichen Bundesländern nicht durch Fachkräfte, sondern durch Amtsverwalter der Ausländer- und Jugendbehörden vollzogen wird.[90] Gerade in diesem besonderes sensiblen Bereich scheinen Behörden vielerorts jedes Bewusstsein für Rechtsstaatlichkeit verloren zu haben, nach deren Kriterien ein transparentes Verfahren unter Beteiligung von qualifizierten Experten und gleichzeitiger Öffnung des Rechtsweges stattfinden müsste.[91]

Hartnäckig hält sich (gerade auch in Jugendämtern!) die Argumentation, für Minderjährige nach Vollendung des 16. Lebensjahres sei kein Vormund zu bestellen. Die Kinder erhalten deshalb

---

[89] So besteht z.B. im Bundesland Baden-Württemberg weder ein standardisiertes Verfahren zur Aufnahme und Unterbringung unbegleiteter minderjähriger Flüchtlinge noch eine Clearingstelle bzw. Erstaufnahmeeinrichtung. Durch dieses Versäumnis sind Fälle bekannt, in denen Minderjährige unter 16 Jahren in Gemeinschaftsunterkünften wohnen und keinerlei altersangemessene Versorgung erhalten. Siehe LAG Unbegleitete minderjährige Flüchtlinge in Baden-Württemberg: Länderbericht Baden-Württemberg Stand April 2003, veröffentlicht über: Bundesfachverband Unbegleitete Minderjährige Flüchtlinge e.V. 2003

[90] Zur Praxis in den Bundesländern siehe Schulz-Ehlbeck, G. in: Woge e.V., Institut für Soziale Arbeit e.V. (Hrsg.),, S. 280 und Jordan, S. in: Weiss, K., Rieker, P. S. 86

[91] vergleiche Position des Bundesfachverbandes Unbegleitete Minderjährige Flüchtlinge e.V. in Infodienst 1/2003

weder Unterstützung bei der Aufenthaltssicherung noch in anderen persönlichen Belangen. Auch der Zugang zur Jugendhilfe ist ihnen durch die bewusste Fehlinterpretation der Handlungsfähigkeit versagt. Zugang zur Jugendhilfe ist nur durch den Antrag eines Sorgeberechtigten möglich, wird auf die Bestellung eines Vormunds verzichtet, werden Jugendliche dadurch generell aus der Jugendhilfe ausgeschlossen. Nur in Ausnahmefällen gelingt es den Vormündern und Minderjährigen, individuellen Hilfe- und Betreuungsbedarf nachzuweisen und Unterbringung in einer geeigneten Jugendhilfeeinrichtung oder einer der wenigen spezifischen Einrichtungen für Kinderflüchtlinge nach Vollendung des 16. Lebensjahres sicherzustellen.

Die Anforderung an die Soziale Arbeit besteht aufgrund dieser Situation darin, das Kindeswohl aller Minderjährigen zu sichern. Dies gilt natürlich zunächst auf der Ebene der Jugendhilfe selbst. Durch ausführliche Information aller Mitarbeiterinnen und Mitarbeiter der Jugendämter und Jugendhilfeeinrichtungen muss klargelegt werden, dass das Wohl des Kindes in jedem Fall vorrangig zu berücksichtigen ist. Hier können Fortbildungen und Rundbriefe etwa der Landesjugendämter hilfreich sein. Zugleich bedarf es gesetzlicher Klarstellungen. Um den Vorrang des Kindeswohl ins Bewusstsein der öffentlichen Jugendhilfe zu rufen ist es dringend erforderlich, die strittigen Vorbehalte gegen die UN-Kinderrechtskonvention zurückzunehmen. Die in der Konvention festgeschriebenen Schutzmaßnahmen müssen für alle Minderjährigen angewendet werden. Hierzu zählen insbesondere die Bestellung eines Vormundes bis zur Volljährigkeit, die Inobhutnahme im Rahmen von § 42 KJHG für alle Minderjährigen und der Zugang zur Jugendhilfe unter gleichen Bedingungen für deutsche und nichtdeutsche Jugendliche. In der Folge muss die Unterbringung im Rahmen der Jugendhilfe als möglicher Ausweisungsgrund nach dem Ausländergesetz abgeschafft werden. Kindeswohl bedeutet in diesem Kontext auch Zugang zu Bildung und Ausbildung mit entsprechender Förderung. Gerade im Bereich schulischer Förderung von Migranten sind derzeit bundesweit die größten Mittelkürzungen festzustellen, obwohl zugleich die Verpflichtung dieser Gruppe zu mehr Integration in sprachlicher Hinsicht massiv eingefordert wird. Zur Sicherung des Kindeswohls gehört ebenso die Motivation von Jugendlichen während der oben beschriebenen „depressiven Phasen". In der Praxis ist häufig zu beobachten, dass Flüchtlingsjugendliche in diesen Phasen unter dem Deckmantel von „Eigenverantwortung" übereilt aus Jugendhilfeeinrichtungen entlassen werden. Wege zurück in die Jugendhilfe sind in der Regel versperrt. Ähnlich wie andere Minderjährige benötigen Flüchtlinge in diesen Motivationskrisen die besondere Unterstützung der Jugendhilfe.

Auseinandersetzung mit der Klärung des ausländerrechtlichen Status

Durch die problematische ausländer- und asylrechtliche Situation wird die Klärung des ausländerrechtlichen Status Teilbereich der Sozialen Arbeit. Haben die Minderjährigen das 16. Lebensjahr noch nicht vollendet, fällt die Statusklärung primär in das Aufgabengebiet des Vormundes. Der Vormund hat zu prüfen, ob ein Asylantrag zu stellen ist. Hierbei darf er sich nicht von Interessen anderer leiten lassen. Andere Interessen wären zum Beispiel die Kostenerstattung für die örtlich zuständigen Jugendämter bei Asylantragstellern. Vor der Asylantragstellung sollte im Rahmen des Clearingverfahrens geprüft werden, inwieweit für das Mündel Familienzusammenführung im Heimatland oder auch in einem Drittland realistisch in Frage kommt. Hierbei muss der Vormund unter zu Hilfenahme anderer Fachdienste klären, in welchem Ausmaß altersentsprechende Betreuung und Versorgung bei der Familie sichergestellt sind. Zugleich sollte vor Asylantragstellung überlegt werden, ob die Gründe für das Verlassen des Heimatlandes asylrelevante Umstände waren oder vielmehr im humanitären Bereich anzusiedeln sind. Im letzteren Fall erscheint es angebrachter, auf ein aussichtsloses Asylverfahren zu verzichten und statt dessen eine Aufenthaltsbefugnis bzw. eine Duldung aus humanitären Gründen zu beantragen.
Minderjährige, die das 16. Lebensjahr vollendet haben, erhalten in vielen Fällen keinen Vormund und sind in diesem schwierigen Rechtsbereich daher auf sich selbst gestellt. Diese Gruppe von Flüchtlingsjugendlichen ist mit der komplexen Rechtsmaterie regelmäßig überfordert. Die Praxis zeigt, dass junge Flüchtlinge bereits häufig mit dem Verständnis des Begriffes „Asyl" überfordert sind. In Anhörungen beim Bundesamt für die Anerkennung ausländischer Flüchtlinge kommt es vor, dass sie die Hintergründe ihrer Flucht schon deshalb nicht erzählen, weil ihnen die Aufgabenstellung des Bundesamtes unklar ist. Zudem hemmt die Anhörungssituation die von dauernden Unterbrechungen und voller misstrauischer Rückfragen des Einzelentscheiders geprägt ist,

den Redefluss von jungen Menschen gerade in Bereichen, die für sie von besonderer psychischer Belastung gekennzeichnet sind. Auch die kurzen Klagefristen stellen eine Überforderung für sie dar. Paradoxerweise hat das Oberlandesgericht Frankfurt am Main für einen unter sechzehnjährigen Flüchtling eine Ergänzungspflegschaft mit dem Wirkungskreis „Asyl- und ausländerrechtliche Vertretung" mit der Begründung eingerichtet, der deutsche Amtsvormund sei mit der Vertretung in diesem Bereich mangels erforderlicher Sachkunde und Erfahrung überfordert[92]. Dem sechzehnjährigen Flüchtling wird diese Unterstützung mit Verweis auf seine Verfahrensfähigkeit verwehrt. Die Verfahrensfähigkeit der Minderjährigen entbindet den Vormund jedoch keineswegs von seiner Verantwortung, denn schließlich wirkt sich der Aufenthaltsstatus eines Minderjährigen wie kein anderer Bereich auf alle anderen Bereiche des Lebens eines Flüchtlings aus. An dieser Stelle seien nur die Möglichkeiten der Unterbringung, der gesundheitlichen Versorgung und der Ausbildungschancen genannt.

Fachliche Vernetzung

Grundlage für das Konzept einer Sozialen Arbeit mit unbegleiteten Flüchtlingskindern ist das Maß und die Qualität der Vernetzung von Personen, die mit den Minderjährigen befasst sind. Zwar beginnt der institutionalisierte Austausch im Rahmen der Jugendhilfe im Hilfeplangespräch (§ 36 SGB VIII) zur Klärung der angemessenen Unterbringung. Aufgrund der besonderen Situation der minderjährigen Flüchtlinge kommt dieser Vorgang jedoch häufig gar nicht erst zum Tragen. Um eine Grundversorgung der Kinder und Jugendlichen zu gewährleisten, die aus dem System der Jugendhilfe ausgeschlossen werden, ist eine Vernetzung der Personen notwendig, die mit den Minderjährigen außerhalb der Jugendhilfe befasst sind. Im Aufgabenfeld der Sozialen Arbeit sind dies überwiegend Mitarbeiterinnen und Mitarbeiter der Sozialen Dienste der Sammel- bzw. Gemeinschaftsunterkünfte aber auch der Jugendämter, Jugendgerichtshilfen und der Beratungsstellen für Flüchtlinge. Eine Vernetzung und ein fachlicher Austausch kann dazu beitragen, in der bestehenden Situation einige

---

[92] Oberlandesgericht Frankfurt am Main Beschluss vom 28.04.2000 – 20 W 549/99

systemimmanente Defizite aufzufangen und den Minderjährigen zumindest einige Hilfen zukommen zu lassen. Modelle für die Vernetzungsarbeit bestehen auf Bundesebene im Rahmen des Bundesfachverbands Unbegleitete Minderjährige Flüchtlinge und auf der regionalen Ebene in einigen Bundesländern. In den Bundesländern kann insbesondere auf den „AK junge Flüchtlinge" des Berliner Flüchtlingsrates, den „MUF-AK" des Hamburger Flüchtlingsrats, die „LAG UmF in Baden-Württemberg" und den „AK UMF der freien Wohlfahrtsverbände in Bayern" hingewiesen werden.[93] Kennzeichnend für die genannten Gremien ist die Vernetzung von Betreuern von jungen Flüchtlingen inner- und außerhalb des Jugendhilfesystems. Häufig bieten diese Netzwerke ehrenamtlichen Helfern aber auch Fachkräften, die völlig auf sich allein gestellt Jugendliche in Gemeinschaftsunterkünften betreuen, die einzige Möglichkeit zum fachlichen Austausch und zur Erweiterung ihres rechtlichen Wissens.

Vernetzung und fachlicher Austausch ersetzen selbstverständlich nicht eine dringend notwendige Einbeziehung der Minderjährigen in die ihnen zustehende Versorgung und Förderung im Rahmen der vielfältigen Möglichkeiten der Jugendhilfe. Diese muss als vorrangiges Ziel der Sicherung des Kindeswohles sein.

Auch im Hinblick auf die unbegleiteten minderjährigen Flüchtlinge, die im Rahmen der Jugendhilfe betreut werden, ist die Vernetzung der beteiligten Personen von großer Bedeutung. Nur in adäquater Zusammenarbeit zwischen der fallzuständigen Fachkraft des Jugendamtes, dem Personensorgeberechtigen (Vormund) und den zuständigen Mitarbeiterinnen und Mitarbeitern der Unterbringungseinrichtung kann die Einleitung und Durchführung der angemessenen Hilfe- und Fördermaßnahmen zum Wohl der Minderjährigen erfolgen.[94] Gemäß § 36 KJHG sind die Beteiligen verpflichtet, gemeinsam mit dem Jugendlichen die Ziele der Unterbringung im Rahmen der Jugendhilfe zu erarbeiten und regelmäßig zu überprüfen und fortzuschreiben. In der Regel finden

---

[93] Kontaktadressen über den Bundesfachverband Unbegleitete Minderjährige Flüchtlinge e.V., Kraußstr. 5, 90443 Nürnberg, Tel.: 0911 / 23 73 753, Fax: 0911 / 23 73 756, E-Mail: bfv-umf@t-online.de, Internet: www.bundesfachverband-umf.de

[94] ausführliche Ausführungen zur Hilfeplanung siehe Pies, S., Schrapper, C. in: Handbuch der sozialen Arbeit mit Kinderflüchtlingen. Münster, 1999, S. 15

Hilfeplangespräche alle sechs bis zwölf Monate statt. Die beteiligten Fachkräfte reflektieren gemeinsam mit dem Minderjährigen dessen bisherige Entwicklung und vereinbaren weitere Zielvorgaben und die Aufgabenverteilung zwischen den Beteiligten. Im Sinne eines Netzwerkes können neben dem Vormund, dem Vertreter des Jugendamtes und der Jugendhilfeeinrichtung auch andere Bezugspersonen des Minderjährigen an der Hilfeplanung beteiligt werden. In Frage kommen unter anderem Lehrer, Ausbilder, Therapeuten oder Patenfamilien. Jedoch muss bei den zuletzt genannten Personen sorgfältig darauf geachtet werden, dass die Runde für den Minderjährigen noch überschaubar bleibt und die ohnehin kaum vorhandene Privatsphäre des Betroffenen gewahrt wird. In der Praxis bietet es sich deshalb an, vorab Informationen von den Genannten einzuholen bzw. ihre Anwesenheit auf bestimmte Abschnitte der Hilfeplanerstellung zu beschränken. Eine regelmäßige und sorgfältige Fortschreibung des Hilfeplans ermöglicht es dem Minderjährigen, in einem für ihn überschaubaren Zeitraum zu planen.

Resümee

Soziale Arbeit mit Kinderflüchtlingen ist eine Herausforderung. Die Kinder und Jugendlichen sind herausgefordert, ihre schwierige Lebenssituation zu bewältigen und aktiv ihre Zukunft zu gestalten. Dies kann ihnen aber nur gelingen, wenn alle, die ihnen Schutz und Hilfe gewähren sollen, die sie betreuen, mit ihnen leben, auch die Herausforderung annehmen, sich der komplexen Situation zu stellen und aktiv zu werden. Soziale Arbeit mit Kinderflüchtlingen beinhaltet Auseinandersetzung mit pädagogischen Fragen, psychologischen Kenntnissen, kulturellen Erfahrungen und Erlebnissen, rechtlichen Problemen und politischen Standpunkten. Nur eine klar am Kindeswohl orientierte Arbeit mit deutlicher Bereitschaft zu Toleranz, Verständnis und aktiven gesellschaftlichen und auch politischen Standpunkten kann den Kindern und Jugendlichen echten Schutz und Hilfe bieten.

Literatur

Angenendt, S.: Kinder auf der Flucht. Opladen 2000

Bundesarbeitsgemeinschaft Jugendsozialarbeit: Isoliert und am Rande der Gesellschaft – Perspektive ungewiss! Die Situation junger Flüchtlinge. Positionspapier. Bonn o.J.

Bundesfachverband Unbegleitete minderjährige Flüchtlinge e.V.: Forderungen zur Verbesserung der Situation unbegleiteter minderjähriger Flüchtlinge in Deutschland. Nürnberg 2001

Deutscher Paritätischer Wohlfahrtsverband (Hrsg.): Zur Situation unbegleiteter Flüchtlingskinder. Frankfurt/M. 1994

Jesuiten IHS: Fremd in Deutschland, 12/2001

Jockenhövel-Schiecke, H.: Unbegleitete ausländische Flüchtlingskinder – Eine Aufgabe der Jugendhilfe. in: Mitteilungen des Jugendamtes Westfalen-Lippe 9/1990, S. 85-93

Jordan, S.: FluchtKinder - Allein in Deutschland. Karlsruhe, 2000

Peter, E.: Das Recht der Flüchtlingskinder. Karlsruhe, 2001

Peter, E.: Die Rücknahme des deutschen Ausländervorbehalts zur UN-Kinderrechtskonvention im Spannungsfeld verfassungsrechtlicher Kompetenzzuweisung. Karlsruhe, 2002

Pelzer, A., Kobusch, T.: Nach der Aufhebung des alten Arbeitsverbotes für Flüchtlinge jetzt das neue Arbeitsverbot? in: Forum für Kinder und Jugendhilfe 3/2001, S. 63 ff

Pro Asyl: Alle Kinder haben Rechte. Frankfurt/M. 2001

Save the children, UNHCR: Standards of Good practice im Umgang mit unbegleiteten Minderjährigen in der Bundesrepublik Deutschland. o.O., 2000

Schamborn, C.: Konzeption der Bildungseinrichtung Flucht nach vorn. Berlin, 2002

von Loeper, A., von Loeper, D.: Handbuch der Asylarbeit. Karlsruhe, 2001⁴

Weiss, K., Enderlein, O., Rieker, P.: Junge Flüchtlinge in multikultureller Gesellschaft. Opladen 2002

Woge e.V.: Institut für soziale Arbeit e.V. (Hrsg.): Handbuch der sozialen Arbeit mit Kinderflüchtlingen. Münster, 1999

Woge e.V.: ankommen, unterkommen, weiterkommen. Hamburg o.J.

Brücken bauen für Mädchen – Soziale Arbeit mit unbegleiteten minderjährigen Flüchtlingsmädchen umgesetzt anhand des Empowerment-Ansatzes

Patricia Szeiler

Warum Mädchen fliehen

Emebiet

Emebiet stammt aus einem afrikanischen Land, in dem Konflikte mit dem Nachbarland herrschen. Sie kommt aus einem reichen Elternhaus und hat sechs weitere Geschwister. Da der Vater aus dem Nachbarland stammt, ist die Familie sehr gefährdet und lebt zurückgezogen. Eines Tages wird die gesamte Familie von der Polizei deportiert. Nur Emebiet, die sich bei den Nachbarn aufhält, wird von einem Hausangestellten gewarnt und kann somit der Deportation entkommen:

> "... he was running when he came and he was saying: „Emebiet! Emebiet!" „What?" „Don't come!" „Why?" „You don't have to come!" „Why?" „Your family was taken away." I was so shocked I can't even say anything... and I just followed him. And then I saw the police standing in front of the house..."

Emebiet hat ihre Familie nie mehr gesehen. Die Nachbarn vermitteln Emebiet einen Wohn- und Arbeitsplatz einige Autostunden entfernt. Sie wird bei einer Familie als Hausmädchen angestellt. Emebiet ist als allein stehendes Mädchen und dem Stammeszeichen des Nachbarlandes, das ihr als Kind von einer Tante väterlicherseits in die Haut eingebrannt wurde, sehr gefährdet und somit von der Arbeitgeberfamilie abhängig. Der Mann ist gegenüber Emebiet massiv sexuell übergriffig. Die Frau schützt sie nicht.

> „What she told me was: „He'll just have fun on you. You don't have to scream and run away from him. He'll just have fun on you and he'll just enjoy his time.""

Nach einigen Monaten ist sie am Ende ihrer Kräfte und entschließt sich, Suizid zu begehen, wenn sie nicht die Möglichkeit erhält, mit einer Tante in Kanada zu telefonieren. Die Frau gibt nach. Die Tante organisiert von Kanada aus einen Fluchthelfer, dem sie 3.000 Dollar bezahlt. Der Mann kommt wenige Tage später und holt Emebiet aus der Familie. Mit dem Zug fahren sie in ein afrikanisches Nachbarland und halten sich dort wenige Tage auf. Von dort aus geht die Flucht weiter mit dem Flugzeug in eine europäische Stadt und dann mit dem Zug nach München. Der Fluchthelfer gibt ihr etwas Geld und verschwindet mit den Papieren, mit denen er sie eingeschleust hat. Durch einen Passanten, den Emebiet als einen Landsmann identifizieren kann, kommt sie zur Aufnahmestelle in der Untersbergstraße. Von dort aus wird sie in eine Erstaufnahmeeinrichtung für Flüchtlingsmädchen gebracht.

Sendeiyo

Sendeiyo kommt aus einem afrikanischen Land, in dem kein Krieg herrscht. Sie hat einen Bruder und zwei Schwestern. Die Mutter arbeitet als Näherin, über den Beruf des Vaters erzählt sie nichts. Der Vater hat großen Einfluss in der Familie. Er möchte nicht, dass die Mädchen die Schule besuchen. Er sagt:

> „… es ist doof, wenn ein Mädchen in die Schule geht, weil sie sowieso heiraten und Kinder kriegen soll, wieso soll sie in die Schule. Mädchen haben keinen Kopf, sie sind alle dumm. (…) Er wollte von ganz Anfang an, dass ich nicht in die Schule gehe, er hat immer gesagt, wenn ich in die Schule gehe, habe ich keinen Respekt mehr vor meinen Eltern…"

Sendeiyos Vater will sie mit einem 63-jährigen Mann verheiraten und sie vorher beschneiden lassen.

> „Ich hatte immer so Träume: Irgendwann werde ich was Großes werden, werde ich meiner Mutter was Schönes kaufen, ich hatte immer so Träume, seit ich klein war und dann wollt er das einfach von mir nehmen."

Sendeiyo sieht bei ihrer Familie keine Zukunftsperspektive für sich. Sie flüchtet deshalb in eine größere Stadt und arbeitet dort als Zimmermädchen in einem Hotel, um Geld für ihre Flucht zu verdienen. Sie will sich jedoch nicht für längere Zeit in dieser Stadt aufhalten, da sie befürchtet, der Vater könne sie ausfindig machen. Sie lernt in dem Hotel eine deutsche Frau kennen, der sie ihre Geschichte erzählt. Diese hat Mitleid und bietet ihre Hilfe an, Sendeiyo nach Deutschland zu bringen. Sendeiyo reist mit dem Schiff nach Hamburg. Sie muss sich an Bord drei Wochen lang versteckt halten, hat wenig zu essen und auch keine Möglichkeit mit jemandem zu reden; außerdem ist sie seekrank.

„Ich bin fast verrückt geworden... Ich wollte schreien, aber ich konnte nicht schreien, weil sonst hört jemand, dass ich da bin. Ich war so wie in eine kleine Gefängnis. Das war furchtbar."

Sie denkt darüber nach, einfach über Bord zu springen und alles zu vergessen. Zudem bekommt sie Angst wegen ihrer unsicheren Zukunft:

„Wo fahre ich hin, ich weiß gar nichts wo ich gehe und wer ist da, niemand wartet auf mich da ... vielleicht komme ich da und bin Penner auf die Straße."

Dennoch ist ihr Wunsch weg zu gehen größer als die Angst.
Das Schiff legt in Hamburg an, die Fluchthelferin besorgt ihr ein Zugticket nach München.

Dort wird sie in die Aufnahmestelle für AsylbewerberInnen in die Untersbergstraße geschickt, anschließend in eine Erstaufnahmestelle für unbegleitete minderjährige Flüchtlinge vermittelt.

Nelinha

Nelinha kommt aus einem afrikanischen Land, in dem seit vielen Jahren Bürgerkrieg herrscht. Sie hat sechs weitere Geschwister. Ihr Vater wurde von einer politischen Organisation vor ihren Augen grausam ermordet.

„Es kamen zwei Männer, und die haben dem Vater zuerst das Bein abgeschnitten, dann den Kopf, dann die Arme und dann haben sie ihn in einen ganz großen Topf rein getan. Das ist auch eine Tradition in (Heimatland), wenn die Leute sterben, dass man die Leute kocht. Aber die haben ihn umgebracht, gequält und alles abgeschnitten und da rein

> *getan und die Mutter musste dann diese Suppe, oder wie man das nennt, trinken."*[95]

Die Mutter und die Kinder leben in Armut und fliehen monatelang zu Fuß; sie schlafen auf der Straße oder im Wald und ernähren sich von Früchten, die dort wachsen.

> „Und manchmal hat die Mama Wasser gelassen, also Piepie gemacht und hat es den Kleinen zum Trinken gegeben, damit die nicht verdursten. Sehr viele machen das, es gab nichts, nichts. Nur Bananen und Kokos."

Die Mutter wird krank und die Versorgung der Familie ist nicht mehr gesichert.

> „…Es war kein Zustand mehr. Man musste arbeiten und arbeiten, um ein bisschen Wasser zu kriegen und ich konnte nicht in die Schule gehen, nur arbeiten und arbeiten. Man konnte gar nicht mehr dort bleiben. (…) Die Gefahr war, dass ich Prostituierte werden musste. Ich war 15 und ich war die älteste von den Kindern…"

Nelinha lernt einen weißen Mann vom Roten Kreuz kennen, der für sie die Flucht organisiert. Sie flüchten auf dem Luftweg und kommen nach einer Zwischenlandung in München an. Die ganze Flucht dauert drei Tage. Der Mann bringt sie noch in die Aufnahmestelle in der Untersbergstraße.

> „Aber mir hat er was angetan, was ich nie vergessen werde und vielleicht, wenn ich ihn mal wieder sehe, werde ich ihn umbringen."

Sie lässt offen, was vorgefallen ist und sagt, dass sie sich schäme. Nach einer Nacht in der Aufnahmestelle wird sie in die Erstaufnahmestelle für unbegleitete minderjährige Flüchtlinge gebracht.

Diese Beispiele von Fluchtgeschichten entstammen einer qualitativen empirischen Studie, die im Rahmen meiner Diplomarbeit[96]

---

[95] Kursiv Gedrucktes wurde von einer Dolmetscherin übersetzt.
[96] Die komplette Arbeit („weiblich, minderjährig, allein auf der Flucht, sucht …" Die Fluchthintergründe von Mädchen, asylrechtliche Rahmenbedingungen in Deutschland und die Konsequenzen für die sozialpädagogische Praxis.) kann in der Bibliothek der KSFH gesichtet oder über mich über meine E-Mail-Adresse (4Pat@gmx.de) bezogen werden.

entstand. Ich habe drei Flüchtlingsmädchen in problemzentrierten Interviews umfassend zu
- ihrer Situation im Heimatland
- ihren Fluchthintergründen
- und über ihre Erfahrungen in Deutschland

befragt mit dem Ziel, aus der Analyse der qualitativen Daten Konsequenzen für die Weiterentwicklung des Hilfesystems für Flüchtlingsmädchen zu entwickeln.

In München gibt es ca. 300 jugendliche Flüchtlinge, die in Jugendhilfeeinrichtungen untergebracht sind; davon sind nur ca. 70 weiblichen Geschlechts. Nach internen Erhebungen des Stadtjugendamtes München stammte die Mehrzahl der Mädchen im Jahre 2002 aus Äthiopien, Vietnam, Eritrea und Angola. Die geringe Zahl der Mädchen aus anderen Ländern entspricht nicht ihrem realen Gefährdungsgrad. Aus den Ländern Afghanistan und Irak, aus denen zum Zeitpunkt der Erhebung (Februar 2002) insgesamt die größten Flüchtlingszuströme zu verzeichnen waren, war der Mädchenanteil verschwindend gering. Zu erklären ist dies dadurch, dass Familien in (Bürger-)Kriegsländern zuerst ihre Söhne in Sicherheit bringen, um sie vor dem Militärdienst und Zwangsrekrutierung zu schützen. Außerdem wird von den Jungen eher erwartet, dass sie die Familientradition fortsetzen und die Familien im Heimatland finanziell unterstützen können. Auch religiöse und traditionelle Grundsätze sprechen häufig gegen die unbegleitete Flucht von Mädchen.[97]

Mädchen sind ebenso von den Auswirkungen von (Bürger-)Krieg, ethischen, rassischen, religiösen und politischen Verfolgungen und Vertreibungen betroffen wie Jungen; zusätzlich sind sie jedoch aufgrund ihres Geschlechts bedroht. Sexualisierte Gewalthandlungen sind eine Form der Verfolgung, mit der Frauen und Mädchen gequält werden, mit dem Ziel die gesamte Familie oder Bevölkerung zu erniedrigen und entwürdigen. Der jugoslawische Bürgerkrieg stellt hierfür ein brutales Beispiel dar.

Mädchen und Frauen können auch verfolgt werden, wenn sie frauenspezifische religiöse, kulturelle oder rechtlich verankerte Regeln und Normen ihrer Gesellschaft übertreten (z.B. Verstöße gegen die Kleiderordnung, das Verhalten von Frauen in der Öffentlichkeit, die Geburt eines nichtehelichen Kindes oder die rigide Geschlechtertrennung). Frauen können von der eigenen Fa-

---

[97] vgl. Jordan, Silke (2000) S. 98/99

milie verstoßen, verfolgt, geächtet und getötet werden, weil sie selbst Opfer einer Vergewaltigung wurden.[98]
Weitere Fluchtursachen von Mädchen sind die Androhung von oder die vollzogene Zwangsheirat, der Zwang zur Prostitution, Zwangssterilisationen und -abtreibungen (z.B. aufgrund einer „Ein-Kind-Politik") oder die Androhung von oder die vollzogene Genitalverstümmelung. Die Beschneidung von Mädchen wird in vielen Ländern praktiziert, vor allem in Ost- und Westafrika, in Teilen Asiens, in Malaysia und Indonesien. In Äthiopien, Sierra Leone, Eritrea, Somalia und Dschibuti liegt die Beschneidungsrate von Mädchen bei 90 bis 98 Prozent.[99]
Mädchen und Frauen sind weitaus häufiger von Armut betroffen als Männer und haben in stark patriarchal geprägten Gesellschaften selten angemessene Bildungs- und Ausbildungsmöglichkeiten. Die damit verbundenen Zukunftsperspektiven reichen meist über Ehe und Kinder nicht hinaus.

Flüchtlinge können in der Regel nur illegal nach Deutschland einreisen, da Deutschland zahlreiche Migrationsbarrieren geschaffen hat, um die Einreise von Flüchtlingen einzudämmen. Um diese zu überwinden, sind die Flüchtlinge häufig auf kommerzielle Schlepperorganisationen und Fluchthelfer angewiesen. Diese Abhängigkeit bedeutet für Frauen und Mädchen eine zusätzliche Gefährdung, da die Schlepper das Abhängigkeitsverhältnis häufig ausnutzen und sich ihre Hilfestellung zusätzlich durch erzwungene sexuelle Dienste „belohnen" lassen.[100]
Sexuelle Gewalt ist für Mädchen daher gleichzeitig eine Fluchtursache, ein Fluchthindernis als auch eine Begleiterscheinung auf der Flucht.[101]

---

[98] vgl. Rosner, Judith (1996) S. 21/ vgl. Gardiner, Angelika (1998) S. 27/28
[99] vgl. Schmidt-Zadel, Regina (1998) S. 39
[100] vgl. UNHCR (1997) S. 3
[101] vgl. Potts, Lydia; Prasske, Brunhilde (1993) S. 20

Lebenssituation in Deutschland

Flüchtlingsmädchen gehören auch in Deutschland zu einer Gruppe, die starke Benachteiligung erfährt. Einige bedeutende Beispiele sind:
- Nach Vollendung des 16. Lebensjahres werden Mädchen in aller Regel in Gemeinschaftsunterkünften untergebracht und sie unterliegen der Anwendung des bundesweiten Verteilungssystems (EASY). Diese Situation bedeutet für sie eine erneute Bedrohung durch sexualisierte Übergriffe und damit einen großen Sicherheitsverlust. Bisher nehmen nur die Bundesländer Rheinland-Pfalz und Thüringen aufgrund dieser Gefährdung Abstand von diesem Verfahren und bringen auch Mädchen, älter als 16 Jahre in Jugendhilfeeinrichtungen unter.[102]
- Für die Erstaufnahme der unter 16jährigen Mädchen stehen in München außer den vier Plätzen der Übergangswohngruppe des IB Bungalow[103], einer integrierten[104] Clearingstelle für Flüchtlingsmädchen, nur koedukative Erstaufnahme-Einrichtungen zur Verfügung. Bei Flüchtlingsmädchen, die häufig aus stark patriarchalen Gesellschaften kommen, besteht die Gefahr, dass sie in koedukativen Einrichtungen die eigenen Bedürfnisse und Probleme denen der Jungen unterordnen und die Dominanz der Jungen (nicht hinterfragt) hinnehmen. In koedukativen Einrichtungen beherrschen in aller Regel Jungen den Alltag; sie fallen auf durch lautes, aggressives Verhalten, während Mädchen ihre Probleme eher nach innen kehren und zu Selbstschädigungen neigen. Konzepte koedukativer Einrichtungen sind eher an den Interessen und dem Bedarf von männlichen Jugendlichen orientiert - zu diesem Ergebnis kommen ForscherInnen und PraktikerInnen, die die Jugendhilfe und Jugendarbeit unter die geschlechtsspezifi-

---

[102] vgl. Peter, Erich (2001) S. 31, 37/ vgl. Angenendt, Steffen (2000) S. 62
[103] Der Bungalow ist eine Jugendhilfeeinrichtung für Mädchen in der Trägerschaft des Internationalen Bundes.
[104] integriert bedeutet, dass dort Flüchtlingsmädchen gemeinsam mit deutschen Mädchen und Mädchen mit Migrationshintergrund betreut werden.

sche Lupe genommen haben.[105] Mädchenspezifische Konzepte für die Flüchtlingsarbeit sind Mangelware.
- Das Wunsch- und Wahlrecht (§5 SGB VIII) der Flüchtlingsmädchen (und -jungen) wird (vermutlich aus Kostengründen) nur unzureichend umgesetzt. Die Wahl der langfristigen Unterbringung trifft das Jugendamt meist ohne angemessene Beteiligung der Jugendlichen - was auf diese sehr bevormundend und demotivierend wirken muss.
- Eine patriarchale Erziehung im Herkunftsland, (die wenig Autonomieentwicklung verspricht), Sprachprobleme, Traumaauswirkungen, mangelnder Integrationswille und mangelnde Integrationsmaßnahmen führen zu sozialer Isolierung und Randständigkeit vieler Flüchtlingsmädchen. Die Eingliederung in das Erwerbsleben erweist sich dadurch umso schwieriger.
- Bisher wurde die Anerkennung auf Asyl oder Abschiebehindernis aufgrund geschlechtsspezifischer Verfolgung nicht in das Gesetz aufgenommen. Gerichtsurteile, z.B. bei Androhung von oder vollzogener Genitalverstümmelung fallen unterschiedlich, selten jedoch positiv für die betroffenen Mädchen und Frauen aus.[106]

Konsequenzen für die sozialpädagogische Praxis

Unbegleitete, minderjährige Flüchtlingsmädchen haben durch ihre Herkunft aus patriarchalen Gesellschaften, ihre Fluchtgründe und -erfahrungen, durch die fremde Situation im Exilland (Sprache, Kultur, Rechtssystem) und durch den Umstand ihres Alleinseins (- ohne familiäre Bindungen -) viele Ohnmachtserfahrungen gemacht. Daher braucht es in der sozialpädagogischen Praxis Konzepte, die diese nicht weiter verstärken.
Der Empowerment-Ansatz bietet hierfür eine geeignete Grundlage.
Er hat seine Wurzeln in der amerikanischen Bürgerrechtsbewegung und der radikal-politischen Gemeinwesenheit und wird häufig dort herangezogen und (weiter-)entwickelt, wo benachteiligten

---

[105] vgl. Bitzan, Maria; Daigler, Claudia (2001) S. 42/43
[106] vgl. PRO ASYL (2002) S. 7/ vgl. Schmidt-Zadel, Regina (1998) S. 45/ vgl. Kalthegener, Regina (1999) S. 169

Gruppen um mehr Partizipation- und Entscheidungsmöglichkeiten kämpfen.[107]
Ziel des Empowerment ist es:
> „..., die Menschen zur Entwicklung ihrer eigenen (vielfach verschütteten) Stärken zu ermutigen, ihre Fähigkeiten zur Selbstbestimmung und Selbstveränderung zu stärken und sie bei der Suche nach Lebensräumen und Lebenszukünften zu unterstützen, die ihnen einen Zugewinn an Autonomie, sozialer Teilhabe und eigenbestimmter Lebensregie versprechen."[108]

Die beiden Hauptziele in der Arbeit mit unbegleiteten, minderjährigen Flüchtlingen,
- die Integration ins Aufnahmeland und
- die Befähigung zur Rückkehr ins Herkunftsland

lassen sich damit konstruktiv bewältigen. Es folgen nun einige wichtige Grundsätze für die Arbeit mit Flüchtlingsmädchen, die diesen beiden Zielen gerecht werden.

Die Bedeutung der geschlechtsspezifischen Unterbringung

> „I have a very bad feeling for boys. Very bad feelings. I don't know, when I can forget this, I don't know. (...) there should be a place where is no boy..." (Emebiet)

Insbesondere Mädchen mit sexualisierten Gewalterfahrungen benötigen Mädchenräume. Dass Flüchtlingsmädchen zu einem sehr hohen Prozentsatz von sexualisierter Gewalt in vielfältigen Formen betroffen sind, wurde bereits dargestellt. Aus diesem Grund sehe ich die Notwendigkeit, Flüchtlingsmädchen während des Clearingverfahrens bevorzugt in geschlechtsspezifischen Einrichtungen der Jugendhilfe unterzubringen. Mädchen ab 16 Jahren schließe ich hierbei unbedingt mit ein. Flüchtlingsmädchen benötigen aufgrund ihrer Problematik Schutzräume, in denen sie:
- sich auf sich selbst und ihre Kraft besinnen können
- sich mit ihrer Frauenrolle und ihren Lebensvorstellungen auseinandersetzen können

---

[107] vgl. Pankofer, Sabine (2000) S. 10
[108] Herriger, Norbert (1997) zit. nach Lenz, Albert (2002) S. 14

- neues Denken und Verhalten ausprobieren können
- Gewalterfahrungen thematisieren und gemeinsam mit ihren Betreuerinnen Widerstandsformen entwickeln können
- sich frei bewegen können, ohne in innere Konflikte aufgrund ihres Glaubens, ihrer Werte- und Moralvorstellungen zu kommen
- zur Partizipation angeregt werden
- weibliche Solidarität erfahren und
- auf parteiliche Mädchenarbeit stoßen.[109]

Nach Abschluss des Clearingverfahrens müssen die Mädchen gemäß ihres gesetzlich verankerten Wunsch- und Wahlrechts (§5 SGB VIII) individuell für sich entscheiden können, ob sie lieber in gemischtgeschlechtlichen oder geschlechtshomogenen Wohngruppen der Jugendhilfe leben möchten.

Die Bedeutung von Transparenz

> *„Alles ist anders, nichts ist gleich."* (Nelinha)

Das Ziel von Empowerment-Prozessen ist eine weitgehende Selbstbestimmung, Eigenverantwortlichkeit, Selbstorganisation und Selbstständigkeit. Dieses Ziel ist nur durch weitgehende Transparenz in allen Bereichen, die die Mädchen betreffen, zu erreichen. Dabei ist zu berücksichtigen, dass nahezu alles in Deutschland für die Mädchen eine neue Erfahrung darstellt. Nur wenn sie ausreichend informiert sind, können sie partizipieren, Vertrauen aufbauen, sich für ihre Rechte einsetzen, Ressourcen nutzen, Risiken einschätzen, Entscheidungen für sich treffen, sich Ziele setzen und diese erreichen.
Die Jugendhilfestrukturen, das Rechtssystem, die Gesellschaft und Kultur in Deutschland, das Schul- und Ausbildungssystem, mögliche hilfreiche Netzwerke und der Gesundheitssektor sind die wesentlichen Bereiche, über die SozialpädagogInnen die Flüchtlinge umfassend informieren müssen.

---

[109] vgl. Schäfter, Gabriele; Hocke, Martina (1995) S. 157/158

Der Umgang mit Traumatisierung

> „...sometimes things come over and over, that I can't handle. (...) sometimes I'm so nervous and when I have bad dreams or sometimes things come in front of me while I'm sitting and so on, everything I remember, and other times I'm really scared, sometimes I really think that this person is really in my room, waiting for me."
> (Emebiet)

Flüchtlinge sind in sehr hohem Maß von Traumaauswirkungen betroffen. Diese können sich z.B. in Form von Unruhe, Schlafstörungen, Aggressivität, Flashbacks, Alpträumen und psychosomatischen Beschwerden äußern.

Der amerikanische Medizinsoziologe und Stressforscher Aaron Antonovsky fand in seinen Studien[110] heraus, dass das Kohärenzgefühl (Sense of Coherence) ein ausschlaggebender Faktor für die Gesundheit eines Menschen ist. Das Kohärenzgefühl beinhaltet drei zentrale Komponenten:

1. das Maß, in dem die Welt mit ihren Ereignissen für die Person erklärbar und vorhersehbar oder zumindest einzuordnen ist. (= die Verstehbarkeit oder comprehensibility)
2. das Maß, in dem die Person das Gefühl hat, den Anforderungen des Lebens mit Hilfe von eigenen oder der Unterstützung von fremden Ressourcen gewachsen zu sein.   (= die Handhabbarkeit oder manageability)
3. das Maß, in dem das Leben als sinnhaft erlebt wird. Der subjektive Sinn des Lebens hat eine motivierende Funktion, da Anstrengungen und Engagement als lohnend erlebt werden. (= Sinnhaftigkeit oder meaningfulness)[111]

Durch die Schaffung von Transparenz, die Förderung der individuellen Ressourcen der Mädchen und die Bildung hilfreicher und

---

[110] Aaron Antonovsky führte 1970 eine Studie mit israelischen Frauen durch, die im dritten Reich im Konzentrationslager waren. Er stellte fest, dass 29% dieser Frauen über eine gute psychische Gesundheit verfügten und machte es sich zur Aufgabe, herauszufinden was den Menschen gesund hält. Dieser ressourcenorientierte Blickwinkel stellt einen Paradigmenwechsel zum defizitären Ansatz („Was macht den Menschen krank?") im Gesundheitsbereich dar und entwickelte sich zu einem neuen Ansatz, der Salutogenese.
[111] vgl. Fröschl, Monika (2000) S. 41

tragender Netzwerke und Sinnstiftung können SozialpädagogInnen Traumaauswirkungen positiv beeinflussen. Dabei werden die Mädchen als Expertinnen für ihre Situation betrachtet, denn:

> „Aufgezwungene Hilfe, so gut sie auch gemeint ist, macht nur wieder hilflos und retraumatisiert. Hilfe sollte so vermittelt werden, dass die Selbstachtung und das Selbsthilfepotential gefördert ... werden können."[112]

Traumatisierte Mädchen sollten über die Ursachen, Erscheinungsformen und Auswirkungen von Gewalt aufgeklärt werden. Dabei ist es wichtig, dass sie verstehen (lernen), dass ihre psychischen und/oder psychosomatischen Reaktionen nicht bedeuten, dass sie selbst verrückt (geworden) sind, wie viele traumatisierte Flüchtlinge glauben, sondern dass sie auf die inakzeptablen Extremsituationen, denen sie ausgeliefert waren, normal und natürlich reagiert haben und diese notwendigen Überlebensstrategien nun nicht plötzlich wieder ablegen können.

Die gegebenenfalls erwünschte Vermittlung zu geeigneten TherapeutInnen und ÄrztInnen ist ebenfalls Aufgabe der SozialpädagogInnen.

Förderung von Autonomie

> „I don't want to be dependent on my husband." (Emebiet)

Die Förderung eines autonomen Selbstverständnisses ist bei Flüchtlingsmädchen von zentraler Bedeutung, da sie in der Regel in patriarchalen Gesellschaften groß geworden sind, keine verwandtschaftlichen oder familiären Netzwerke mehr haben, in der Regel mit Vollendung des 18.Lebensjahres und/oder nach Abschluss einer Berufsausbildung aus der Jugendhilfe entlassen werden, eventuell eine Rückführung in das Herkunftsland ansteht und sie deshalb leicht in Abhängigkeitsverhältnisse mit Männern geraten.

Die Mädchen sollen darin unterstützt werden, einen verantwortungsvollen Umgang mit Geld zu erlernen. Überdies sollen sie durch eine Schul- und Berufsausbildung dazu befähigt werden, ihr eigenes Geld zu verdienen. Bei der Berufswahl ist darauf zu achten, dass die Berufssparte auch im Heimatland existiert und

---

[112] Perren-Klingler, Gisela (2001) S. 131/132

gebraucht wird, damit das Mädchen im Falle einer Rückführung eine Chance auf Erwerbstätigkeit hat.
Die Förderung von lebenspraktischen Fähigkeiten, dem Erlernen von konstruktiven Problemlösungsstrategien und eigenverantwortlicher Entscheidungsfähigkeit gehören ebenfalls zur Autonomieentwicklung, für die die Jugendhilfe ein geeignetes Lernfeld darstellen kann.

Sprachförderung und Spracherhalt

> „Ich habe nur eine Problema, ich spreche ganz schlecht, aber ich höre ganz gut." (Nelinha)

Die Sprachförderung ist eine entscheidende Voraussetzung für die gesellschaftliche Integration. Ohne ausreichende Sprachkenntnisse ist eine berufliche und damit wirtschaftliche Eingliederung nicht möglich.
Sprechen Flüchtlingsmädchen die deutsche Sprache, fällt es ihnen leichter, soziale Kontakte zu knüpfen. Nur über solche Kontakte ist es möglich, wechselseitige Vorurteile, Zuschreibungen und Berührungsängste abzubauen und somit das Verhältnis zwischen einheimischen und zugewanderten Menschen zu verbessern.
Nur über die deutsche Sprache wird es Flüchtlingen möglich, politische Informationen (z.B. über die Medien) zu verstehen und sich für ihre Belange im öffentlichen Sektor einzusetzen und mitzureden.[113]
Die Sprachförderung muss einerseits durch Sprachkurse und schulanalogen Unterricht und andererseits durch Unterstützung durch die Einrichtung erfolgen. Kontakte zu deutschsprachigen Menschen sind ebenfalls entscheidend für einen erfolgreichen Lernprozess.

Der Erhalt der Muttersprache ist nicht nur bedeutend im Falle einer Rückführung, sondern hat auch positive Auswirkungen auf das Identitätsbewusstsein. Würden die Mädchen ausschließlich in der Sprache des Exillandes sprechen und gefördert werden, würde dies eine Verleugnung der anderen Hälfte ihrer Identität bedeuten, was eine innere Zerrissenheit hervorrufen kann. Die För-

---

[113] vgl. Die Beauftragte der Bundesregierung für die Belange der Ausländer (1997)

derung der Muttersprache ist in vielen Schulen und Jugendhilfeeinrichtungen schwer möglich, weshalb Kontakte zu Menschen, die aus demselben Heimatland stammen bzw. dieselbe Muttersprache sprechen, besondere Bedeutung bekommen. Durch den Zugang zu heimatsprachlichen Medien (Büchern, Filmen, Zeitungen, das Internet, etc.) kann der Spracherhalt zusätzlich gefördert werden.

Kulturintegration und Kulturerhalt

> „Weihnachten vermisse ich, weil wir tun immer eine Ziege, ähm, schlachten und dann Kopf von eine Ziege, ähm, kochen und dann braten und das ist so lecker und hier muss man ins Schlachthaus und sagen, dass keine Ahnung: „Ich will meinen Hund füttern, oder so (Lachen)" (Sendeiyo)

> „Das mit den Frauen gefällt mir hier besser, weil die Kinder z.B. , Jungen und Mädchen haben die gleichen Rechte, so in die Schule zu gehen, die werden nicht sagen, nur die Jungs kommen in die Schule, das finde ich sehr gut hier." (Sendeiyo)

Was für die Sprache gilt, gilt auch für die Kulturintegration und den Kulturerhalt. Die Mädchen sollen die Möglichkeit haben, ihre eigenen kulturellen Bezüge und Traditionen zu pflegen sowie die des Exillandes kennen zu lernen. Eine wertschätzende Haltung und Interesse an den Kulturen der Mädchen unterstützt die Entwicklung einer stabilen Bikulturalität. Neue Erfahrungen sollten die SozialpädagogInnen mit ihnen besprechen und reflektieren, damit diese von den Mädchen eingeordnet werden können. Die Förderung der interkulturellen Kompetenz der SozialpädagogInnen muss durch einschlägige Fortbildungen und die Unterstützung durch Fallgespräche und Supervision ermöglicht werden.

Schritte nach Vorne

Durch die direkte Arbeit mit den Flüchtlingen gewinnen SozialpädagogInnen viele Erkenntnisse und Einblicke in Zusammenhänge, die Nicht-PraktikerInnen verschlossen bleiben. Deshalb sollten sie ihrer Rolle als Organisations- und SystementwicklerIn-

nen gerecht werden und durch ihre Mitarbeit in einschlägigen Arbeitskreisen, Gremien und Organisationen auf Missstände aufmerksam machen und Verbesserungen für die Flüchtlinge - zumindest auf regionaler Ebene und im besten Falle auch nationaler und internationaler Ebene - zu erwirken versuchen.
Folgende (politische) Forderungen müssen für Flüchtlingsmädchen formuliert werden:

> - Alle unbegleiteten, minderjährigen Flüchtlingsmädchen sind mindestens bis zu ihrem 18. Lebensjahr in geeigneten Jugendhilfeeinrichtungen unterzubringen.
> - Die Jugendämter sollen Mädchen während des Clearingverfahrens in geschlechtsspezifischen Erstaufnahmeeinrichtungen unterbringen und bei Bedarf weitere Plätze dafür schaffen.
> - Alle Jugendhilfeeinrichtungen, die mit Flüchtlingsmädchen arbeiten, sind aufgefordert, spezifische Konzepte für die Mädchen zu entwickeln, die deren Lebensrealitäten gerecht werden.
> - Mädchen- und frauenspezifische Verfolgung sind als Asylgründe anzuerkennen und in das Gesetz aufzunehmen.

Die Mädchen, Expertinnen für die eigene Situation, bringen Potenziale mit, sich für sich und ihre Situationen einzusetzen. Das abschließende Zitat macht dies deutlich. SozialpädagogInnen können hierbei eine Brückenfunktion einnehmen und den Dialog zwischen Macht- und Entscheidungsträgern und betroffenen Personen unterstützen.

> „Ich hoffe nur, dass irgendwann mal in Afrika, ähm, es wird alles verändert, dass die sind nicht so, ähm, wie sagt man „closed minded", dass die mehr offen sind und dann wenn sie mehr offen sind, dann gibt es kein „forced marriages"[114] und keine „circumcision"[115], gibt es auch nicht. Weil ist man weiter, dann sieht man, dass das ist nicht gut, dass das hat so viele Nachteile. Ich hoffe nur irgendwann mal, ich weiß nicht, ich glaube es wird noch lange dauern, dass Afrika ein bisschen wie Europa wird, das ist mein Wunsch. Ok, ich werde versuchen was ich machen kann. Mit den Leuten so sagen, was richtig ist, wenn ich eine Chance habe … oder in der UN arbeiten, dann habe ich eine

---

[114] Zwangsverheiratungen
[115] Beschneidung

größere Chance das den anderen zu sagen. Ja ich hoffe nur, weil es geht ganz schlecht in Afrika, alles ist ganz schlecht. Krieg überall, verhungern, so viel verhungern, keine Arbeit, die machen kein Beruf für die Kinder, die Mädchen sind verheiratet. Es geht die Leute da unten ganz schlecht. Das kannst Du Dir nicht vorstellen, ganz, ganz schlecht." (Sendeiyo)

Literatur

ANGENENDT, Steffen (2000): Kinder auf der Flucht. Minderjährige Flüchtlinge in Deutschland. Opladen

BEAUFTRAGTE DER BUNDESREGIERUNG FÜR DIE BELANGE DER AUSLÄNDER (1997): Deutsch Lernen – (K)ein Problem? Sprache und Sprachkompetenz als Instrument der Integration. Berlin und Bonn

BITZAN, Maria/DAIGLER, Claudia (2001): Eigensinn und Einmischung. Einführung in Grundlagen und Perspektiven parteilicher Mädchenarbeit. Weinheim und München

FRÖSCHL, Monika (2000): Gesund-Sein: Integrative Gesund-Seins-Förderung als Ansatz für Pflege, Soziale Arbeit und Medizin. Stuttgart

GARDINER, Angelika (1998): Angst ist ihr ständiger Begleiter. In: ROSEN, Klaus-Henning (Hrsg.): Flucht. Frauen – Opfer ihres Geschlechts. Jahrbuch der Deutschen Stiftung für UNO – Flüchtlingshilfe 1998/99. Berlin und Bad Honnef. S. 19 – 28

JORDAN, Silke (2000): Fluchtkinder. Allein in Deutschland. Karlsruhe

KALTHEGENER, Regina (1999): Anerkennung von sexualisierter Gewalt als Asylgrund – Politische Forderungen und Veränderungen. In: FRÖSE, Marlies/ VOLPP-TEUSCHER, Ina (Hrsg.): Krieg, Geschlecht und Traumatisierung. Erfahrungen und Reflexionen in der Arbeit mit traumatisierten Frauen in Kriegs- und Krisengebieten. Frankfurt am Main. S. 169 – 180

LENZ, Albert (2002): Empowerment und Ressourcenaktivierung – Perspektiven für die psychosoziale Praxis. In: LENZ, Albert/STARK, Wolfgang (Hrsg.): Neue Perspektiven für die psychosoziale Praxis und Organisation. Tübingen. S. 13 – 53

PERREN-KLINGLER, Gisela (2001): Trauma: Wissen, Können, Selbstaufbau. Hilfe zur Selbsthilfe bei Flüchtlingen. In: VERWEY, Martine (Hrsg.): Trauma und Ressourcen. Trauma and Empowerment. Berlin. S. 129 – 140

PANKOFER, Sabine (2000): Empowerment – Eine Einführung. In: MILLER, Tilly/PANKOFER, Sabine (Hrsg.): Empowerment konkret. Handlungsentwürfe und Reflexionen aus der psychosozialen Praxis. Stuttgart. S. 7 – 22

PETER, Erich (2001): Das Recht der Flüchtlingskinder. Karlsruhe

POTTS, Lydia/PRASSKE Brunhilde (1993): Materialien zur Frauenforschung. Frauen – Flucht – Asyl. Eine Studie zu Hintergründen, Problemlagen und Hilfen. Bielefeld

PRO ASYL (2002): Viel Schatten – wenig Licht. Überblick über die wichtigsten Neuregelungen im Zuwanderungsgesetz. Frankfurt am Main

ROSNER, Judith (1996): Asylsuchende Frauen. Neues Asylrecht und Lagerpolitik in der Bundesrepublik Deutschland. Frankfurt/Main

SCHÄFTER, Gabriele/HOCKE, Martina (1995): Mädchenwelten: sexuelle Gewalterfahrung und Heimerziehung. Heidelberg

SCHMIDT-ZADEL, Regina (1998): Anerkennung genitaler Verstümmelung als Grund zur Gewährung von Asyl bzw. Abschiebeschutz. In: ROSEN, Klaus-Henning (Hrsg.): Flucht. Frauen – Opfer ihres Geschlechts. Jahrbuch der Deutschen Stiftung für UNO – Flüchtlingshilfe 1998/99. Berlin und Bad Honnef. S. 39 – 46

SZEILER, Patricia (2003): „weiblich, minderjährig, allein auf der Flucht, sucht..." Die Fluchthintergründe von Mädchen, asylrechtliche Rahmenbedingungen in Deutschland und die Konsequenzen für die sozialpädagogische Praxis. München.

UNVERÖFFENTLCIHTE DIPLOMARBEIT

UNHCR (1997): Sexuelle Gewalt gegen Flüchtlinge. Richtlinien zur Vorbeugung und Reaktion. Bonn

Freizeit

Ferienfreizeit mit Flüchtlingskindern, 2001

Freizeit. Freie Zeit? Unbeschwert, vergnüglich, weg von der Last des Alltags? Von engen Zimmern, gestressten Eltern, Lärm und Schmutz. Befristete Idylle. Eine kleine Auszeit nur, aber immerhin.

Mehrtägige Freizeitmaßnahmen mit Flüchtlingskindern – Sinn und Zweck und ein Leitfaden zur Durchführung

Carola Bamberg

Vorwort

Freizeitmaßnahmen bilden seit vielen Jahren einen Schwerpunkt meiner Tätigkeit als Sozialpädagogin. So sammelte ich meine ersten Erfahrungen als ehrenamtliche Leiterin von Freizeitmaßnahmen in der evangelischen Jugendarbeit. Darüber hinaus führte ich Maßnahmen in der Arbeit mit allein Erziehenden, der offenen Jugendarbeit und in der Familienhilfe durch.
Seit 10 Jahren arbeite ich in der Flüchtlingssozialarbeit, seit 1998 als Heimleitung mit dem Schwerpunkt der Kinder- und Jugendarbeit in der Gemeinschaftsunterkunft Bodenehrstraße. Wir bieten mehrtägige Freizeitmaßnahmen zur Unterstützung und Erweiterung der täglichen Betreuungsarbeit regelmäßig an.
Wenn ich im folgenden Artikel von „wir" spreche, dann sind damit die pädagogischen Fachkräfte (Erzieherinnen und Heimleitungen) der Gemeinschaftsunterkunft gemeint.
Im ersten Teil gehe ich auf den Sinn und Zweck von Freizeitmaßnahmen in der pädagogischen Arbeit, im speziellen in der Arbeit mit Flüchtlingen, ein. Der zweite Teil soll als Leitfaden für die Vorbereitung, Durchführung und Nachbereitung solcher Maßnahmen dienen.

In Zeiten knapper finanzieller Ressourcen wird verstärkt über die Effektivität pädagogischer Maßnahmen diskutiert. Gerade auch Freizeitmaßnahmen mit hohem finanziellen und personellen

Aufwand stehen auf dem Prüfstein. Aus fachlicher Sicht sprechen folgende Gründe für den Einsatz mehrtägiger Freizeitmaßnahmen im Rahmen der pädagogischen Arbeit.
Pädagogische Freizeitmaßnahmen ersetzen meines Erachtens nach durch die Intensität der Maßnahme bis zu einem halben Jahr Beziehungsarbeit in der Einrichtung. Die Kinder und Betreuer erleben sich durch das längerfristige und unausweichliche Zusammensein intensiver und in den verschiedenen Facetten ihrer Persönlichkeit. Betreuer wie auch Kinder zeigen im Alltag oft nur erprobte Verhaltensweisen. Auf einer Freizeitmaßnahme können sie sich aufgrund der vielen Anforderungen des alltäglichen Zusammenseins in verschiedenen, teils auch neuen Verhaltensweisen erleben und üben. Des weiteren müssen Verhaltensstrategien, die in der Einrichtung reproduziert werden können, überdacht und verändert werden, damit sie auch in den neuen ungewohnten Situationen greifen. So ist z.B. das Ausweichen durch „Zeit vergehen lassen" oder durch räumliche Trennung nicht in gleichem Maße wie in der Einrichtung möglich, sondern muss durch der Situation angemessenes Verhalten ersetzt werden. Ein Großteil tragfähiger Beziehungsarbeit entsteht durch den erfolgreichen Umgang mit Konflikten.
Jede Maßnahme stellt einen kurzen aber intensiven Gruppenprozess dar, der als ein Bestandteil des Gesamtgruppenprozesses in der Einrichtung verstanden werden muss. Die Gruppenleiter haben die Möglichkeit Gruppenprozesse zu beobachten und aktiv zu steuern. Dieses gelingt in der Einrichtung weniger, da über die Gruppe hinaus Selbstregelungsmechanismen greifen, auf die die Gruppenleitung keinen Einfluss hat. So findet der pädagogisch betreute Gruppenprozess z.B. einer Mädchengruppe zwei Stunden wöchentlich statt, die Mädchen dagegen sehen sich täglich.
In Freizeitmaßnahmen werden exemplarisch die Regeln des Umgangs miteinander in den Gruppenphasen festgelegt und erlebt. Diese Erfahrungen fließen in den Gruppenprozess in der Einrichtung mit ein und schaffen damit eine wertvolle Basis zur weiteren Zusammenarbeit. Innerhalb der Maßnahme werden dem einzelnen unangemessene Verhaltensweisen schneller und deutlicher bewusst. Das Gruppenmitglied kann neue Verhaltensweisen im geschützten Raum ausprobieren und erlangt so mit Hilfe von Betreuern und der Gruppe soziale Schlüsselkompetenzen in kurzer Zeit. Für alle Teilnehmer bedeutet das Wegfahren eine Auszeit aus dem Alltag. Die räumliche Distanz bietet so die Grundlage für neue intensive Erfahrungen und Prozesse.

Freizeitmaßnahmen kann man grundsätzlich in zwei Arten unterscheiden: die „Unterhaltungsfreizeit" und die „Freizeit mit inhaltlicher Arbeit". Die gemeinsamen Ziele sind vor allem: miteinander Spaß haben, Neues ausprobieren und in der Gruppe unterwegs sein. Freizeitmaßnahmen unterstützen die tägliche Beziehungsarbeit zwischen Betreuern und Klienten und haben das Ziel die Klienten in ihrer persönlichen Entwicklung zu fördern, sowie deren Kommunikations- und Kooperationsfähigkeiten zu verbessern. Neben den bisher genannten Vorteilen bietet die inhaltliche Freizeit die Möglichkeit der Auseinandersetzung zu einem Thema. Zum einen arbeitet die Gesamtgruppe gemeinsam an einer Thematik und schafft sich dadurch ein gemeinsames Ziel. Zum anderen bietet es der Leitung die Möglichkeit mit Hilfe neuer, nicht üblicher (z.B. in der Schule) Methoden ein Thema zu erarbeiten. Entsprechend der thematischen Festlegung erweitern inhaltliche Freizeitmaßnahmen Wissen oder trainieren schwerpunktmäßig soziale Kompetenzen.

Flüchtlingskinder bedürfen besonders Freizeitmaßnahmen, da sie weniger Chancen zum Erlernen adäquater sozialer Kompetenzen haben. Kulturspezifische Kompetenzen werden durch die Familien und Mitglieder der Herkunftsländer vermittelt und mit diesen gelebt. Diese sind aber nicht immer in unsere Kultur übertragbar und dementsprechend oft nicht akzeptiert.

Außerdem bieten Freizeitmaßnahmen im Speziellen bei Flüchtlingskindern aus Gemeinschaftsunterkünften die Möglichkeit ohne Ablenkung durch die Eltern und Geschwister mit den Kindern arbeiten zu können.

Das auf den Maßnahmen aufgebaute Vertrauen und die gegenseitige Offenheit mit den Kindern erleichtert in der Regel in der weiteren Arbeit auch die Beratungsarbeit mit den Eltern.

Leitfaden

Wochenendmaßnahmen und Ferienfreizeiten als Erweiterung der freizeitpädagogischen Arbeit, insbesondere die thematischen Angebote, erfordern eine langfristige organisatorische und inhaltliche Planung. Der hier vorgestellte Leitfaden soll für die Fachkräfte der Jugendhilfe als Orientierungshilfe in der Planung, Durchführung und Nachbereitung von Freizeitmaßnahmen dienen.

In der Praxis hat sich gezeigt, dass die detaillierte Vorbereitung Voraussetzung für eine gelungene Maßnahme ist. Im folgenden möchte ich deshalb zunächst auf alle für die Planung notwendigen Schritte und Bereiche eingehen.

Organisatorische Vorbereitung und Finanzen

Je nach Träger und Einrichtung stehen finanzielle Mittel zur Verfügung. Diese müssen in der Regel für die geplante Maßnahme beantragt werden. Dabei ist es wichtig die entstehenden Kosten zu benennen. Diese setzen sich in der Regel zusammen aus Kosten für die Unterkunft, Fahrtkosten, Materialkosten, Kosten für Ausflüge und bei Selbstversorgung Kosten für die Lebensmittel. In Zeiten knapper finanzieller Mittel wird es wichtiger solche Maßnahmen über verschiedene Geldtöpfe zu finanzieren. Dadurch können neben den Geldern der eigenen Einrichtung auch Spendengelder akquiriert werden. Die Suche nach Sponsoren ist nicht immer einfach, doch konnten wir in der Vergangenheit immer wieder Vereine, Einrichtungen oder Privatpersonen gewinnen, die dazu bereit waren, Projekte zu unterstützen. Wir erheben für mehrtägige Freizeitmaßnahmen auch Teilnehmergebühren. Diese orientieren sich an den den Klienten zur Verfügung stehenden finanziellen Mitteln. Wir setzen den Teilnehmerbeitrag im Flüchtlingsbereich niedrig an, da fehlende finanzielle Mittel die Teilnahme nicht verhindern sollen. Das Erheben eines Teilnehmerbetrags ist aber trotzdem aus zweierlei Gründen sinnvoll. Zum einen gilt auch bei den Flüchtlingen immer noch der Grundsatz „Nur was, was kostet ist auch was wert", zum anderen erhöht eine Anmeldegebühr auch die Verbindlichkeit der Teilnahme.

Unterkunft

Zunächst einmal muss man sich bei der Planung überlegen nach was für einer Art Unterkunft man sucht. Will man lieber in ein Haus mit Verpflegung oder soll es ein Selbstverpflegerhaus sein. Beide Unterkunftsformen haben ihre Vor- und Nachteile. Eine Unterkunft mit Vollpension erspart Arbeit (Besorgen der Lebensmittel, Kochen, Abwaschen) und bietet daher auf der Maßnahme mehr Zeit für die inhaltliche Arbeit. Allerdings sind diese Häuser in der Regel deutlich teurer. Eine Unterkunft mit Selbstversorgung bietet den Kindern die Möglichkeit beim Kochen und Abwa-

schen Aufgaben unter Anleitung und eigenverantwortlich zu übernehmen, sich in Verantwortung und Kooperation zu üben. Außerdem ist die Küche ein Ort der Kommunikation und viele Gespräche ergeben sich beim gemeinsamen Arbeiten. Diese Zeit muss in die Planung mit eingerechnet werden
Außer der Versorgung gibt es weitere Kriterien für die Auswahl der Unterkunft. Welchen Aufenthaltsstatus haben die Kinder, mit denen ich die Maßnahme plane? Dürfen sie das Stadtgebiet verlassen, bayernweit oder bundesweit verreisen oder ist ihnen die Ausreise ins Ausland gestattet? Gibt es einzelne Kinder, für die bei der entsprechenden Ausländerbehörde noch ein Antrag gestellt werden muss? Unsere Erfahrungen mit Genehmigungen für Reisen ins Ausland sind sehr schlecht und ich sehe daher von Auslandsmaßnahmen bei Kinder- und Jugendgruppen mit Geduldeten ab. Neben den aufenthaltsrechtlichen Gesichtspunkten spielt auch die Lage der Unterkunft eine Rolle. Wie ist das Haus verkehrsmäßig angebunden. Ist die Umgebung für mein geplantes Programm geeignet? Wie sind die Zimmer aufgeteilt? Wohnt jemand mit im Haus? Wenn ja, was ist gestattet was nicht? Welche Aufenthaltsräume gibt es?
Jugendämter, Heime und Vereine betreiben oft Selbstversorgerhäuser, die sie auch an andere soziale Einrichtungen vermieten. Außerdem bietet das Internet auch Möglichkeiten bei der Suche nach geeigneten Häusern. Die Belegung dieser Selbstversorgerhäuser findet meist schon sehr frühzeitig statt. Bei der Planung einer Maßnahme muss daher das Haus rechtzeitig gebucht werden. Als Faustregel gilt dabei möglichst ein halbes bis ein Jahr vorher.
Wichtig: Man sollte sich das Haus und die Umgebung in jedem Fall vor der Freizeitmaßnahme anschauen. Dabei muss abgeklärt werden, welche Ausstattung im Haus vorhanden ist. Gibt es Bettwäsche, Geschirrhandtücher, einen Erste Hilfe Kasten, Klopapier und Putzmittel oder müssen diese selbst mitgebracht werden. Wie ist die Infrastruktur? Wo sind die nächsten Geschäfte, wo gibt es Ärzte, wo liegt das nächste Krankenhaus?
Nur so ist die Vorbereitung auf die Gegebenheiten vor Ort gewährleistet und man ist vor ungeahnten Überraschungen sicher.

Personal

Für den Personalschlüssel ist die Art der Unterkunft, das geplante Programm und das für die Freizeitmaßnahme angesprochenen Klientel ausschlaggebend. Im Bereich der Maßnahmen mit Flüchtlingskindern hat sich meiner Erfahrung nach ein Personalschlüssel von einem Betreuer auf vier Kinder bewährt.

Da die wenigsten Einrichtungen dafür ausreichend professionelles Personal zur Verfügung stellen können, ergänzen wir das Betreuerteam mit Ehrenamtlichen und Praktikanten. Ehrenamtliche gewinnen wir dabei mit Hilfe der Freiwilligenagenturen oder durch gezielte Werbung im Rahmen der Gemeinwesenarbeit. Neben den Jahrespraktikanten setzen wir vor allem Praktikanten ein, die im Rahmen des Sozialpädagogikstudiums ein theoriebegleitendes Kurzpraktikum absolvieren. Der Einsatz dieser „Theopraktikanten" hat sich sowohl für die Einrichtung als auch für die Praktikanten selbst als sinnvoll erwiesen. Bei einer Freizeitmaßnahme handelt es sich um ein klar abgegrenztes Projekt, in dessen Verlauf die Praktikanten durch die enge Zusammenarbeit mit den Sozialpädagogen einerseits deren Arbeitsansatz kennen lernen können und sich andererseits unter Anleitung selbst ausprobieren können. Die Einrichtung profitiert durch den Einsatz der Praktikanten und Praktikanntinnen, da sie zum einen in der Regel nichts kosten und zum anderen mit dem Blick von außen die Professionellen in der Arbeit hinterfragen und so zu einer konstruktiven und qualitativen Weiterentwicklung der pädagogischen Arbeit beitragen.

In jeden Fall ist sicherzustellen, in wieweit das eingesetzte Personal über die jeweilige Ausbildungseinrichtung versichert ist oder inwieweit der eigene Träger Ehrenamtliche und Praktikanten versichert und welche Verträge bzw. Vereinbarungen dafür geschlossen werden müssen.

Auch Hauptamtliche müssen für Freizeitmaßnahmen in der Regel zusätzliche Anträge stellen. So ist es zum Beispiel bei der Stadt München notwendig einen Antrag auf Dienstreise einzureichen, einen Dienstplan für die Maßnahme zu erstellen, sowie den Zeitraum für den Abbau der anfallenden Überstunden anzugeben.

Beförderungsmöglichkeiten

In der Planung ist es auch nötig sich über die Hin- und Rückfahrt, sowie den Transport des Gepäcks Gedanken zu machen. Wie ist meine Unterkunft verkehrsmäßig angebunden? Ist es möglich das Haus mit öffentlichen Verkehrsmitteln und eventuell einem Fußmarsch zu erreichen. Brauche ich in der Zeit vor Ort Autos oder ist das geplante Programm mit öffentlichen Verkehrsmitteln, zu Fuß oder mit eventuell vorhandenen Rädern möglich? Wie alt sind die Teilnehmer der Freizeit und sind sie dementsprechend in der Lage ihr Gepäck selber zu tragen? Bin ich in einem Selbstversorgerhaus und muss daher auch noch die Lebensmittel transportieren? Und nicht zu vergessen wie groß ist mein finanzieller Rahmen, der mir für diesen Posten zur Verfügung steht.
So stehen nach Abklärung der Fragen grundsätzlich folgende Beförderungsmöglichkeiten zur Verfügung:
- Busunternehmen beauftragen
- Öffentliche Verkehrsmittel
- Kleinbusse der Einrichtung bzw. von anderen Verbänden oder Autohäusern gemietete Kleinbusse
- Private PKW, nach Abschluss der notwendigen Zusatzversicherungen

Lebensmittelplanung und Einkauf

Bei der Verpflegung ist in jedem Fall auf kulturspezifische Eigenheiten zu achten. Bei Maßnahmen mit muslimischen Kindern sollte man darauf achten Schweinefleischfreie Produkte mitzunehmen. Gerade in anderen Kulturen ist es oft üblich zu jeder Mahlzeit Brot zu essen, so dass das in die Planung mit eingehen muss. Am besten erkundigt man sich bei den Eltern und Kindern nach deren Gewohnheiten und kann dies dann bei der Essensplanung berücksichtigen.

Anmeldungen der Kinder

Je nachdem unter welchen Rahmenbedingungen die Freizeitmaßnahme angeboten wird, muss das Angebot ausgeschrieben werden. In unserem Fall haben wir uns im ersten Schritt überlegt, welche Kinder wir auf die geplante Maßnahme mitnehmen wollen und diese bzw. deren Eltern dann direkt angesprochen. Dies ist bei der Größe der Gemeinschaftsunterkunft Bodenehrstraße möglich, da Kinder jeder Altersstufe ausreichend zur Verfügung stehen. Für die Anmeldung verwenden wir ein selbst erstelltes schriftliches Anmeldeformular, das neben den wichtigen Informationen für die Teilnehmer und Teilnehmerinnen sowie deren Eltern auch eine Einverständniserklärung der Eltern zur Teilnahme als auch eine Erklärung über die Schwimmkenntnisse des Kindes enthält. Außerdem ist die Höhe der Teilnehmergebühr vermerkt, die im Falle eines Rücktritts in der Regel nicht zurückerstattet wird (Ausnahme: nachweisbare Krankheit des Kindes). Sind die Teilnehmer und Teilnehmerinnen den Leitern und Leiterinnen weitgehend unbekannt so empfiehlt sich ein bis zwei Wochen vor der Abfahrt ein Vortreffen einzuplanen. Der Altersgruppe entsprechend können dazu auch die Eltern eingeladen werden. In diesem Vortreffen werden grundsätzliche Fragen geklärt, die Regeln und das mitzunehmende Gepäck besprochen sowie notwendige Informationen über Besonderheiten (z.B. Krankheiten, Medikamente, Bettnässen) ausgetauscht. Wir erstellen für die Teilnehmer und Teilnehmerinnen eine Gepäckliste, auf der neben den notwendigen Dingen auch solche Sachen vermerkt sind, die wir auf keinen Fall dabei haben wollen (z.B. Gameboy, CD- Player). Bei entsprechendem Alter der Teilnehmer und Teilnehmerinnen kann man auch Aufgaben im Vorbereitungstreffen verteilen, und sie in die inhaltliche wie auch Essensplanung mit ein beziehen.

Inhaltliche Vorbereitung

Erstes Treffen der Helfer

Spätestens sechs Wochen vor der Maßnahme findet ein erstes Treffen mit den Mitarbeitern und Mitarbeiterinnen statt, bei dem alle mit den notwendigen Informationen versorgt werden müssen. Neben den Informationen über die Rahmenbedingungen der Maßnahme, wie z.B. der geplanten Abfahrt und der Rückkehr, der Anzahl der Kinder und deren Alter, der gebuchten Unterkunft als auch der gemeinsamen Essensplanung geht es um die inhaltliche Vorbereitung und die Verteilung der Aufgaben.

Für Wochenendmaßnahmen haben wir im Laufe der Jahre eine Grundstruktur entwickelt, die wir in dieser ersten Planungseinheit zu Grunde legen. Dabei sind bewährte Programmpunkte wie z.B. die Nachtwanderung, die Party oder das Quiz (kann man unter ein Thema stellen) feste Einheiten, die wir immer unabhängig vom jeweiligen Thema durchführen.

Insgesamt ist ein klar strukturiertes Programm mit vielen Angeboten und wenigen Pausen in der Arbeit mit Flüchtlingskindern notwendig. Die Haltlosigkeit der Klienten aufgrund des oft unsicheren Aufenthalts, die daraus resultierenden fehlenden Zukunftsperspektive sowie die durch Krieg und Flucht erlebten Traumata führen zu einem ständigen Austesten der Grenzen im Miteinander und gegenüber den Betreuern mit dem Ziel Halt zu finden, um sich sicher zu fühlen. Daher ist es Aufgabe der Betreuer und Betreuerinnen den Kindern einen Rahmen zu schaffen, in dem sie deutlich Grenzen spüren und aus dieser Sicherheit heraus sich ausprobieren können.

Zeit	Freitag	Samstag	Sonntag
Vor-mit-tags		Thematische Arbeit in Kleingruppen	Endauswertung der Freizeit
Nach-mit-tags	Ankunft Regeln klären	Thematische Arbeit in Kleingruppen	Ausflug
Abends	Kennenlernabend, thematischer Einstieg Nachtwanderung	Quiz, Party	

Jede Maßnahme steht unter einem bestimmtem Thema. Manchmal hat sich das Thema schon in der täglichen Arbeit heraus kristallisiert und wird dann von uns übernommen, manchmal gibt es unter den Mitarbeitern und Mitarbeiterinnen Ideen oder spezifische Kompetenzen, die wir dann bei der Themenfindung aufgreifen. So haben wir in den letzten Jahren Maßnahmen mit folgenden thematischen Schwerpunkten durchgeführt: *Minenaufklärung, Mit Kindern die Natur erleben, Selbstverteidigung für Mädchen, Kooperation und Kommunikation verbessern, Streit-*

schlichtung, Abschied nehmen – Neu beginnen und *Umgang in Konfliktsituationen.*

Wir arbeiten in Kleingruppen mit maximal 8 Kindern. Die geringe Konzentrationsfähigkeit und oft auch Kommunikationsfähigkeit (nicht zuletzt wegen unzureichender Deutschkenntnisse) der Klientel erfordert die Aufteilung der Großgruppe in arbeitsfähige Einheiten.
Nach der Themenfindung übernehmen die Mitarbeiter und Mitarbeiterinnen die inhaltliche Vorbereitung einzelner thematischer Einheiten. In der Regel bilden wir dazu Zweiergruppen, die sich aus einem Hauptamtlichen und einem Ehrenamtlichen oder Praktikanten zusammensetzen. Bis zu unseren nächsten Vortreffen werden diese Einheiten vorbereitet und den anderen vorgestellt. Außerdem vereinbaren wir, wer die Vorbereitung für den Kennenlernabend (auch wenn die Kinder sich schon kennen, brauchen die Ehrenamtlichen die Möglichkeit zu Beginn die Namen der Kinder zu lernen), das Quiz, die Party und die Endauswertung der Freizeit mit den Kindern übernimmt.
Die Aufsicht und Mitarbeit des Küchendienstes wird unter uns Betreuern festgelegt und in den Plan eingetragen.
Als letztes einigen wir uns auf der Mitarbeiterebene auf die für die Maßnahme geltenden Regeln. Wichtig ist dabei, dass die Anzahl der aufgestellten Regeln überschaubar bleibt und alle Mitarbeiter und Mitarbeiterinnen hinter den Regeln und deren Einhaltung stehen können. In der Arbeit mit Flüchtlingskindern haben sich folgende Regeln als unbedingt notwendig herausgestellt: Für das Essen haben wir die Regel des gemeinsamen Anfangs und des gemeinsamen Endes aufgestellt. Ausnahmen wie z.B. „auf´s Klo gehen" gibt es nicht! Aufgrund der sehr unterschiedlichen kulturellen Essensgewohnheiten der Kinder ist diese Regel für ein geordnetes Essen unerlässlich. Durch die Flucht und den kulturellen Wechsel sind Rituale verloren gegangen. Das Finden neuer Rituale wie z.B. das gemeinsame Essen ist für die Entwicklung der Kinder wichtig und bietet ihnen eine klare Orientierung für den Umgang miteinander. Darüber hinaus sind alle Gruppenangebote für alle Kinder verpflichtend. Weitere Regeln wie z.B. Ausreden lassen, keine Schlägereien, Nutzung der Zimmer, Entfernen vom Haus u.s.w. gelten für alle Maßnahmen und müssen im jeweiligen Team miteinander geklärt werden.

Zweites Treffen der Helfer

Zwei bis spätestens eine Woche vor Beginn der Maßnahme findet ein zweites Vortreffen der Betreuer und Betreuerinnen statt.
Zunächst werden dabei offene organisatorische Fragen geklärt. Dann stellen die einzelnen Mitarbeiter und Mitarbeiterinnen ihre vorbereiteten thematischen Einheiten vor und geben schriftliches Vorbereitungsmaterial an die anderen weiter. Wir nehmen uns oft die Zeit und spielen die Einheit an diesem Vorbereitungstreffen durch. Das Vorbereitungsteam übernimmt die Leitung und die anderen spielen die Teilnehmer. So üben sich die einen in der Anleitung der Spiele und die Teilnehmer erfahren, wie die ausgewählten Methoden wirken und ob sie sich für den Einsatz an dem Wochenende eignen. Meiner Erfahrung nach ist gerade dieser Schritt für eine gelungene Vorbereitung wichtig. Am Ende dieses Treffens sind alle Mitarbeiter und Mitarbeiterinnen auf dem selben Informationsstand und könnten sich notfalls in ihren Einheiten gegenseitig vertreten.
Das für die Arbeit notwendige Material wird zusammengetragen und die Zuständigen für das Besorgen festgelegt.

Jetzt sind alle für die Maßnahme wichtigen Vorbereitungen getroffen. Also kann es endlich losgehen.

Durchführung der Freizeitmaßnahme

Abreise

Der Erfahrungsbereich der Eltern und Kinder im Flüchtlingsbereich ist oft begrenzt. Viele haben die Stadt, in der sie seit der Flucht leben, nicht verlassen und keine Vorstellung wie es in den Bergen, am See oder im Winter auf dem Land aussieht und welche Ausstattung ihre Kinder entsprechend brauchen. Daher empfiehlt sich vor der Abreise bei den jüngeren Kindern eine Gepäckkontrolle. Sind die wichtigsten Sachen eingepackt? In der Regel fehlen fast immer wichtige Dinge, die sich zu Hause noch schnell einpacken lassen.

Ankunft

Wir beginnen jede Freizeitmaßnahme mit einer gemeinsamen Runde bei Tee und Kuchen zur Klärung der Regeln, Einstimmung auf das Thema und Regeln des Küchendienstes. Erst anschließend verteilen wir die Zimmer und packen aus.
Für alle hängen wir einen Küchendienstplan sowie das geplante Programm für die Maßnahme aus.

Programmbesprechung

Nach jeder Mahlzeit besprechen wir gemeinsam wie es weitergeht. Dabei geben wir die Gruppeneinteilungen, den Beginn der nächsten Einheit sowie die Leitung und den jeweiligen Treffpunkt bekannt.

Gruppeneinteilung

Die konkrete Gruppeneinteilung nehmen wir immer vor Ort vor, wobei wir dabei entweder die Gruppen altersspezifisch einteilen oder versuchen, die Gruppen möglichst ausgewogen zu gestalten.

Tagesauswertung

Wenn die Kinder im Bett sind, setzen sich die Betreuer und Betreuerinnen zu einer gemeinsamen Auswertungs- und Planungsrunde zusammen. Auch wenn es meist schon spät ist und alle erschöpft sind, ist es wichtig sich die Zeit dafür zu nehmen. Diese Einheit muss von einem der Hauptamtlichen vorbereitet und geleitet werden, mit dem Ziel die Arbeit des Tages in einer vorgegebenen Struktur, zeitlich begrenzt (maximal 1 Stunde) zu reflektieren. Wichtige Fragen können dabei sein: Was ist gut gelaufen? Was war schwierig? Wie ging es den Einzelnen in ihrer Leitungsposition? Wie war die kollegiale Zusammenarbeit? War die Gruppeneinteilung gelungen? Sind Informationen ausreichend vorhanden?
Anschließend besprechen wir die Planung für den nächsten Tag und überprüfen, ob die getroffenen Vorbereitungen auch so eingesetzt werden können.

Nachbereitung der Freizeitmaßnahme

Abrechnung

Nach der Maßnahme müssen die Ausgaben mit dem Träger abgerechnet werden. Außerdem muss das Personal seine Arbeitszeit abrechnen sowie eventuelle Zuschläge für Nacht- und Sonntagsarbeit beantragen. Für Honorarkräfte muss eine Honorarabrechnung erfolgen.

Nachtreffen der Helfer

Jenseits aller offiziellen Dienstpläne sind die Betreuer und Betreuerinnen von Freizeitmaßnahmen immer im Einsatz. Als Zeichen der Wertschätzung gehen wir zeitnah nach der durchgeführten Maßnahme mit allen Betreuern und Betreuerinnen gemeinsam Essen, wobei, soweit dies von der finanziellen Situation des Trägers her möglich ist, dieses Essen finanziell bezuschusst oder von dem Träger übernommen wird. In lockerer Runde werten wir die Freizeitmaßnahme aus und nehmen Verbesserungsvorschläge für das nächste Mal auf.

Nachtreffen der Kinder

Bei Kooperationsmaßnahmen mit anderen Einrichtungen oder offen ausgeschriebenen Angeboten ist es sinnvoll ein Nachtreffen zu organisieren. Dabei können mit allen Kindern die Fotos angeschaut werden und Nachbestellungen aufgenommen werden.

Bericht der Maßnahme

Wir schreiben nach jeder durchgeführten Maßnahme einen Bericht, den wir dem Träger und eventuellen Sponsoren zukommen lassen. Gerade in Zeiten knapper werdender finanzieller Mittel ist dies ein wichtiger Schritt der Öffentlichkeitsarbeit.

Literaturverzeichnis:

Vopel, Klaus W. 1978: Handbuch für Gruppenleiter/innen. Hamburg.

Knippenkötter, Anneliese 1976, Arbeiten mit Gruppen, Social group work. Düsseldorf

Frör, Hans 1972: Spielend bei der Sache – Spiele für Gruppen. Gütersloh

Reinbold, Klaus-Jürgen (Hrsg.) 2002: KonfliktKultur. Freiburg im Breisgau

Haumersen und Liebe, Petra und Frank 1999: Multikulti: Konflikte konstruktiv. Mülheim an der Ruhr

Johann, Ellen 1998: Interkulturelle Pädagogik – Methodenhandbuch für sozialpädagogische Berufe. Berlin

Posselt, Ralf-Erik 1993: Projekthandbuch – Gewalt und Rassismus. Mülheim an der Ruhr

Frör, Hans 1974: Spiel und Wechselspiel. München

Gilsdorf und Kistner, Rüdiger und Günter 1995: Kooperative Abenteuerspiele 1. Seelze – Velber

Gilsdorf und Kistner, Rüdiger und Günter 2001: Kooperative Abenteuerspiele 2. Seelze – Velber

Cornell, Joseph 1999: Mit Kindern die Natur erleben. Mülheim an der Ruhr

Cornell, Joseph 1991: Mit Freude die Natur erleben. Mülheim an der Ruhr

Flügelmann, Andrew 1979: New Games – Die neuen Spiele. Ahorn Verlag

Flügelmann Andrew 1982: Die neuen Spiele Band 2. Ahorn Verlag

Huberich, Peter und Ulla: Spiele für die Gruppe. Heidelberg Arbeitshilfen für die Jugendarbeit, 1980: Bei der Sache bleiben. Konstanz

AusländerInnenbeauftragte der LH München (Hrsg.) 1997: Ich besiege alle Drachen. Bad Honnef

Rhyner, Thomas und Zumwald, Bea (Hrsg.) 2002: Coole Mädchen – starke Jungs. Haupt

Portmann, Rosemarie 1998: Spiele, die stark machen. München

Selbsthilfe

Flüchtlingskinder in der GU Burmesterstrasse, 1993

Gemeinsam sind wir stärker – mit allen Unterschieden, die wir haben. Uns eint die Lebensfreude, gibt uns Kraft.
Wir schreien oder schweigen es hinaus. Verschmitzt, erstaunt, versonnen.

Vietnamesische Flüchtlinge in Bayern: Modelle der Selbstbetreuung

Nghiem Xuan Tuan

Geschichte

Heute befinden sich kleine Gemeinden von Vietnamesen nicht nur in den meisten Städten, sondern auch in manchen Dörfern Deutschlands.
Sie waren - aus verschiedenen Gründen - zu Flüchtlingen geworden und kamen in drei Hauptgruppen in Deutschland an:
- Südvietnamesische StudentInnen, die nach der kommunistischen Machtübernahme 1975 nicht nach Hause durften,
- die so genannten Boatpeople, die von 1976 bis 1989 hier Zuflucht bekamen und
- ehemalige VertragsarbeiterInnen und StudentInnen aus Osteuropa und der DDR, die nach der Wende ein neues Leben weit weg vom Kommunismus zu Hause suchten.

Bis 1975 war ihr Land in Nord- (sozialistisch) und Südvietnam (westlich orientiert) geteilt. Etwa 1000 junge Leute aus dem Süden studierten damals in der BRD - meist in technischen Bereichen. In München hielten sich ca. 80 Südvietnamesen auf, die den Verein der vietnamesischen Studenten in München gründeten. Davon bekannte sich ca. ein Fünftel zur politischen Linken.
Nach der Machtübernahme der Kommunisten in Vietnam im Jahr 1975 wurden Südvietnamesen durchweg diskriminiert. In ihrer Heimat wurden alle südvietnamesischen Soldaten, Beamten und Regierungsangestellten als Vaterlandsverräter abgestempelt, verloren ihre bürgerlichen Rechte und mussten sich in Umerziehungslagern melden. Ihre Familienmitglieder wurden verfolgt. Konfrontiert mit der Aussicht auf ein langsames Sterben im Lager und der völligen Perspektivlosigkeit für ihre Familien entschieden sich mehrere hunderttausend Südvietnamesen, ihr Land zu verlassen. Komme was wolle, suchten sie ihr Schicksal auf offenem Meer in winzigen Booten, Nussschalen genannt. Die Welt erfuhr mit Schrecken von diesen überfüllten Booten, die nur manchmal durch Zufall von größeren Schiffen entdeckt wurden. Die Hälfte dieser Menschen ertrank, verdurstete oder verhungerte auf dem Pazifik. Diese „Boatpeople" bildeten die erste große Wel-

le von vietnamesischen Flüchtlingen. Die, die gerettet wurden, kamen in Lagern in Thailand, Malaysia, Hongkong, Philippinen usw. unter unsäglichen, engen und unhygienischen Bedingungen unter.

Die neue kommunistische Regierung verbat den Südvietnamesen, die sich im Ausland befanden, zurück zu kehren, auch denjenigen, die sich schon vorher zum Kommunismus bekannt hatten. Man befürchtete, dass Ihre Erfahrungen in westlichen Demokratien ihre Reintegration zu Hause erschweren und möglicherweise, auch trotz ihres Idealismus zur Kritik an der heimatlichen Regierung führen würden. Also waren alle vietnamesischen Studenten in Deutschland, unabhängig von ihrer politischen Couleur auf einmal Flüchtlinge. Ferner wies die Regierung an, den Verein der vietnamesischen Studenten aufzulösen. Regierungstreue Studenten gründeten den neuen Verein Tran van Troi[*]. Die nichtkommunistischen Studenten blieben fern, trauten sich aber nicht - aus Angst vor Konsequenzen für ihre Familien zu Hause - dagegen zu protestieren. Die vietnamesische Gemeinde in München spaltete sich. Einige organisierten doch heimlich den Vietnamesischen Katholischen Studentenverein oder Sportgruppe in München. Sie trafen sich auch jedes Wochenende zum Fußballspielen und veranstalteten Sportturniere.

Sie kümmerten sich um eine Handvoll Flüchtlinge, die es aus verschiedenen Gründen von Thailand nach Aschaffenburg geschafft hatten und dort in einer Gemeinschaftsunterkunft lebten. Sie suchten für sie Deutschkurse und Arbeit und versuchten sie aus ihrer Isolation nach München zu holen. Die Studenten und die kleine Gruppe Boatpeople aus Aschaffenburg machten dabei erste Erfahrungen in Selbsthilfeorganisation. Als 1979 die ersten großen Gruppen von Boatpeople nach Bayern kamen, meldeten sie sich als freiwillige Helfer beim Umbau und der Vorbereitung der ersten Münchner Wohnheime, Kirchweg 5 und Hintermaierstr.28a, und traten als Kreis der vietnamesischen Studenten auf. Die letzte Gruppe vietnamesischer Flüchtlinge kam zur Zeit der „sanften Revolution" bzw. nach der Wende nach (West-) Deutschland. Sie hatten in der DDR und anderen osteuropäischen Ländern auf der Grundlage eines Vertrags zwischen den sozialistischen Regierungen gearbeitet. Ihre Gehälter wurden der Heimatregierung von der Gastgeberregierung überwiesen, die wiederum

---

[*] Tran van Troi: kommunistischer Guerillakämpfer, der im Nord-Süd Krieg fiel

einen Teil davon an die VertragsarbeiterInnen auszahlte. Daher der Name „Vertragsarbeiter". Fast ausschließlich Nordvietnamesen bekamen die Gelegenheit, ins Ausland zu reisen.

Die Ankunft der Boatpeople in München und ihre ehrenamtlichen Dolmetscher

Die allwöchentlichen Fernsehberichte über das Drama der Nussschalen und die Lebensbedingungen in den Flüchtlingslagern wurden in ganz Deutschland zum Politikum. Als die Öffentlichkeit erfuhr, dass sich plötzlich 50.000 Boatpeople auf der verlassenen Insel Pula Bidong in Malaysia mit einer Fläche von nur 1 qkm befanden, stieg der Druck auf die westlichen Länder, diese Flüchtlinge aufzunehmen.
Nachdem Niedersachsens Ministerpräsident Albrecht 2000 Boatpeople aufgenommen hatte, entschied im Gegenzug die Staatsregierung von Franz Josef Strauß in Bayern kurz vor Weihnachten 1978, 500 vietnamesische Flüchtlinge einzufliegen. Am 21. Januar 1979 landeten die ersten 52 am Münchner Flughafen. Der Bayerische Minister für Arbeit und Soziales, Pirkel, hieß sie am Flughafen willkommen. Am 23.1. kamen etwa 55 und am 25.1. weitere 51. Innerhalb einer Woche war das noch nicht fertig umgebaute Durchgangslager im Münchner Stadtteil Allach (Hintermaierstr.28a) voll besetzt. Später erhöhte der Freistaat einige Male seine Aufnahmequote.
Die regierungstreuen Studenten erhielten die Anweisung der vietnamesischen Botschaft, die Boatpeople in der Öffentlichkeit als Wirtschaftsflüchtlinge hinzustellen. Einige Artikel dieser Art waren in der Presse zu lesen.
Vor diesen Ereignissen trafen sich alle nichtkommunistischen Studenten. Sie überwanden die Angst vor der neuen Regierung und gründeten den „Kreis der vietnamesischen Studenten in München". Ihr Ziel war, Kontakte zu den Ämtern wegen der Hilfen für die Boatpeople herzustellen, und die ehrenamtlichen Tätigkeiten der nichtkommunistischen Studenten zu koordinieren.
Sie boten sofort ihre Hilfe als Dolmetscher und Vermittler an, um es den Boatpeople zu ermöglichen, Anträge auf Asyl und auf Sozialhilfe zu stellen. Das Asylverfahren lief schnell. In durchschnittlich zwei Monaten wurden ihre Anträge positiv entschieden.

Das Ministerium für Arbeit und Soziale Ordnung plante eine „Integration in drei Schritten":

- Aufnahme, Gesundheitsuntersuchung und medizinische Behandlung. Viele waren nach der Flucht und der schwierigen Zeit im Lager schwer körperlich und psychisch angeschlagen.
- Ein Jahr Übergangszeit: Aufnahme in einem Wohnort in Bayern und Deutschkurse. Damals erklärten sich folgende Gemeinden bereit, Boatpeople aufzunehmen: Engelsberg bei Trostberg, Möhren bei Treuchtlingen, Maiburg, Rottenburg ob der Tauber, Schliersee, Rieden bei Kaufbeuren, Boos bei Memmingen, Regensburg, Markt Obersdorf, Augsburg, Wartenberg und München.
- Auszug aus der Gemeinschaftsunterkunft und Arbeits- oder Ausbildungsaufnahme. Begleitet wurden sie immer noch von den Vietnamesischen Ehrenamtlichen Dolmetschern (VED).

Diese Studenten waren für diesen Job nicht ausgebildet. Fast alle studierten in Fachbereichen wie Maschinenbau, Elektrotechnik und Physik. Erst in der Praxis und aus der Not entwickelten sie sich zu Dolmetschern und dann zu Betreuern. Sie erlebten in ihren Dolmetschertätigkeiten konkret, was die Flüchtlinge wirklich beschäftigte und welche Ziele oder Bedürfnisse die Behörden oder die Hausverwaltung hatten. Sie erfuhren sehr bald, dass vieles, durch kulturelle, sprachliche Gründe und ihre Erfahrungen in Deutschland, nur von ihnen selbst erledigt werden konnte. Das fing bei einfachen Dingen an, wie z.B. in welchen Supermärkten man Reis kaufen konnte, der dem vietnamesischen Geschmack entsprach, und reichte bis zu komplexen Angelegenheiten: Verwandte in Deutschland ausfindig zu machen, Zeugnisanerkennungen, die notwendig waren, um ein Studium fortsetzen zu können und berufliche Fortbildungen oder Umschulungen usw. mussten eingeleitet werden.

Sie begleiteten die Flüchtlinge zum Arbeits-, Jugend- und Sozialamt und übersetzten beim Ausländeramt und im Asylverfahren. Sie vermittelten bei kulturellen Verständnisproblemen. Sie übersetzten Briefe, füllten Formulare aus, und vermittelten bei Gesundheitssorgen. So erkannten sie die Bandbreite an Themen und Problemen und suchten nach ihren Ursachen. Die Palette sozialer und psychischer Problematiken, die sie „von der Geburt bis zur Beerdigung" nannten, reichte von Problemen mit Schwangerschaft und Geburt über Erziehung und Schule, durch Krankheit

und Krisen, vom Umzug zur Arbeits- und Wohnungssuche, bis hin zu Liebe und Feindschaften, Heimweh, Depression und Entwurzelung.
So begannen sie diese zu kategorisieren:
- Zum einen erkannten sie allgemeine Probleme, für deren Antworten bzw. Lösungen Muster entwickelt werden konnten, z. B. Sozialhilfebedarf und Arbeitslosigkeit, Sprachschwierigkeiten und Verständigungsprobleme, oder Orientierung im neuen Wohnort.
- Auf der individuellen Ebene gab es Probleme und Themen, die die Einzelperson betrafen, z. B. die Suche nach der noch vermissten Partnerin und Verwandten oder die Sorge um die zurückgelassenen Familienmitglieder, Ehekrise oder schwere Krankheit. Hier merkten die VEDs (zur Erinnerung: Vietnamesische Ehrenamtliche Studenten), dass sie viel zuhören mussten, um herauszufinden, worum es wirklich ging. Für jeden Fall musste eine maßgeschneiderte Lösung überlegt werden. Sie merkten auch, dass, wenn die Probleme nicht geklärt werden konnten, die Betroffenen unter Orientierungslosigkeit litten und Schwierigkeiten hatten, nach vorne zu blicken, Pläne zu machen und weitere Schritte zu unternehmen.
- Dazu kamen die Probleme im Umgang miteinander und in ihrem Umfeld. Die VEDs sahen auch, dass sich Aggressionen, Frust und Lustlosigkeit in den GUs häuften. Sie erkannten, dass die Flüchtlinge einerseits sehr eng zusammenlebten und sich andererseits zum ersten Mal in ihrem Leben in einer fremden Gesellschaft, ohne Sprach- oder Kulturkenntnisse bewegten, was zu Einschüchterung und Verlust an Selbstbewusstsein führte. Der daraus entstehende Stress verschlimmerte sich, weil Betroffene tagsüber nichts zu tun hatten und selten positive Erlebnisse hatten.

Die VEDs sahen ihre wesentliche Herausforderung darin, den Flüchtlingen zu helfen, Perspektiven zu entwickeln, umzudenken, sich anzupassen und auf eigene Hilfsquellen zu bauen. Als Landsleute konnten sie realistisch einschätzen, welche Ressourcen die Boatpeople hatten und wie sie einzusetzen waren.

Vom ehrenamtlichen Dolmetscher zum Betreuer

Die VEDs wurden zu Betreuern als sie Problemkonstellationen analysierten und Lösungen erprobten. Aufgrund eigener Erfahrungen als Ausländer in München gingen sie sehr praktisch vor und hielten immer die Ziele der Selbständigkeit und Entmystifizierung für vorrangig. Sie hatten schon mit der kleinen Gruppe früher eingereister Boatpeople die Erfahrung gemacht, dass professionelle Sozialpädagogen wahrscheinlich wegen sprachlicher Probleme oft alles für die Flüchtlinge tun, so dass die Flüchtlingen selbst daher nicht immer wissen, was für sie bereits beantragt wurde. Es gibt in Deutschland viele Unterstützungsmöglichkeiten, die den Flüchtlingen fremd sind, beispielsweise Unterhaltsgeld, Arbeitslosengeld, Wohngeld, Sozialhilfe usw... Sie kennen ihre Ansprüche nicht, verstehen das Asylverfahren nicht, oder haben die Originale ihrer Unterlagen abgegeben. Daher zog sich die allgemeine Aufklärung über die deutsche Gesellschaft, Gesetze, Pflichten und Ansprüche wie ein roter Faden durch die gesamte Betreuungsarbeit.
Nach ca. zwei bis drei Monaten Aufenthalt in dem Durchgangslager in der Hintermaierstr.28a (München) wurden die Flüchtlinge in die GUs in den kleinen Dörfern in Bayern zur 2. Phase der Integration verlegt.
So entschieden sich die „Amateur-Betreuer", vor Ort präsent und erreichbar zu sein. Weil die Flüchtlinge in Unterkünften innerhalb ganz Bayerns untergebracht waren, fuhren ihre BetreuerInnen mehrmals in der Woche von München zu ihnen, um Briefe zu übersetzen, Antworten zu fertigen, Probleme anzuhören, Isolation zu durchbrechen und Orientierungslosigkeit zu bekämpfen.
Zunächst erkannten sie, dass es den Flüchtlingen in den Gemeinschaftsunterkünften an sinnvoller Beschäftigung fehlte. Sie sprachen kaum Deutsch und fanden in den teils abgelegenen Dörfern selten Arbeit. Sie waren dort Fremdkörper.
Als Studenten verstanden die Betreuer besonders gut, wie wichtig Zukunftsplanung und Ausbildung für die Neuankömmlinge waren. Sie selbst waren nach Deutschland gekommen, um sich auf ihre Zukunft vorzubereiten. Die Studenten lernten, welche Ansprüche es über Arbeitsamt oder Garantiefonds gab und wurden erfinderisch bei der Erweiterung der Hilfsmöglichkeiten. Sie schlossen engen Kontakt mit z. B. dem Bayerischen Philologenverband, Studienkolleg München, Otto-Benicker-Stiftung usw. Sie versuchten, für jede/n einzelne/n einen Plan zu entwerfen. Für

Erwachsene, die selten die Sprache genügend beherrschen, um zu studieren, sollte z. B. der Einstieg in einen Beruf ermöglicht werden, und vielleicht später eine Weiterbildung oder Umschulung.

Ein ehrenamtliches Betreuungskonzept

Die Zahlen der Neuankömmlinge stiegen stetig und damit die Belastung der „Amateur-Betreuer". Die Probleme erweiterten sich mit der Fluktuation der GU-Bewohner: Neuankömmlinge zogen ein, die Orientierung und sprachliche Hilfen brauchten. Andere, die länger in Deutschland waren, zogen aus den GUs aus, fanden noch keinen Arbeitsplatz, waren in kleinen Dörfern isoliert. Sie neigten dazu nach München zu gehen, wo Arbeit leichter zu finden war und es Landsleute gab, die schon lange in Deutschland lebten.
Aus diesen Gründen erarbeiteten die Amateur-Betreuer ein Lösungskonzept mit folgenden Schwerpunkten :

- Ressourcen der Flüchtlinge zu fördern, um ihnen den Start in Deutschland zu erleichtern
- Informationssammlung und Weitergabe : Die Amateur-Betreuer wussten selbst, wie wichtig Informationen sind, so setzten sie sich mit vietnamesischen ehrenamtlichen Betreuern in anderen Bundesländern in Verbindung, um Erfahrungen auszutauschen und einander gegenseitig zu unterstützen. Ferner war es auch notwendig, die Informationen bezüglich Integration, Aktivitäten der vietnamesischen Gemeinden in verschiedenen GUs in Bayern usw. weiter zu geben. Dazu musste eine Vernetzung unter den vietnamesischen Flüchtlingen entstehen und ein Info-Blatt entwickelt werden.
- Neue Kräfte unter den Boatpeople zur Unterstützung der Betreuung : Unter den Flüchtlingen waren einige, die fähig waren, bei der Betreuung mit zu helfen beispielsweise bei der Organisation, bei der Weitergabe und Erklärung der Infos. Die Amateur-Betreuer sollen immer ein besonderes Augenmerk darauf haben, sie zu finden und zu fördern.
- Ein Zentrum in München zur Koordinierung der ehrenamtlichen Arbeit : Die Betreuung vor Ort soll weiter beste-

hen bleiben, aber ein Zentrum in München ist notwendig um o.g. Aufgaben zu unterstützen.

Um dieses Konzept zu verwirklichen, wurde im Jahr 1980 der „Verein der freien Vietnamesen in München und Umgebung" gegründet, zu dem jeder Vietnamese freien Zutritt hatte, unabhängig davon, ob sie Studenten waren. Einige Monate später wurde das „Vietnamesische Zentrum" in der Schwanthalerstr.175 geöffnet. Es war zugleich der Sitz des Vereins der freien Vietnamesen und von hier aus wurde seine erste Zeitschrift, das „Münchner Info-Blatt" herausgegeben.

Von nun an nahmen die Amateur-Betreuer, wenn es möglich war, einige erfahrene Flüchtlinge auf die Betreuungsreise mit. Diese erfahrenen Boatpeople standen den Betreuern bei der Verwirklichung der Ideen zur Seite: Aktivitäten in der GU, Gestaltung der Versammlungen, Vertretungswahl, Vernetzung, Info-Weitergabe usw.

Dieses Konzept wurde von allen vietnamesischen Flüchtlingen in Bayern befürwortet. Dadurch entstand in jeder GU eine vietnamesische Flüchtlingsvertretung. Die Betreuungsaufgaben wurden, wenn möglich, dezentralisiert und auf eine Vertretung vor Ort übertragen. Die Vertretung war zuständig für die Weitergabe von Informationen an GU-Bewohner sowie für die Meldung von größeren Problemen an Betreuer. Sie organisierte mit Hilfe der Amateur-Betreuer und seinen erfahrenen Boatpeople die Aktivitäten in der GU. So entstand ein Kommunikationsnetz, das heute noch aufgerufen werden kann.

Mit diesen Ideen fanden auch die „Vietnamesischen Abende" in den Dörfern, wo es vietnamesische GUs gab, ihren Anfang.

Der Eintritt war frei für alle Dorfbewohner und das Programm bestand meist aus :

- Ausstellungen vietnamesischer Handarbeiten wie beispielsweise Holzschnitzerei, Holzschmuck und Austernschalen, Lackmalerei.
- Kurzen Infos über Vietnam, Land und Leute, ihre Sprache und Schrift (die Vietnamesen benützen seit langem nicht mehr die Zeichenschrift sondern ein Alphabet mit vielen Akzenten), Gründen, nach Deutschland zu kommen u.a.
- Heimischen Tänzen und Musik, vietnamesischem Kampfsport usw.

- Angeboten von vietnamesischen Küchenspezialitäten gegen einen minimalen Unkostenbeitrag.

Die Vertreter gingen mit dem Betreuer zur Gemeinde auf der Suche nach einem kostenlosen Raum für den Abend. Sie besprachen unter sich, wie der Vietnamesische Abend organisiert werden sollte, welche Hilfen sie von den Vietnamesen der anderen GUs noch brauchten oder für welche Form der Unterstützung sie bei den deutschen Nachbarn anfragen konnten. Sie delegierten gemeinsam mit dem Betreuer alle mögliche Arbeiten, so dass alle Bewohner der GU sich an den Vorbereitungen für diesen Abend beteiligen konnten. Sie übten fleißig ihre Tänze, Musik, manchmal allein, manchmal mit dem Coach aus der anderen GU. Alle beschäftigten sich monatelang mit dem geplanten Abend. Sie luden alle ihre deutsche Nachbarn ein und machten damit ihre ersten Schritte in die Öffentlichkeitsarbeit. Nicht selten bekamen sie nach diesem Abend spontan Spenden für die GU und es entstanden dadurch Patenschaften, die später bei der Arbeits- oder Wohnungssuche sehr hilfreich waren. Sie spielten danach Tischtennis mit ihren Nachbarn. Die Resonanz auf diese lebensbejahenden Aktionen war sehr positiv. Politiker und Journalisten kamen gerne zu diesen Veranstaltungen. Ihre Bemühungen waren nicht nur für den einen Abend allein. Die guten Darbietungen und Erfahrungen wurden von anderen GUs in Bayern als Muster verwendet. Einige reisten zu den nächsten Veranstaltungen, um ihren Landsleuten zu helfen. Aus dieser gegenseitigen Unterstützung entstand Solidarität und Vernetzung.
Um das Alleinsein zu bekämpfen, weitere Kontakte unter GU BewohnerInnen zu festigen, und zur Identitätsstärkung, gründeten die Betreuer Sportmannschaften, die gegeneinander spielten. Wer nicht spielte, fuhr mit und konnte als Zuschauer mit Beifall Teilnahme und Lebensfreude ausdrücken.

Die Aufgaben des Vietnamesischen Zentrums in München.

Um sich zu helfen, koordinierten die Betreuer die Lösungsstrategien und die Betreuung von München aus. Die Betreuungsaufgaben wurden soweit wie möglich dezentralisiert und einem Repräsentanten vor Ort übertragen. Bedingt durch seine vielfältigen Aufgaben hatte dieses Zentrum folgende Eigenschaften und Ziele: Das Zentrum wurde nach dem Leitsatz „Wir bauen für uns selbst unser Haus" durch Eigenfinanzierung gegründet. Die Betreuer beantragten weder kommunale noch staatliche Zuschüsse. Sie brachten ihre eigenen Möbel zum Zentrum oder gingen zu den Sperrmüllsammelstellen und holten von da Möbel ab. Sie renovierten ihr Zentrum selbst.

- Die Selbstfinanzierung führte wiederum zu eigenen Aktivitäten der Flüchtlinge. Sie bestand aus drei Quellen :
    - Spenden von vietnamesischen Flüchtlingen.
    - Regelmäßige Einnahmen durch Verkauf von Essen und Getränken: Jedes Wochenende gingen die Flüchtlinge abwechselnd selber einkaufen, bereiteten Mahlzeiten zu und verkauften sie im Zentrum. Den gesamten Erlös stellten sie dem Zentrum zur Verfügung.
    - Unregelmäßige Einnahmen: zwei oder drei Mal im Jahr veranstalteten die Flüchtlinge einen vietnamesischen Abend in München und luden hauptsächlich die Vietnamesen aus Bayern dazu ein. Trotz sehr geringer Eintrittskosten reichten die Einnahmen immer noch für die Ausstattung mit Sprechanlagen, Musikinstrumente, traditionelle vietnamesische Kleider, Bühnenfond usw., die wiederum für den nächsten vietnamesischen Abend in München oder irgendwo anders in Bayern verwendet wurden.

Der vietnamesische Abend in München verfolgte noch andere Ziele als in den Dörfern :
    - Er ermöglichte den vietnamesischen Flüchtlingen in Bayern, einander zu treffen. Oft fanden sie hier ihre alten Bekannten oder Verwandten wieder, neue Bekanntschaften wurden geknüpft, was für die Selbsthilfe untereinander später eine wichtige Rolle spielte.
    - Die Vertreter der GU nutzten diese Gelegenheit, einander kennen zu lernen und Erfahrungen auszutauschen. Des Öf-

teren kam es zu Vereinbarungen von Sportturnieren oder Besuchen zwischen den GUs.
- Gute Darbietungen anderer GUs konnten allen Vietnamesen gezeigt werden, was die Amateur-Darsteller ermunterte, weiter zu üben.

Um Bewusstsein und Beziehungen unter den Flüchtlingen zu stärken, diente das Zentrum neben der Selbstfinanzierung folgenden Zielen:

- Betreuung : Der Zuzug von Flüchtlingen nach München, die nach einem Jahr von anderen GUs in Bayern umverteilt wurden, nahm ständig zu. Sie sprachen schon einigermaßen Deutsch, suchten Arbeit, Wohnung, Rat und Hilfe für Umschulung, Weiter- und Ausbildung oder Studium. Damit standen die Amateur-Betreuer vor einer neuen Situation. Um sich zu helfen, koordinierten die Betreuer die Lösungsstrategien und die Betreuung in München und von München aus. Die Betreuung außerhalb von München wurde weiter geführt, aber, wenn es möglich war, dezentralisiert und auf die Vertretungen vor Ort übertragen.
  In München begleiteten sie die Flüchtlinge zum Arbeitsamt, zu den großen Firmen wie beispielsweise Siemens, BMW, Farben Huber usw., um Arbeit zu finden. Später stellten die Amateur-Betreuer fest, dass die besten Arbeitsvermittler oft nicht der Amateur-Betreuer oder Arbeitsamt, sondern die Flüchtlinge selbst waren, weil sie die ersten waren, die wussten, wann ihr Chef noch Mitarbeiter brauchte.
  Unter den ersten Boatpeople-Gruppen waren viele Heranwachsende zwischen 18 Jahren und 22 Jahren und oft mit minderjährigen Geschwistern. Sie suchten Schule oder Ausbildung für sich selbst oder ihre Geschwister. Sie waren voll von Lebensenergie und motiviert, aber zugleich sehr unsicher über ihre Zukunftsplanung. Dieser Gruppe schenkten die Amateur-Betreuer besondere Aufmerksamkeit. Viele lange Gespräche wurden mit ihnen geführt, um, dem Wunsch des Betroffenen entsprechend, festzustellen, ob Fachoberschule, Vorbereitungskurs für das Abitur der Otto Benecker Stiftung, Studienkolleg oder Berufsausbildung am ehesten für sie geeignet waren. Die Minderjährigen wurden in der Schule angemeldet, manche sogar direkt am Gymnasium oder Internat. Der Verein betreute zu

dieser Zeit insgesamt elf Minderjährige ehrenamtlich. Die Amateur-Betreuer unterstützten ein Sonderprogramm für ihre Freizeit am Wochenende. Jeden Samstag fuhren sie sie zum Volleyball- und dann zum Fußballtraining, danach verbrachten sie den Rest des Wochenendes im Zentrum. Dort übten sie zusammen mit den Erwachsenen singen, tanzen und musizieren. Später bildeten sie selbst eine minderjährige Fußballmannschaft und eine Musikgruppe und durften sogar mit Stolz an allen vietnamesischen Abenden oder Sportturnieren teilnehmen. Diese unbegleiteten minderjährigen Flüchtlinge (UMF) wurden die aktivsten und effektivsten Helfer des Zentrums. Sieben von ihnen gingen später an die TU oder FH München, drei machten eine Berufsausbildung.

- Neue freiwillige Mitarbeiter unter den Boatpeople zu gewinnen und zu Betreuern auszubilden
- Monatliche Ausflüge zu unterschiedlichen Städten und GUs zu organisieren, um die Vernetzung zu fördern
- Anlaufstelle und Kontaktpunkt für Flüchtlinge und Gruppen aus allen Orten zu sein
- Informellen Austausch unter Flüchtlingen und auch mit Deutschen oder anderen, die gelegentlich kamen, zu ermöglichen
- Informationsaustausch über Arbeits- und Wohnmöglichkeiten
- Beteiligung und Demokratie: Es hieß: „Wer hat eine Idee?" Alle Vorschläge für Aktivitäten und Veranstaltungen wurden ausprobiert. (Kurse, Nachhilfeunterricht, Hobbywerkstatt, Musik, Tanz, Sport, etc.)
- Unterstützung für Personen, die aus den GUs auszogen, für diejenigen, die isoliert im Dorf wohnten, keine Arbeit oder keinen Anschluss an die hiesige Gesellschaft fanden
- Nachwuchs zu suchen. Künftige Entscheidungsträger und Vorstandsmitglieder zu finden und zu fördern.
- Die Gründung der verschiedenen Gruppen in München zu unterstützen.

Zwischen allen Nutzern und Betreuern des Zentrums entstand bald ein tiefes Vertrauensverhältnis. Dieses Vertrauen und Gemeinschaftsgefühl bildete den Boden, auf dem Begeisterungsfähigkeit für die gemeinsame Arbeit wachsen konnte. Aus dieser Begeisterung resultierten viele neue Ideen und Aktivitäten.

Das Zentrum wurde schnell zum beliebten Treffpunkt. Essen im Zentrum am Wochenende wurde für manche zur Tradition. Besonders die Jugendlichen, die ohne Familie nach Deutschland ankamen und während der Woche im Internat lebten, genossen Reis in großen Mengen und die heimatliche Würzung. Hier lebte eine Gemeinde auf...

Förderung der Selbstentwicklung der Boatpeople

Die Leiter des Zentrums (meist Studenten) erkannten, dass, solange sie aktiv betreuten, die Boatpeople in ihrem Schatten bleiben würden. Daher schlossen sie 1984 das Zentrum. Damit wurde die Betreuung und die Verantwortung an die Betroffenen selbst übergeben. Die direkte Folge war, dass die Boatpeople andere Vereine aufsuchten und auch neue gründeten, z. B. den „Verein der Vietnamesischen Buddhisten in München und Umgebung" und den „Verein der Vietnamesischen Katholiken in München". Dabei bauten sie auf die Erfahrungen mit dem „Verein der Freien Vietnamesen".
Die Studenten hofften, dass die ersten Boatpeople weitere Neuankömmlinge selber betreuen würden. Sie wussten, dass die Probleme langsam klar geworden waren und es Lösungsmuster gab.
Diese ehrgeizige Zielsetzung war erfolgreich: Der Erwerb der deutschen Sprache, der Abschluss einer Ausbildung und eine berufliche Position führten sie in die Integration. Die Boatpeople sind in Bayern geblieben; sie arbeiten bei den bekannten bayerischen Firmen, BMW und Siemens, sind Ingenieure oder Geschäftsleute geworden und eröffneten Restaurants; sie und ihre Kinder sind zum Großteil deutsche Staatsbürger geworden.

Die neuen Flüchtlinge aus dem Osten

Im November 1989 trafen in München Berichte aus Berlin ein, dass Vietnamesen aus Ostdeutschland und Osteuropa die Grenze in den Westen übertreten hätten. Niemand ahnte, wie gigantisch ihre Zahl werden würde. Im kleinen Kreis der früheren vietnamesischen studentischen Betreuer, die jetzt ins Berufsleben eingestiegen waren und Familien gegründet hatten, wurde über die mögliche anstehende Betreuung gesprochen.

Am 18.12.1989 um 22:00 Uhr tauchte der erste Flüchtling, eine Vertragsarbeiterin aus der DDR, in der Münchner GU in Allach auf: Es hatte sich herum gesprochen, dass dort Vietnamesen wohnten. Sie waren die letzten Familiennachzügler der südvietnamesischen Boatpeople, die vor der kommunistischen und überwiegend nordvietnamesischen Regierung geflüchtet waren. Die Vertragsarbeiter waren hauptsächlich Nordvietnamesen, die zur Gesellschaftsgruppe gehörten, die die Boatpeople unterdrückten. Eine spannungsreiche Situation für alle.

Als Hunderte von Flüchtlingen München erreichten, riefen einige frühere Amateur-Betreuer dazu auf, den Neuankömmlingen zu helfen. Viele ehemalige UMF - mittlerweile selbst Studenten- waren bereit als ehrenamtliche Dolmetscher bei Behördengängen tätig zu sein. Die Betreuungssituation war aber völlig anders als 1979:

Es strömten nicht nur Vietnamesen nach Deutschland; es kamen aus allen Erdteilen Tausende von Menschen innerhalb kurzer Zeit. Sie wurden zusammen in riesigen Übergangslagern untergebracht. Die Koordination ihrer Betreuung war in den Händen der Behörde. Amateur-Betreuer fanden kaum Raum, ihre Erfahrungen einzubringen.

Die neuen Flüchtlinge wurden innerhalb von Tagen willkürlich innerhalb Bayerns verlegt; sie waren nicht mehr in Gemeinden eigener Landsleute konzentriert, die für Amateur-Betreuer erreichbar waren und innerhalb deren es möglich gewesen wäre, Multiplikatoren auszubilden.

Die neuen Flüchtlinge waren aus vielen Gründen unsicher, ob sie ihren Landsleuten vertrauen konnten:

- Aufgewachsen im Kommunismus hatten sie Solidarität und Vertrauen nie erlebt. Sie hatten nur Verdächtigungen kennen gelernt und kannten kein uneigennütziges Verhalten. Dass die vietnamesische Regierung ihre Agenten als „Flüchtlinge" in die vietnamesische Gemeinde schickte, war ihnen nicht neu. So erfuhren die Flüchtlinge bisweilen von ihren Familien zu Hause, dass Polizeibeamte ihnen heimlich mitgeschnittene Gespräche ihrer Angehörigen in München vorspielten, um sie unter Druck zu setzen. Selbstverständlich mussten sie sich deswegen äußerst vorsichtig verhalten.

- Sie fragten sich, ob Personen, die von einer Regierung unterdrückt worden waren, von der sie selbst als Vertragsarbeiter gewisse Privilegien erhalten hatten (z.B. die Chance, ins Ausland zu reisen), ihnen wirklich helfen würden. Von den Boatpeople erlebten sie im Gegenzug manchmal Misstrauen.
- Sie verdächtigten diesen Personenkreis, der in Opposition zu ihrer Regierung war, immer noch. Sie dachten, wie durch die kommunistische Propaganda vermittelt worden war, dass einige von ihnen vielleicht für die CIA gearbeitet hatten.

Die Boatpeople selbst waren in mehreren Vereinen organisiert und fanden es anfänglich schwierig, einheitliche Beratungen anzubieten und die Betreuung zu koordinieren. Ihr eigenes Asylverfahren war anders gelaufen. Sie hatten keine Erfahrung mit der Begründung der aktuellen Asylanträge.

Als die Erstanlaufstellen gefährlich überfüllt waren und kaum weitere Unterbringungsmöglichkeiten irgendwo in Bayern zu finden waren, stellte die Stadt München in zwei Stadtteilen Zelte nur für die Unterbringung von Vietnamesen auf. Dadurch konnte einiges vom alten Betreuungsmodell innerhalb einer Gemeinde wieder eingeführt werden: So boten die Boatpeople Sprachunterricht im Zelt an; sie stellten Volleyballnetze nebenan auf, organisierten Sportmannschaften und vermittelten mithilfe ihrer Kontakte Arbeitsstellen und schafften Kontakt zu den Pfarreien im Stadtteil.

Es stellte sich leider bald heraus, dass der wichtigste Teil des früheren Betreuungskonzepts nicht zu verwirklichen war: Als schon nach drei Monaten die ersten Ablehnungen von Asylanträgen eintrafen, wussten alle, dass diese Flüchtlingsgruppe keine gesicherte Zukunft hatte. Sie waren nicht willkommen. Ihr Aufenthalt in Deutschland war nicht selbstverständlich, wie sie vom „Land der Menschenrechte" erwartet hatten. Sie konnten nicht mit offiziellen Sprachkursen oder Arbeitsförderungen - wie ihre Vorgänger sie erhielten - rechnen. Integrationsförderung würde es nicht geben. Ein Schock breitete sich in der vietnamesischen Gemeinde aus, die sich hilflos fühlte. Sie schickten die neuen Flüchtlinge mit ihren Ablehnungen im Asylverfahren zum Rechtsanwalt. Von dieser Betreuung mussten sie sich zurückziehen.

Die Wohlfahrtsverbände stiegen in die Betreuung ein. Die Flüchtlinge zogen aus den Zelten in ein Containerlager ein. Weil der

Rechtsweg durch die Gerichte lang war und die Sozialistische Republik Vietnam ihre Auslandsvertretung anwies, abgelehnten Asylbewerbern keine Heimreisepapiere auszustellen, blieben die neuen Flüchtlinge mehrere Jahre in der GU hängen. Sie waren orientierungslos; ohne Aufenthalt hatten sie keine Zukunft. Für sie ging es fünf oder acht oder noch mehr Jahre lang nur ums Überleben, nicht um Integration. Sie besuchten keine Sprachkurse, weil sie nicht bezahlbar waren und ihnen nicht bezahlt wurden, aber auch weil es keinen Grund gab, Deutsch zu lernen. Sie konzentrierten sich darauf, Geld zu verdienen und zu sparen, in der Hoffnung, eventuell irgendwo damit eine Zukunft aufzubauen.

Die Selbstbetreuungsgruppe VIM (Vietnamesische Initiative München)

Als die Bayerische Staatsregierung Ende 1993 versuchte, trotz der Verweigerung von Wiedereinreisepapieren der vietnamesischen Regierung einige vietnamesische Flüchtlinge nach Hause abzuschieben, erfuhr die Öffentlichkeit, dass diese in einer Art Niemandsland lebten. Die vietnamesische Gemeinde sowie engagierte Pfarrer und Ehrenamtliche berichteten den Medien, wie manche zwischen Bangkok, Saigon, Hongkong und Hanoi hin und her geflogen wurden, bis die deutsche Behörde sie endlich wieder einreisen ließ. Nach diesen so genannten „Ping-Pong-Reisen", gab es trotzdem keinen gesicherten Aufenthalt, sondern mussten Betroffene weiter in Unsicherheit schweben, während die Bundesregierung über ein Jahr hinweg mit Vietnam ein Rückführungsabkommen aushandelte.

Besorgt trafen sich 1994 einige ehemalige Amateur-Betreuer und dachten über ein neues Betreuungskonzept nach, um Betroffenen aus dieser schlechten Lage heraus zuhelfen. Die Aufgabenstellung war ähnlich wie zu früheren Zeiten, aber die Möglichkeiten für eine Lösung begrenzter. Auf ihren Erfahrungen aufbauend wollten sie die Selbsthilfekräfte und Ressourcen der nordvietnamesischen Flüchtlinge fördern. Sie entschieden sich, in Zusammenarbeit mit dem Wohlfahrtsverband vor Ort in der GU eine Gruppe von Flüchtlingen zu Selbstbetreuern auszubilden. Erste Inhalte waren eine Serie von ausführlichen Gesprächen, in denen die jungen Flüchtlinge über ihre Geschichte und ihre politischen Erfahrungen redeten. Ziel war es, ihnen sowohl ihre heimatliche als auch die deutsche Gesellschaft bekannt zu machen und beide zusammen zu analysieren; sie gleichzeitig als Menschen kennen zu lernen, um heraus zu finden, wer für Betreuungsarbeit geeignet war. Es ging hier darum, ihr Engagement und ihre Integrität zu erkennen.

Aus diesen Gesprächen entstand die Vietnamesische Initiative München (VIM), die dann langsam in einfache Betreuungsaktivitäten einstieg, erst in einem Zimmer in der GU und dann später im Caritasbüro, wo sie zunächst hospitierten. Obwohl sie schon seit drei oder vier Jahren in Deutschland lebten, sprachen sie sehr schlecht deutsch, so übten sie beim Ausfüllen von Formularen die Amtssprache, und beim Anrufbeantworter abhören lernten sie die häufigsten Probleme kennen. Anfänglich waren die anderen Flüchtlinge nicht sicher, ob sie ihnen ihre Probleme anvertrauen sollten: Was konnten sie schon wissen? Sie waren doch ebenfalls Neuankömmlinge. Aber mit der Rückendeckung der lang in Deutschland lebenden ehemaligen Studenten brachen sie schrittweise die Mauer des Misstrauens. Wie ihre Vorgänger zeigten die neu ausgebildeten Betreuer durch ihr Verhalten, dass sie niemanden bevorzugen würden und keine Belohnungen annahmen. Als die Bewohner ihnen allmählich Respekt schenkten, wuchs ihr Selbstvertrauen. Sie veröffentlichten eine Info-Zeitschrift „Michaeli Info" [*], reisten durch Bayern und suchten Vertretungen in anderen GUs, die Informationen und die Zeitschrift weiter verteilten.

Weil die vietnamesische Regierung ihnen die Heimreise jahrelang verweigerte, wurde die letzte Gruppe vietnamesischer Flüchtlinge in Deutschland „geduldet". Auch unter solchen Bedingungen verlieben sich Menschen, heiraten, kriegen Kinder, werden krank, versuchen die Zustände zu verbessern u.s.w. Über die Jahre konnten alle Vietnamesen aus der ursprünglichen GU, einem Containerlager, ausziehen, meist in private Wohnungen, fast alle arbeiteten. Mit dem Inkrafttreten des Rückführungsabkommens im September 1995 fürchteten alle ihre Abschiebung. Weil die vietnamesische Behörde weiterhin das Verfahren nur sehr langsam betrieb, blieben sie hier, aber in der ständigen Angst, einen „blauen Brief" zugestellt zu bekommen, in dem ihre Abschiebung angekündigt wurde. Die Mitglieder der VIM verstärkten ihre Kontakte in München und in Bayern, um über die reale Gefahr aufklären zu können, ohne Panik auszulösen. Ziel war es, alle über ihre verbliebenen Ansprüche und den Rechtschutz, der ihnen

---

[*] Die GU liegt in der Nähe des Michaelibads

auch noch unter dem Abkommen von der deutschen Behörde zu gewähren war, zu informieren und ihnen gleichzeitig durch Versammlungen und Beratungen zu helfen, ihre Möglichkeiten wahrzunehmen und Entscheidungen zu treffen.

Da, wie gesagt, die vietnamesische Behörde nur sehr schleppend und unwillig die Rückführung betrieb, gelang es vielen gut beratenen Flüchtlingen über die Härte- und Altfallregelungen von 1996 und 1999 Aufenthaltsbefugnisse zu erhalten. Von den ursprünglichen Bewohnern des Containerlagers leben jetzt etwa 80 % noch in Bayern, haben aus unterschiedlichen Gründen Aufenthaltsbefugnisse erhalten, gehen in die Arbeit und schicken ihre Kinder in deutsche Schulen. Vergleichsweise ist der Prozentsatz von vietnamesischen Flüchtlingen außerhalb Münchens, die einen festen Aufenthalt erlangen konnten, viel geringer. Die Mehrzahl ist nach Vietnam zurückgeführt worden.

Trotz dieses Erfolgs ist es VIM Mitgliedern und deren Unterstützern bewusst, dass dieser letzten Flüchtlingsgruppe der Integrationsweg ihrer Vorgänger nicht gelungen ist. Die Umstände ihrer Ankunft und ihres legalen Status´ in Deutschland machten die erste Gruppe zu willkommenen Sympathieträgern und die letzte zu unerwünschten Außenseitern. Für die Ersteren plante die Behörde Integrationszeit und bezahlte Maßnahmen. Der Letzteren fehlte von Anfang an Stabilität und Orientierung. Das erzwungene Leben von einem Tag zum anderen und der Überlebenskampf wurden chronisch. Als sie nach sieben oder mehr Jahren endlich einen halbwegs sicheren Aufenthalt erreichten, war es zu spät, mit Integrations- oder Deutschkursen anzufangen. Ihre Motivation war verschwunden und sie konnten sich kaum vom Arbeitsalltag dafür frei machen. Auch die Betreuung konnte diese Probleme nicht abdecken.

Schlusswort
(Von Hester Butterfield)

Die Geschichte der Betreuung von vietnamesischen Flüchtlingen in Bayern trägt viele Lehren für die Sozialarbeit allgemein in sich. Um nur einige zu nennen: Die Ansätze zur Selbsthilfe und Ausbau der eigenen Ressourcen sowie die Bedeutung der Einstellung der hiesigen Gesellschaft zu den Flüchtlingen und ihre Bereitschaft, sie anzunehmen und zu integrieren. Während die Grundgedanken dieses Modells übertragbar sind, muss auch betont werden, dass der große Erfolg der hier beschriebenen Betreuungsmodelle von den Fähigkeiten und dem Engagement der schon anwesenden Landsleuten abhängen. Nur wenn diese sich mit viel Erfahrung in Deutschland zwischen den zwei Kulturen und Gesellschaften sicher bewegen, können sie ein so breit angelegtes Konzept durchführen. Es ist auffallend, wie die Amateur-Betreuer ihr Konzept immer wieder modifizierten oder auch ganz neue Arbeitsweisen entwickelten, je nachdem, wie sich die Zusammensetzung der Gruppe der Betreuten, ihre rechtlichen Ansprüche und Lebensbedingungen veränderten. Die hier nur kurz skizzierten Veränderungen in der Betreuungsarbeit waren in Wirklichkeit das Resultat vieler langer Diskussionen und Gespräche unter den Betreuern und mit den Betroffenen. Diese Selbstreflexion befähigte sie ohne formalen Qualifikationen äußerst professionell zu arbeiten.

Eine weitere wichtige Erfolgsvoraussetzung ist das integere Verhalten der Amateur-Betreuer, die keine Bekannten bevorzugen oder Geschäfte mit der Betreuung machen dürfen. Sich selbst einer solchen Herausforderung zu stellen, ist tief in der konfuzianischen Kultur ihrer vietnamesischen Heimat verwurzelt. Auch die hierarchische Struktur, die ihnen ermöglichte, einmal identifizierte Probleme aufzugreifen, Aufgaben zu verteilen und später zu delegieren, stammt hierher.

Ferner können nur sie entscheiden, inwiefern sie einsteigen und wer unter den Neuankömmlingen als Betreuer oder Vertreter seiner/ihrer Landsleute geeignet ist.

Sie arbeiteten unentgeltlich aber nicht umsonst. Durch ihre Arbeit sicherten sie den allgemein guten Ruf der vietnamesischen Flüchtlinge, erhielten selbst Anerkennung und vor allem gewannen sie neue Kompetenzen sowie Kenntnisse über die deutsche Gesellschaft.

Ehrenamt

Hausaufgabenhilfe in der Unterkunft Lothstrasse in München, 1991

Ehrenamt: Denen helfen, die Hilfe brauchen. Dabei Spaß haben, lachen. Und voneinander lernen.

Von ganzem Herzen – ehrenamtliche Arbeit mit Flüchtlingen

Florian Fritz

Einführung

Freiwilligenarbeit, Ehrenamtlichenarbeit, Bürgerschaftliches Engagement: Drei Begriffe, die alle dasselbe meinen: Bürger, Nachbarn, Mitmenschen engagieren sich. Sie helfen beim Sportfest der Gemeinde, pflegen bettlägerige Menschen, organisieren Ausflüge mit Kindern oder für Behinderte, unterstützen die Pfarrei bei der Vorbereitung von Gottesdiensten. Sie arbeiten einzeln, schließen sich zu Grüppchen oder Gruppen zusammen oder gründen einen Verein. Sie leisten Tätigkeiten, die Professionelle nicht (mehr) oder noch nicht leisten können, weil Geld und Personal fehlen. Sie stellen Bedarfe fest, bauen Strukturen auf und Defizite ab. Ohne ehrenamtliche Arbeit, die sich häufig, aber nicht immer im sozialen Bereich abspielt, würde unsere Zivilgesellschaft längst nicht mehr funktionieren. Und die Bedeutung des Ehrenamtes wächst in den Zeiten knapper Kassen weiter an. Politiker werden nicht müde, an das Gemeingefühl der Bürger und Bürgerinnen zu appellieren, Kommunen gründen Fachabteilungen, die sich alleine mit dem Werben von Ehrenamtlichen befassen, sogar Gesetze bauen mittlerweile auf die Ressource Ehrenamt: Das Betreuungsgesetz, das das frühere Vormundschaftsrecht ersetzt, geht davon aus, dass ein großer Teil zu bestellender Betreuungen beispielsweise für alte Menschen über Ehrenamtliche abgedeckt werden kann. Zu diesem Zweck gibt es Hauptamtliche, deren einzige Aufgabe darin besteht, Ehrenamtliche für Betreuungen zu werben.
Besonders verdiente Ehrenamtliche bekommen in einer jährlichen Zeremonie das Bundesverdienstkreuz verliehen und um die Bedeutung des Ehrenamtes gesamtgesellschaftlich stärker zu verankern, wurde das Jahr 2001 zum „Internationalen Jahr der Freiwilligkeit" deklariert.

Jenseits solcher öffentlichkeitswirksamen Aktionen gedeiht das Ehrenamt jedoch vor allem im Verborgenen: Ein Prozess, der im Alltag heranreift und sich in der Normalität bewährt. Der folgende Beitrag will beleuchten, wie dieser Prozess in der Arbeit mit

Flüchtlingen aussieht, wie er in Gang gebracht wird, wie er unterstützt werden kann, wo seine Chancen, Grenzen und Perspektiven liegen.

Ehrenamtliche in der Flüchtlingsarbeit- warum?

Wie die meisten Bereiche Sozialer Arbeit kämpft auch die Flüchtlingsarbeit mit einem Mangel an Ressourcen: Zu wenig Personal, schlechte materielle Ausstattung etc. Diese Mängel können nur durch das Engagement Interessierter vermindert werden, die in der täglichen Arbeit mit Flüchtlingen ihre Zeit und ihre materiellen Ressourcen mit einbringen. Oftmals ergibt sich die Gelegenheit hierzu schon bei der Gründung einer Flüchtlingsunterkunft oder sogar im Vorfeld, wenn im Stadtteil noch politisch über das wie, wo und wann gestritten wird. Zu diesem Zeitpunkt bereits finden sich nicht selten Gleichgesinnte aus der Nachbarschaft oder im Stadtteil, die, das konkrete Leid und Elend der Betroffenen vor Augen, Unterstützung leisten wollen. Gerade bei bereits vor der Öffnung politisch umstrittenen und in der lokalen Öffentlichkeit bekannten Unterkünften engagieren sich oft Prominente, wie Journalisten, Lokalpolitiker oder Künstler. Sie gründen Initiativen mit Namen wie „Miteinander leben" und bauen über eventuell vorhandene sozialpädagogische Betreuung oder aber direkt Kontakte mit den betroffenen Flüchtlingen auf. Ihre Motivation speist sich neben dem Wunsch, sich sozial zu engagieren, manchmal auch aus eigenen Fluchterfahrungen, die sie beispielsweise nach dem zweiten Weltkrieg erlebt hatten.

Neben der direkten Hilfe ist auch eine mögliche Vermittlerfunktion im Stadtviertel denkbar.
Da über Flüchtlinge in den Medien und der Politik viele Halbwahrheiten, Gerüchte, Klischees und Lügen verbreitet werden, halten viele Menschen wenig von Flüchtlingen und nehmen sie primär als Sozialschmarotzer, kriminelle Bedrohung oder anpassungsunfähige Fremde wahr. In der Umgebung von Flüchtlingsunterkünften verdichten sich solche Wahrnehmungen oftmals zu regelrechten Konflikten. Bürgerinitiativen werden gegründet, Demonstrationen organisiert, zumeist mit dem Ziel, das Haus und seine BewohnerInnen rasch wieder los zu werden. Um so wichtiger ist es, BürgerInnen aus der Nachbarschaft oder dem Stadtteil zu finden, die eine andere Meinung vertreten (und sol-

che gibt es immer!). Im Gegensatz zum Betreuungspersonal vor Ort, das als Anwalt der Flüchtlinge und somit als parteiisch wahrgenommen wird, sind diese BürgerInnen eher imstande, eine Mittlerfunktion einzunehmen. Sie wohnen ebenfalls in der Nähe, haben aber im Gegensatz zu den „GegnerInnen" schon Kontakte in der Unterkunft, kennen die baulichen und psychosozialen Gegebenheiten, die beispielsweise in einem Containerlager herrschen und können daher Vorurteilen und übersteigerten Wahrnehmungen entgegenwirken. Glaubwürdig macht sie, dass sie selbst ebenfalls „Betroffene" sind.

Einsatzgebiete für Ehrenamtliche

Ehrenamtliche sind somit unabdingbar sowohl für die Arbeit mit den KlientInnen als auch für die Stadtteil- und Öffentlichkeitsarbeit. Da Flüchtlinge im Grundsatz offene, freundliche und wissbegierige Menschen sind, ist es nicht schwierig, mit ihnen zu kommunizieren und Kontakte herzustellen. Wenn man bereit ist, mit Händen und Füßen zu reden, Respekt vor anderen und eigenes Interesse mitbringt, sind der Bandbreite ehrenamtlichen Einsatzes kaum Grenzen gesetzt. Konkret sind folgende Einsatzgebiete denkbar:

Ein idealer Einstieg bei der Eröffnung einer Flüchtlingsunterkunft ist das Angebot einer „Teestube". So entsteht ein erster Treffpunkt. Es wird ein Rahmen geschaffen, in dem zwanglosere Kontaktaufnahme möglich ist. Ob man dort über Sport oder Kinder redet, bastelt, spielt oder einfach nur Tee trinkt, ist dabei zweitrangig. Wichtig ist die Regelmäßigkeit des Angebotes, möglichst zu einer festen Wochen- und Tageszeit, so dass die Beteiligten das Angebot als Strukturhilfe in ihren Lebensalltag integrieren können. Im weiteren Verlauf können sich aus solch einer „Teestube" spezifischere Projekte entwickeln. Weitere denkbare Angebote sind Gruppen mit Frauen oder Männern oder mit bestimmten Ethnien. Ein klassisches Aufgabenfeld ist die Arbeit mit Kindern und Jugendlichen, vor allem in der Einzelfallhilfe: Hausaufgabenhilfe und Freizeitgestaltung. Bei entsprechenden Kompetenzen des ehrenamtlichen Personals ist auch Gruppenarbeit denkbar: Hausaufgabengruppen, Spielgruppen, Ausflüge mit Gruppen.

Es gibt einen fließenden Übergang zur Unterstützung ganzer Familien. Oftmals beginnt die Hilfe bei den Kindern und weitet sich dann auf die Eltern aus. Dies kann bedeuten, auf die Kinder aufzupassen, während die Eltern oder die allein erziehende Mutter Einkäufe erledigt, gemeinsam Ausflüge zu unternehmen oder auch nur mit der Mutter zu arbeiten (sie z.B. abends zu besuchen, wenn die Kinder im Bett sind).

Im Stadtteil finden sich Ehrenamtliche häufig in Pfarreien oder Nachbarschaftshilfen, deren MitarbeiterInnen ohnehin karitativ tätig sind. Das Sammeln oder Organisieren von Sach- und Geldspenden, das Vermitteln weiterer Ehrenamtlicher oder die Integration von Flüchtlingen in die bestehenden Netzwerke (Gottesdienste, Müttergruppen, Bibelkreise) sind Beispiele für Tätigkeiten in diesem Feld. Zusätzlich gibt es Veranstaltungen wie Stadtteilfeste oder „Tage der offenen Tür" in Flüchtlingsunterkünften.

Der Übergang zur Öffentlichkeitsarbeit ist wiederum fließend. Ein „Tag der offenen Tür" ist auch ein wesentliches Instrument der Öffentlichkeitsarbeit. Dazu gehören aber auch Aktionen wie Diskussionsrunden oder Themenabende mit BürgerInnen im Stadtteil, oder, als Konfliktregelungsmechanismus, so genannte „Runde Tische", an denen die verschiedenen Interessengruppen zusammenkommen.
In der Unterkunft, in der ich tätig bin, geben Ehrenamtliche eine regelmäßig erscheinende kleine Broschüre heraus. Darin sind Kochrezepte von Flüchtlingen ebenso enthalten wie ausführliche Interviews, Hintergrundinformationen über die Herkunftsländer, Berichte von Aktivitäten in und um die Unterkunft und vieles andere mehr. Die Broschüre wird in der Nachbarschaft und stadtweit an relevante Organisationen verteilt. Sie soll Verständnis wecken, Brücken bauen und dazu beitragen, dass Einheimische und Flüchtlinge einander besser kennen lernen und miteinander ins Gespräch kommen.

Werbung von Ehrenamtlichen

Wie eingangs erwähnt, gibt es mittlerweile regionale, aber auch überregional tätige Vereine und Stellen, die Ehrenamtliche anwerben, indem sie Broschüren verteilen und Informationsabende veranstalten. Meist gehen dort Anfragen zu den unterschiedlichsten Einsatzgebieten ein, so dass es sinnvoll erscheint, den Bekanntheitsgrad dieser Organisationen zu nutzen, wenn man selbst ehrenamtliche Mitarbeiter sucht. Möglichst präzise Vorstellungen über Einsatz und Kompetenzen der Gesuchten erleichtern die Vermittlung erheblich.

Auch im unmittelbaren Arbeitsumfeld, beispielsweise der Umgebung einer Flüchtlingsunterkunft, lassen sich Ehrenamtliche ausfindig machen. Die schon erwähnten stadtteilinternen Netzwerke wie Pfarreien und Nachbarschaftshilfen oder Soziale Arbeitskreise sind die ersten Ansprechpartner. Oftmals ergeben sich Kontakte auch direkt, wenn BürgerInnen anrufen, die Kleidung oder Spielzeug spenden wollen. Hilfreich ist es dann, eine kleine Selbstdarstellung in Form einer Broschüre zur Hand zu haben (Wer sind wir? Was brauchen wir? An wen können Sie sich wenden?). So kann aus einem losen Kontakt möglicherweise eine dauerhafte Hilfe werden.

Kinderfeste, Stadtteilfeste und „Tage der offenen Tür" sind weitere Möglichkeiten, um Ehrenamtliche zu werben. Zu diesen Veranstaltungen kommen oft auch nur mittelbar Interessierte. Der zwanglose Rahmen ermöglicht jedoch Gespräche, die unter anderen Umständen gar nicht zustande kommen würden.

Insgesamt gilt es, in der Auswahl der Tätigkeitsfelder ein Mittel zu finden zwischen den Kompetenzen und Interessen, die ehrenamtliche MitarbeiterInnen mitbringen, und den Bedürfnissen, die die betroffenen Flüchtlinge haben bzw. die in der Unterkunft von den SozialpädagogInnen artikuliert werden.

Anleitung von Ehrenamtlichen

Ehrenamtliche unterscheiden sich in vielerlei Hinsicht von professionellen SozialarbeiterInnen, obwohl sie das oft nicht wahrhaben können oder wollen. Dabei gibt es durchaus unterschiedliche Aspekte. Professionelle arbeiten beruflich mit Flüchtlingen. Sie haben einen hohen Kenntnisstand, müssen viel Energie investieren und die Arbeit spielt eine zentrale Rolle in ihrem Tagesablauf. Sie haben einen konkreten Auftrag und eine Verpflichtung ihrem Arbeitgeber gegenüber, die manchmal im Widerspruch zu ihren eigenen Zielen, Sichtweisen und Methoden steht. Da die Arbeit sie stark beansprucht, sind sie oft im eigenen System gefangen. Sie haben immer viel zu wenig Zeit zur konkreten Arbeit

mit den KlientInnen. Sie müssen meist viele Dinge nebeneinander tun und können sich selten auf eine Tätigkeit konzentrieren.
Ehrenamtliche üben in der Regel einen Beruf aus, der mit ihrer Helfertätigkeit nichts oder wenig zu tun hat. Ihre Qualifikation haben sie oft in einem anderen Bereich. Sie können durchaus einen hohen Kenntnisstand aufweisen oder professionelle Kompetenzen, die sich mit der Flüchtlingsarbeit überschneiden (z.B. Lehrkräfte). Ihr Ehrenamt bestreiten sie abends nach der Arbeit oder am Wochenende. Sie tun es freiwillig und ohne größere Verpflichtungen – außer gegenüber ihren KlientInnen. Allerdings agieren sie in den Grenzen eines zumeist von der Institution vorgegebenen Rahmens (dieser ist ihnen oft unklar und wird häufig auch nicht transparent genug gemacht). Sie engagieren sich und erwarten zumeist, dass dies positiv wahrgenommen wird (Lob und Dankbarkeit). Sie begeben sich oftmals in große emotionale Nähe zu den Flüchtlingen, wenden viel Zeit für sie und mit ihnen auf und machen sich dadurch sehr verletzbar und setzen sich großen Belastungen aus. Ihre Nähe zu den Flüchtlingen ermöglicht ihnen oft Einblicke, die Professionellen verwehrt bleiben. Gleichzeitig gestattet ihnen ihr Blickwinkel von außerhalb der Institution Sichtweisen und Erkenntnisse, die Professionellen ebenfalls verwehrt bleiben, da sie sie als Teil der Institution nicht mehr wahrnehmen.
Diese unterschiedlichen Dynamiken können durchaus zu Reibungspunkten und gar einer unausgesprochenen und zumeist auch ungewollten Rivalität zwischen Ehrenamtlichen und Professionellen in der Arbeit mit Flüchtlingen führen.
Damit dies vermieden werden kann, möchte ich im Folgenden einige Leitsätze für die Arbeit von Professionellen mit Ehrenamtlichen skizzieren.

Erstgespräch zwischen SozialarbeiterIn und Ehrenamtlichen

In einem Erstgespräch müssen die gegenseitigen Interessen, die Motivation des/der Ehrenamtlichen, die Rahmenbedingungen des Arbeitsfeldes, der mögliche Einsatzort und die künftige weitere Zusammenarbeit geregelt werden. Eventuell (jedoch nicht zwingend) ist die schriftliche Fixierung (Vertrag) sowie das Vereinbaren einer Probezeit sinnvoll. Eine wesentliche Frage ist auch, in welcher Form Ehrenamtliche für die Dauer ihres Einsatzes versichert sind/werden können. Größere Träger wie die Wohlfahrtsverbände und einige Kommunen bieten eigens Versicherungen hierfür an.

Kommunikationsformen

Regelmäßige Austausch- bzw. Beratungs- oder Anleitungsgespräche sind sinnvoll. Die Form des Austauschs hängt vom Einsatzgebiet und den Fähigkeiten der Ehrenamtlichen ab. Wichtig ist, dass die Gespräche auf einer Ebene stattfinden und die Ehrenamtlichen nicht den Eindruck bekommen, ihnen würde etwas „von oben nach unten" vermittelt. Die HelferInnen müssen darüber hinaus mit relevanten Informationen und Weiterbildungsangeboten versorgt werden. Themenabende sind eine Möglichkeit, bei Interesse tiefer einzusteigen.

Einsatzgebiet

Je nach Einsatzgebiet sind die zu treffenden Maßnahmen unterschiedlich. In der Arbeit mit KlientInnen ist es wesentlich, vorab mit den Familien/Einzelpersonen Art und Umfang der Betreuung abzuklären, ebenso die künftige Arbeitsaufteilung zwischen Ehrenamtlichen und Professionellen und auf die Bestimmungen des Datenschutzes hinzuweisen.

Ressourcen

Es ist frühzeitig abzuklären, welche Ressourcen die Ehrenamtlichen benötigen (z.B. Räume, Sachmittel) und welche sie selbst beisteuern können.

Fazit:

Neben den formalen Regelungen gilt es, einige sensible Aspekte im Hinterkopf parat zu haben:
Jede/r Ehrenamtliche ist anders und möchte individuell behandelt werden.

Ehrenamtliche möchten nicht bevormundet werden. Es gilt, ihre Fähigkeiten zu schätzen, aber auch auf die Grenzen hinzuweisen. Leitsatz sollte sein, dass Ehrenamt und Profession nicht miteinander konkurrieren, sondern sich konstruktiv ergänzen.
Ehrenamtliche überschätzen oft ihre Möglichkeiten. So kann Euphorie sich schnell in Frustration verwandeln. Dieser Gefahr muss man behutsam vorbeugen.
Für Ehrenamtliche ist ihre Tätigkeit eine Herzensangelegenheit und somit etwas sehr Persönliches und Emotionales . Eine geeignete Form, um diesen Gefühlen Raum zu geben und zugleich Dank und Respekt zu bekunden, ist beispielsweise eine gemeinsame Weihnachtsfeier und/oder ein kleiner Dankesbrief zum Jahreswechsel.

Literatur:

„Die Entstehung des Ehrenamtes – ein kurzer historischer Abriss" aus „Refugio – Report März 2003", Refugio München

Broschüre „benga", Stadtjugendamt München, 2001

„Zuhören hilft" – Ratgeber für Ehrenamtliche für den Umgang mit Traumatisierten, zu beziehen bei Refugio München, 2003

Begegnen und Helfen – Zeitschrift für ehrenamtliche Caritas – Arbeit, zu beziehen über die Caritas Deutschland mit Hauptsitz in Freiburg

BBE – Bundesnetzwerk Bürgerschaftliches Engagement, Materialien, zu beziehen über BBE, Am Stockborn 1-3; 60439 Frankfurt/Main

Handbuch zum bürgerschaftlichen Engagement in München, 2001, hrsg. Vom Direktorium der LH München, www.muenchen.de/engagiert-leben

Papenheim, Heinz Gerd: Rechtsfragen ehrenamtlicher Arbeit im kirchlichen Bereich

Öffentlichkeit

Sommerfest in der Unterkunft Bodenehrstrasse, 1997

Feiern, sich zeigen. Einmal aus sich herausgehen. Sich anderen zeigen. Mit allem, was man hat. Denn das ist viel. Und die anderen werden es bemerken.

Professionelle Öffentlichkeitsarbeit – weit mehr als gelegentlich ein „Tag der offenen Tür"!

Carmen Schwend

Einleitung

Es dürfte wohl nur wenige Einrichtungen und Institutionen in der Sozialen Arbeit geben, die von sich behaupten, keinerlei Öffentlichkeitsarbeit zu betreiben. Wer dies dennoch tut, irrt gewaltig, frei nach Paul Watzlawicks oft zitiertem Ausspruch „Man kann nicht nicht kommunizieren" (Watzlawick, Beavin, u.a 1996, 53).

Bei genauerem Hinsehen fällt jedoch auf, dass es sich hierbei oft um einzelne, unzusammenhängende Maßnahmen handelt. Ein Tag der offenen Tür hier, eine kleine Veröffentlichung im Lokalteil der örtlichen Zeitung da, vielleicht noch eine Ausstellung zum Jubiläum...

Die Komplexität und Bedeutung professioneller Öffentlichkeitsarbeit wird jedoch vielerorts leider (noch) nicht erkannt.

Intention meines Artikels ist es daher, bewusst zu machen, weshalb ihr in der beruflichen Praxis mehr Beachtung geschenkt werden muss. Nach einer theoretischen Annäherung an Öffentlichkeit und öffentliche Meinung komme ich auf deren Bedeutung für die Flüchtlingssozialarbeit zu sprechen, bevor ich im Anschluss Vorraussetzungen an darin Tätige bzw. an die Gestaltung von Öffentlichkeitsarbeit als Ganzes erläutern werde.

Öffentlichkeit und öffentliche Meinung – eine theoretische Annäherung

Eine einheitliche Definition für „Öffentlichkeit" gibt es nicht, genauso wenig wie es *die* Öffentlichkeit gibt. Dennoch existieren zahlreiche unterschiedliche Ansätze, sie zu beschreiben.

Der Soziologe Neidhardt beispielsweise sieht in ihr ein offenes Kommunikationsforum für alle, die etwas sagen oder das, was andere sagen, hören wollen (vgl. Neidhardt 1994, 7ff.). Er beschreibt sie als ein Feld mit unterschiedlichen Arenen, in denen die drei Größen Sprecher, Publikum und Massenmedien aktiv werden. Dem Publikum als Adressaten der über die Medien vermittelten Inhalte der Sprecher kommt hierbei eine besondere Bedeutung zu: es kann als aktiver Nutzer Informationen und Medien gezielt auswählen oder ausschließen. Zentral ist es also, seine Aufmerksamkeit zu steuern und zu gewinnen.

Ergänzend sieht Habermas Öffentlichkeit als eine Sphäre des beratenden Diskurses, in der die Teilnehmerinnen und Teilnehmer ihre gemeinsamen Angelegenheiten konsensuell regeln (vgl. Schaarschuch 1999, 41). Sie ist somit auch eine Arena zahlreicher gesellschaftlicher Konflikte, an dem die unterschiedlichsten Akteure ihre sich eventuell wandelnden bzw. gegenseitig widersprechenden Interessen einbringen und durchzusetzen versuchen, was zwangsläufig zu Machtkonflikten und Koalitionen führt (ebd. 43).

Eine zentrale Größe von Öffentlichkeit ist die öffentliche Meinung, für die jedoch auch keine feste Definition existiert:

„An dem Versuch, öffentliche Meinung klar zu definieren, hatten sich schon Generationen von Philosophen und Juristen, Historikern, Politologen und Publizistikwissenschaftlern die Zähne ausgebissen" (Noelle-Neumann 1991, 84).

Elisabeth Noelle-Neumann beschreibt öffentliche Meinung als Meinungen und Verhaltensweisen, die man im kontroversen Bereich öffentlich äußern und zeigen kann, ohne sich zu isolieren (vgl. Gallus/ Lühe, 1998, 28; Noelle-Neumann 1991, 91). Sie fungiert also quasi als Integrationsfaktor, der verschiedene Individuen und Gruppen der Gesellschaft zusammenhält und somit die Gesamtheit stärkt. Gleichzeitig kann sie aber auch Isolation verursachen, wenn gegensätzliche Meinungen oder Verhaltensweisen gezeigt werden. Anpassung, Konformität und Opportunismus können die Folge sein, außer, es werden Gruppen „Gleichgesinnter" abseits der Norm gefunden, in die wiederum eine Integration erfolgen kann.

Als wesentlich bleibt festzuhalten, dass öffentliche Meinung politischen und gesellschaftlichen Druck ausüben kann und deshalb von den unterschiedlichen Akteuren nicht unberücksichtigt bleiben darf. Ihre Existenz und gesellschaftliche Wirklichkeit kann nicht geleugnet werden (vgl. Hunziker 1988, 111).

Zahlreiche Teilöffentlichkeiten sind ein weiteres Merkmal von Öffentlichkeit. Sie können z.B. politisch, wissenschaftlich, medienabhängig, lokal oder überregional sein (vgl. Habermas 1985, 417) und haben durchlässige Grenzen für andere Teilöffentlichkeiten (vgl. Dubiel 1988, 118). Jeder Mensch lebt in unterschiedlichen Teilöffentlichkeiten, sie gehören somit zur individuellen Lebenswelt und können laut Habermas nie vollständig von Politik und Massenkultur gesteuert bzw. manipuliert werden (ebd. 120).

Öffentliche Meinungs- und Willensbildungsprozesse können also nicht komplett von einigen wenigen Eliten beeinflusst werden.

Hier liegt meiner Meinung nach die Begründung für eine bewusste Einflussnahme auf die vorherrschende Öffentlichkeit. Gesellschaftliche Missstände und Ungerechtigkeiten – wie sie auch in der Flüchtlingssozialarbeit immer wieder zutage treten - dürfen nicht ohnmächtig hingenommen werden, Systeme müssen bei Bedarf in ihrer Macht begrenzt bzw. öffentlich auf durch sie verursachte Missstände und Leiden hingewiesen werden, indem beispielsweise durch Einflussnahme auf die öffentliche Meinung politischer Druck erzeugt wird.

Angeführt werden kann hierzu das Konzept der Gegenöffentlichkeit von Marchal und Spura, dessen Ziel es ist, Interessen bestimmter Gruppen oder allgemeine Anliegen gegen die vorherrschende Öffentlichkeit durch ihre verstärkte Publikmachung voranzutreiben, was gerade für die Soziale Arbeit und ihre Klientinnen und Klienten von großer Bedeutung ist (vgl. Marchal, Spura 1981, 56ff.).

Soviel zur Theorie. Wie lässt sich nun aber das bislang Gesagte auf die Flüchtlingssozialarbeit übertragen?

Die Öffentlichkeit und ihre Bedeutung für die Flüchtlingssozialarbeit

Flüchtlingssozialarbeit steht – wie die Soziale Arbeit als Ganzes- in unterschiedlichen, wesentlichen Beziehungen zur Öffentlichkeit. Öffentlichkeit ist eine eigene Kategorie der Flüchtlingssozialarbeit und nicht etwa eine außen stehende „Gegenseite", wovon fälschlicherweise immer wieder ausgegangen wird. Als Konsequenz hieraus ergibt sich die Möglichkeit - und meiner Meinung nach auch die Verpflichtung - für die Flüchtlingssozialarbeit als handelnde Teilöffentlichkeit auf andere Teilöffentlichkeiten einzuwirken bzw. sich als mitmischende Instanz zu betätigen (vgl. Müller 1993, 16f.). Gefordert ist also eine aktive und offensive Einflussnahme auf Öffentlichkeit und ihre Teilöffentlichkeiten! Hier liegt die Begründung für den zentralen, gesellschaftspolitischen Auftrag der sozialen Arbeit, sich für benachteiligte oder ausgeschlossene Gruppen der Bevölkerung (und Flüchtlinge gehören eindeutig dazu!) öffentlich einzusetzen.

Ausgehend von oben genannten Definitionsversuchen, wonach Öffentlichkeit eine Arena ist, in der allgemeine Angelegenheiten konsensuell geregelt werden, lässt sich also sagen, dass sie der zentrale Ort ist, an dem über Ressourcen, Funktionsverständnis und Status der Flüchtlingssozialarbeit und ihrer Klientinnen und Klienten entschieden wird.

In der Praxis geschieht dies oft in negativer Form: die materiellen Bedingungen sind schlecht, sowohl was die Mittel für Flüchtlinge selbst betrifft, als auch was die Ausstattung des in der Flüchtlingssozialarbeit tätigen Personals und dessen Einrichtungen angeht. Das Einstiegsgehalt (meist BAT 5B) entspricht in keiner Weise den hohen Anforderungen an darin Tätige (vgl. Albert 2001, 61). Der geringe Status, welcher Flüchtlingen zuerkannt wird, zeigt sich u.a. in den immer härter werdenden Gesetzen und Restriktionen, die dazu führen, dass diese Personen oftmals menschenunwürdig untergebracht werden, am Existenzminimum leben müssen und durch das Aufzwingen von Sachleistungen wie Lebensmittel- und Hygienepaketen vielfach jeglicher Selbstbestimmung bzw. Entscheidungsfreiheit beraubt werden.

Ebenso definiert Öffentlichkeit, welche Verhaltensweisen, Aussagen und Meinungen als normal bzw. abweichend oder als nicht tolerierbar zu gelten haben, worin gerade für das sozialarbeiterische Klientel eine große Bedeutung liegt.

Auch das Thema Flüchtlinge und mit ihm die Flüchtlingssozialarbeit ist stark in öffentlichen Diskursen vertreten - meist hitzig und in hoch polarisierender Form geführt -, was auch die lang anhaltenden Diskussionen um das Zuwanderungsgesetz zeigten. „Materiell bedingte Vorurteile einer wirtschaftsorientierten Gesellschaft" (vgl. Albert 2001, 62) bestimmen den Tonfall, die Schutzbedürftigkeit des Personenkreises kommt – wenn überhaupt- nur zweitrangig oder in bestimmten Teilöffentlichkeiten vor. Auch in den Medien taucht das allgemeine Thema „Ausländer" seit Ende der 80er Jahre verstärkt und oftmals negativ besetzt, klischeehaft und einseitig auf.

Ebenso nehmen sich zahlreiche Politikerinnen und Politiker nicht nur in Wahlkampfzeiten der Thematik an, indem sie bewusst immer wiederkehrende falsche oder übertriebene Behauptungen über Menschen ausländischer Herkunft verbreiten und dadurch von der Masse der Bevölkerung unterstützt werden:

„Starres klischeehaftes Denken und unablässige Wiederholung (...) verleihen den Plattheiten eine Art von Selbstverständlichkeit und setzen die Widerstände des kritischen Bewusstseins außer Kraft" (Horkheimer, Adorno 1999, 34).

Gezielt geschürte Vorurteile und Ängste werden so schamlos ausgenutzt, Flüchtlinge instrumentalisiert.

Bedenklich ist dies deshalb – und damit schlage ich wieder den Bogen zur Theorie -, weil Teilöffentlichkeiten wie beispielsweise Parteien (oft unter Druck ihrer Wählerschaft und somit der öffentlichen Meinung) über Gelder und Personal für einzelne soziale Organisationen urteilen, u.a. in Abhängigkeit des Stellenwerts, den sie ihnen zumessen. Ressourcen werden also nach entsprechenden Diskussionen in mehr oder weniger demokratischen Prozessen in den Öffentlichkeitsarenen vergeben, mit der Konsequenz, dass oft weit reichende Entscheidungen aufgrund verkannter oder verzerrter Sachverhalte getroffen werden. So auch im Bereich Flüchtlinge, wo – beeinflusst durch die öffentliche Meinung, die größtenteils in Flüchtlingen in erster Linie „Kostenverursacher" oder „Problemfaktoren" sieht – meist restriktive Regelungen festgelegt werden. Ich glaube sagen zu können, dass das Bild von Flüchtlingen und Flüchtlingssozialarbeit ein anderes wäre, wenn die unterschiedlichen Teilöffentlichkeiten mehr der Realität entsprechende Informationen hätten. So wissen viele Menschen nicht, welchen Lebensbedingungen zahlreiche Flüchtlinge in unserem Land tatsächlich ausgesetzt sind. Verbote oder Beschränkungen der Arbeitsaufnahme beispielsweise bzw. die oben angesprochene Versorgung mit Sachleistungen in Form von Lebensmittel- und Hygienepaketen, die den Menschen nicht nur jegliches Recht auf Selbstbestimmung über Konsumgewohnheiten absprechen, sondern durch zusätzlich entstehende Logistikkosten auch noch mehr öffentliche Gelder verschlingen, als die Ausgabe von Geldleistungen, sind oftmals nicht bekannt.

Zusammenfassend lässt sich also sagen, dass vielfach Gruppen entscheiden, die sich den meisten Einfluss verschafft haben, nicht aber die kompetentesten im jeweiligen Sachgebiet sind, was auch allen Migrationssozialarbeiterinnen und Migrationssozialarbeitern bekannt sein dürfte. Als Konsequenz ergibt sich daraus die Forderung an die Flüchtlingssozialarbeit und alle darin Tätigen, sich an der öffentlichen Kommunikation (intensiv!) zu beteiligen bzw. sich Zugang zu möglichst vielen Öffentlichkeitsarenen zu verschaffen, mit dem Ziel, die öffentliche Meinung, die ja bekanntlich politischen Druck erzeugen kann, zu beeinflussen.

Folglich muss sich Flüchtlingssozialarbeit transparent zeigen, Informationen liefern und ihrem Selbstverständnis gemäß strukturelle Probleme, die durch das Handeln der Regierung oder der Gesellschaft entstehen können und Leid verursachen, öffentlich machen und für ihr Klientel eintreten (vgl. Pfannendörfer 1995, 9). Hierzu zählt auch das Schaffen von Artikulationsforen, in denen sich diese selbst zu Wort melden und somit an der Bildung öffentlicher Meinung mitwirken können.

Praktisches Instrument ist zum einen beispielsweise die Initiierung von Selbsthilfegruppen oder ähnlichen Initiativen, welche ihre jeweiligen Interessen in die öffentliche Arena einbringen können. In der Praxis zeigt sich dies immer wieder in Fällen, wo Initiativen z.B. auf ungerechtfertigte Ablehnungen von Asylbewerberinnen und Asylbewerbern und daraus entstehende soziale Härten hinweisen, somit gesellschaftlichen und politischen Druck erzeugen und dadurch oftmals eine genauere Überprüfung des Sachverhalts erzwingen.

Zum anderen bietet gezielte, professionelle Öffentlichkeitsarbeit die Möglichkeit, Meinungen und im Idealfall auch Entscheidungen zu beeinflussen, Ressourcen zu erschließen sowie die eigene Arbeit transparent zu machen und dadurch auch zu legitimieren.

Öffentlichkeit ist somit nicht ausschließlich eine behindernde Macht für die Flüchtlingssozialarbeit und ihr Klientel, vielmehr kann sie auf diesem Wege zu einer bedeutenden Machtressource werden[2].

Voraussetzung ist jedoch ein kompetentes, professionelles und langfristig angelegtes Herangehen an Öffentlichkeitsarbeit. Mit punktuellen, konzeptlosen Einzelmaßnahmen ist es nicht getan. Wichtig ist es, sich bewusst zu machen, warum Öffentlichkeitsarbeit notwendig ist bzw. welche allgemeinen Vorraussetzungen und Anforderungen zu erfüllen sind. Aber auch einrichtungsspezifische Hintergründe müssen berücksichtigt werden.

Im folgenden will ich deshalb auf die mir wesentlich erscheinenden Basisinformationen hierzu eingehen.

Professionelle Öffentlichkeitsarbeit ist auch in der Flüchtlingssozialarbeit unverzichtbar!

Professionelle Öffentlichkeitsarbeit - was ist das eigentlich? Zunächst wieder etwas Theorie: auch für Öffentlichkeitsarbeit gibt es keine allgemein akzeptierte Definition, folgende Definitionsversuche erscheinen mir jedoch hilfreich:

Pfannendörfer z.B. versteht darunter

„die Pflege der Beziehungen innerhalb einer Organisation sowie zwischen einer Organisation und einer für diese Organisation wichtigen Öffentlichkeit" (Pfannendörfer 1995, 9), wohingegen Luthe Öffentlichkeitsarbeit sieht als „die an Menschen innerhalb und außerhalb der Organsiation gerichtete Kommunikation mit dem Ziel, die Organisationsziele umzusetzen und im Austausch mit den relevanten Bezugsgruppen weiterzuentwickeln" (Luthe 2001, 35).

Kombiniert enthalten diese beiden Vorschläge die zentralen Punkte Pflege von internen und externen Beziehungen sowie Kommunikation nach innen und außen. Voraussetzung ist jedoch, dass die entsprechenden Bezugsgruppen Möglichkeiten zum Dialog mit der Einrichtung haben.

Kommunikation kann bewusst, also gewollt und gezielt oder unbewusst über das Handeln und Verhalten der Mitarbeiterinnen und Mitarbeiter bzw. Klientinnen und Klienten einer Organisation geschehen.

Professionelle Öffentlichkeitsarbeit in der Flüchtlingssozialarbeit - warum eigentlich?

Öffentlichkeitsarbeit hängt stark von der jeweiligen Situation und den Zielen einer Organisation ab, die spezifischen Gründe einzelner Einrichtungen können daher sehr unterschiedlich sein.

Es gibt jedoch zahlreiche allgemeine Gründe, welche Öffentlichkeitsarbeit in sozialen Orgnisationen nötig machen. Die meiner Ansicht nach wesentlichsten sind:

- *Immer knapper werdende Mittel*

Gerade auch die Flüchtlingssozialarbeit unterliegt immer stärkeren Kürzungen, um Gelder und Stellen muss fast überall gekämpft werden. Die Notwendigkeit, über gezielte Öffentlichkeitsarbeit unkonventionelle Finanzierungswege zu suchen bzw. Ressourcen wie materielle Güter oder ehrenamtliche Mitarbeiterinnen und Mitarbeiter zu erschließen, nimmt daher stetig zu (vgl. Pfannendörfer 1995, 10).

- *Legitimationspflicht*

Anhand der stetig verschärften Mittelkürzungen und Restriktionen auch im Flüchtlingsbereich zeigt sich die Tendenz, dass die gesellschaftliche und politische Wertschätzung sozialer Einrichtungen abgenommen hat. Diese sind daher gezwungen, sich vermehrt mit dem Interesse der Öffentlichkeit auseinander zu setzen bzw. sich und ihre Leistungen transparent darzustellen.

In gewisser Weise ist Transparenz aber auch eine selbstverständliche Bringschuld, da ja schließlich auch öffentliche Gelder gefordert und verwendet werden (vgl. Dederichs 1996, 17). Außerdem kann dadurch auch das in der Öffentlichkeit vielfach vorherrschende unklare, oftmals auch kritische Bild professioneller Sozialarbeit präzisiert und verbessert werden.

Neben der externen Legitimationspflicht besteht jedoch auch die Notwendigkeit zu interner Kommunikation. Auch hier müssen Handlungsvorgänge für möglichst alle Beteiligten klar und ersichtlich begründet sein, um von diesen nachvollzogen bzw. nach außen vertreten werden zu können.

- *Selbstverständnis Sozialer Arbeit*

Aus dem Selbstverständnis Sozialer Arbeit heraus ergibt sich meiner Meinung nach geradezu die Verpflichtung, sich für benachteiligte Gruppen wie Flüchtlinge öffentlich stark zu machen, indem Sozialarbeiterinnen und Sozialarbeiter auf deren Situation und die zahlreichen Missstände hinweisen und sich durch das Publikmachen bestehender oder fehlender Regelungen und den sich dadurch ergebenden Folgen für bessere, menschenwürdigere Lebensbedingungen von Flüchtlingen einsetzen.

Diese Liste könnte sicherlich noch um einige allgemeine Begründungen erweitert werden, was jedoch den Rahmen dieses Artikels sprengen würde, so dass ich mich im Folgenden nun den Anforderungen an Öffentlichkeitsarbeiterinnen und Öffentlichkeitsarbeiter widmen werde.

Professionelle Öffentlichkeitsarbeit: was darin Tätige mitbringen sollten

„Der perfekte Öffentlichkeitsarbeiter in einer sozialen Einrichtung sollte eigentlich acht Berufe in sich vereinen: Kommunikationswissenschaftler, Politologe, Soziologe, Sozialpädagoge, Journalist, Fotograf, Grafiker und Betriebswirt." (Falk 1999, 28).

Hierbei handelt es sich natürlich um eine utopische Feststellung. Sie macht jedoch deutlich, dass professionelle Öffentlichkeitsarbeit eine Menge an Wissen voraussetzt. Wesentliche Qualifikationen und Voraussetzungen sind z.B.:

- *Kommunikationswissenschaftliche Fähigkeiten,*

da die verschiedensten Zielgruppen angesprochen werden müssen. Dies schließt Kritikfähigkeit mit ein, weil sich die Interessen der Adressatinnen und Adressaten widersprechen können.

- *Ein kompaktes Wissen in den verschiedensten Bereichen.*

Zentral ist eine genaue Kenntnis der aktuellen politischen Diskurse, da die Inhalte gerade auch in der Flüchtlingssozialarbeit oft stark von politischen Entscheidungen beeinflusst werden. Daneben ist eine gute Allgemeinbildung sowie Grundwissen beispielsweise in den Bereichen Recht, Betriebswirtschaft oder Soziologie von Vorteil. Nur wer sich vielseitig kompetent zeigt, wird gehört und ernst genommen!

- *Sozialpädagogisches Fachwissen*

als eine der wichtigsten Anforderungen, da ja schließlich sozialpädagogische Inhalte an die Öffentlichkeit transportiert werden sollen (vgl. Falk 1999, 28). Wer fachliche Nachfragen nicht beantworten kann, disqualifiziert sich selbst und schadet dadurch auch dem Image seiner Einrichtung bzw. unter Umständen sogar der gesamten Profession, da so auch deren Ansehen tangiert werden kann.

- *Journalistische Grundfertigkeiten, Gestaltungstalent und Kreativität.*

Ein bedeutender Teilbereich von Public Relations ist die Pressearbeit. Wichtig sind deshalb Grundkompetenzen in fachlichem Schreiben und gründlicher Recherche sowie die Kunst, medien-, leserinnen- und lesergerecht zu formulieren bzw. zu gestalten.

Fortbildung und Selbststudium sind hier gefragt, da diese Inhalte kaum im Studium vermittelt werden!

Aufgrund der heutzutage vorherrschenden Informationsflut ist Kreativität notwendig. Aufmerksamkeit wecken in erster Linie neue, außergewöhnliche Ideen.

- *Alltagswissen*

ist eine zentrale Voraussetzung zur Erschließung der unterschiedlichsten Ressourcen. Wesentlich sind gute Kontakte in vielfältigen Lebensbereichen. Welche Redaktion ist offen für unser Thema? Wo kann z.B. eine Broschüre über die Einrichtung am billigsten kopiert werden? Wo können für die Arbeit relevante Publikationen beschafft werden? Welche Zuschüsse werden wo verteilt?

Auch hier könnte die Liste noch um einige Anforderungen wie z.B. Ausdauer oder Kontaktfreudigkeit erweitert werden. Mir ging es jedoch darum, darzustellen, dass es sich bei professioneller Öffentlichkeitsarbeit um eine „Allroundtätigkeit" handelt, die eine vielseitige Offenheit erfordert, was jedoch Ähnlichkeit mit der sozialpädagogischen Arbeit als Ganzes hat und deshalb nicht allzu schwer fallen sollte.

Professionelle Öffentlichkeitsarbeit: wie muss sie aussehen?

Auch hier gibt es wieder einige allgemeine Voraussetzungen, die alle Einrichtungen für ihre Öffentlichkeitsarbeit – soll sie effizient sein - beachten sollten. Die meiner Meinung nach wesentlichsten sind:

- *Beteiligung von Klientinnen und Klienten bzw. Adressatinnen und Adressaten.*

Öffentlichkeitsarbeit darf keine reine Selbstdarstellung sein, sie muss vielmehr auch den Blickwinkel der Betroffenen beinhalten. In die Praxis umgesetzt heißt dies, dass auch Wissen, Erfahrungen, Ideen, Kritik, aktives Engagement, etc. der Klientinnen und

Klienten bzw. Adressatinnen und Adressaten berücksichtigt werden sollten.

Sicherlich kann dies gerade auch in der Flüchtlingssozialarbeit aufgrund der oftmals schwierigen Situation des Klientels (z.B. Traumatisierung, multiple Problemlagen, Sprachbarrieren...) schwierig sein. Auf der anderen Seite verfügen Flüchtlinge aber auch über spezifische Ressourcen (z.B. Kenntnis anderer Kulturen bzw. für uns exotischer Sprachen...), die für kreative Ideen der Öffentlichkeitsarbeit genutzt werden können. Beispiele können das Anbieten länderspezifischer Kochkurse oder die Vermittlung von „Sprachpatenschaften" sein.

- *Offenheit, Nachvollziehbarkeit*

Jede Form der Kommunikation muss offen, transparent und wahrheitsgemäß sein, da nur so Vertrauen und Glaubwürdigkeit gewonnen werden kann. Gerade in der Flüchtlingssozialarbeit, die ähnlich wie ihr Klientel vielfach kritisch betrachtet wird, sind öffentlich nachvollziehbare Darstellungen unumgänglich

- *Interne und externe Kommunikation*

Öffentlichkeitsarbeit darf sich nicht nur auf externe Dialoggruppen beziehen. Auch Mitarbeiterinnen und Mitarbeiter müssen in die Kommunikation miteinbezogen werden, da sie so die Einrichtung nach außen besser vertreten können. Ihnen sollten die zentralen Ziele und Maßnahmen bekannt sein, soweit durchführbar sollten sie die Möglichkeit haben, an deren Formulierung und Planung mitzuwirken.

- *Langfristigkeit*

Öffentlichkeitsarbeit muss langfristig angelegt sein, nur über einen ständigen und aktiven Dialog mit möglichst vielen Zielgruppen lässt sich Vertrauen gewinnen. Praktisches Instrument hierzu ist die Erstellung einer langfristigen, ausführlichen Konzeption, die meiner Meinung nach folgende Arbeitsschritte beinhalten sollte:

1. Situationsanalyse: hierbei handelt es sich um eine kritische Bestandsaufnahme der vorherrschenden Situation der Einrichtung.

Probleme und Mängel sollten klar definiert werden, um sie so gezielt angehen zu können. Praktische Fragen können u.a. sein: Wie sieht unsere bisherige Öffentlichkeitsarbeit aus? Mit wem sind wir vernetzt? Wie funktioniert die interne Zusammenarbeit? Über welche Ressourcen verfügen wir, welche fehlen? Wie sehen wir uns selbst? Wie werden wir von anderen gesehen?

Die Situationsanalyse sollte gewissenhaft durchgeführt werden und darf nicht beschönigend sein, da sonst die gesamte weitere Planung auf falschen Grundlagen beruht!

2. Zielfestsetzung: Ziele müssen ausführlich, verbindlich und möglichst konkret festgesetzt werden (vgl. Faulstich 2000, 211ff. Luthe 2001, 50ff.). Sie sollten realistisch und ihre Erfolge messbar sein, was natürlich in der Sozialen Arbeit nicht immer einfach ist. Bestimmte Ziele können nicht als „Ganzes" gemessen werden, sondern nur anhand von Teilergebnissen, deren Kombination ein Gesamtbild liefert. So kann beispielsweise das Ziel „Integration einer Flüchtlingsunterkunft in den Stadtteil" anhand einer Analyse damit zusammenhängender Teilziele wie „Vermeidung/Verringerung von Konflikten mit Anwohnerinnen und Anwohnern", „Vernetzung im Stadtteil", „Aktivierung bürgerschaftlichen Engagements" usw. gemessen werden.

Wichtig ist es daher, Ziele möglichst differenziert und hierarchisch festzulegen, am besten in Form einiger Hauptziele, die in sich nicht widersprechende Teilziele aufgegliedert, kontinuierlich überprüft und bei Bedarf neu festgelegt werden.

3. Zielgruppen- bzw. Dialoggruppenbestimmung: die Zielgruppen werden auf der Basis der Zielfestsetzung ermittelt und sollten ebenfalls möglichst differenziert bestimmt werden (auch solche, die der Einrichtung oder dem Klientel kritisch gegenüberstehen!), da dadurch einzelne Maßnahmen bzw. Instrumente der Öffentlichkeitsarbeit gezielter geplant und eingesetzt werden können, was eine höhere Effizienz zur Folge hat. Eine Einrichtung muss sich also Klarheit über ihr Beziehungsgeflecht verschaffen (vgl. Luthe 2001, 35ff.), wobei auch interne Dialoggruppen wie Klientinnen und Klienten oder Mitarbeiterinnen und Mitarbeiter einbezogen werden müssen. Auch Multiplikatorinnen und Multiplikatoren sollten berücksichtigt werden, da nicht alle potenziellen Zielgruppen persönlich angesprochen werden können.

Für die Praxis ist es also entscheidend zu wissen, welche Strukturen bzw. Machtkonstellationen im jeweiligen Gebiet vorherrschen. Nur wer weiß, wo es was gibt und wer welchen Einfluss hat, kann effiziente Öffentlichkeitsarbeit leisten.

4. Maßnahmenplanung: hier werden konkrete, auf die ermittelten Zielgruppen zugeschnittene Maßnahmen geplant, wobei es natürlich in der Praxis immer wieder Überschneidungen geben wird, da einzelne Aktivitäten gleichzeitig mehreren Zielen und Dialoggruppen dienlich sein können. Wichtig sind möglichst vielseitige Maßnahmen, professionelle Öffentlichkeitsarbeit geht weit über Presse- und Medienarbeit hinaus, welche die Adressatinnen und Adressaten nur indirekt ansprechen kann. Wichtig ist es, auf eine ausgewogene Mischung direkter und indirekter Kommunikation zu achten!

Beispiele für klassische Maßnahmen sind neben der schon angesprochenen Presse- und Medienarbeit u.a. Ausstellungen, Flugblätter/ Handzettel/ Broschüren etc, Informationsstände, Aktionstage, Feste, Schaukästen, Diskussionsveranstaltungen, Tage der offenen Tür, Teilnahme an Gremien, Stammtische, Führungen durch die Einrichtung, usw.

Aufgrund der Informationsflut, die allgemein vorherrscht, sollten diese Maßnahmen möglichst mit kreativen Ideen verknüpft werden, um die gewünschte Aufmerksamkeit zu gewinnen.

Neben diesen klassischen Aktivitäten gewinnen neue, innovative Maßnahmen immer mehr an Bedeutung. So könnte beispielsweise Hintergrundwissen zu fremden Kulturen oder Religionen in Form eines Preisausschreibens vermittelt werden. Auch die schon angesprochenen Sprachpatenschaften und Kochkurse können geeignete Instrumente sein, öffentlichkeitswirksam tätig zu werden. Weitere Mittel sind z.B.: das Ausschreiben von Ideenwettbewerben jeglicher Art, die Verleihung außergewöhnlicher Auszeichnungen (z.B. „Ehrenamtliche des Monats"), das Anbringen von Transparenten, Postkartenaktionen usw.

Der Kreativität sind also keine Grenzen gesetzt! Ziel aller Maßnahmen sollte ein ständiger und aktiver Dialog mit möglichst vielen Zielgruppen sein.

5. Finanzierungsplanung: hier stellt sich die Frage, welche personellen und finanziellen Mittel vom Träger der Einrichtung zur Verfügung stehen bzw. wie diese zur Durchführung der geplanten Maßnahmen eingesetzt werden. In der Praxis werden sie oftmals nicht ausreichen, so dass über Fundraising weitere Ressourcen wie Gelder, Sachmittel, kostenlos zur Verfügung gestellte Dienstleistungen oder ehrenamtliches Engagement, erschlossen werden müssen.

6. Festlegung von Termin- und Verantwortlichkeiten: dies dient dem Zweck, einen zeitlichen Rahmen abzustecken, bis wann konkrete Maßnahmen durchgeführt und einzelne Ziele erreicht werden sollen. Sicherlich lassen sich bestimmte Ziele wie z.B. der Abbau von Vorurteilen gegenüber einer Einrichtung oder deren Integration in den Stadtteil nicht zu einem bestimmten Zeitpunkt evaluieren. Dennoch bietet eine möglichst genaue Zeitplanung hilfreiche Orientierung und verhindert, dass sich eigentlich geplante Instrumente der Öffentlichkeitsarbeit im Arbeitsalltag verlieren oder unnötig verzögern.

Ebenso muss klar sein, wer wofür verantwortlich und somit intern und extern ansprechbar ist.

7. Evaluation bzw. Wirkungskontrolle: sie kann als Gesamtkontrolle am Ende eines festgesetzten Zeitpunkts erfolgen oder während der Durchführung einzelner, längerfristiger Maßnahmen wie regelmäßige Pressearbeit (vgl. Faulstich 2000, 213ff.). In der Praxis empfiehlt sich eine Mischung beider Formen. Ebenso enthält sie sowohl quantitative Merkmale (z.B. die Zahl der Ehrenamtlichen/ Multiplikatorinnnen und Multiplikatoren/ Teilnehmerinnen und Teilnehmer bei Veranstaltungen oder die Entwicklung der Geld- und Sachmittel usw.), als auch qualitative Merkmale (z.B. Qualität und Intensität der Zusammenarbeit/ Kommunikation mit unterschiedlichen Zielgruppen, erreichte Imageveränderungen, Verhältnis von Mitteleinsatz zu potentiellen Wirkungen konkreter Maßnahmen, usw.).

Mittel zu deren Messung können eine genaue Dokumentation und Sammlung jeglicher Reaktionen, die in Zusammenhang mit der geleisteten Öffentlichkeitsarbeit stehen, Gespräche mit Personen einzelner Zielgruppen oder sozialwissenschaftliche Methoden sein.

Die Evaluation sollte gründlich durchgeführt werden, da sie gleichzeitig Basis einer erneuten Bestandsaufnahme bzw. künftiger Zielformulierungen ist!

In der Zusammenfassung scheint es mir wichtig zu sagen, dass ein einmal erarbeitetes Konzept nicht statisch sein sollte, sondern sich auf der Basis gemachter Erfahrungen und Ergebnisse weiterentwickeln muss. Professionelle Öffentlichkeitsarbeit findet in einem prozesshaften Kreislauf statt.

Sicherlich ist die Entwicklung eines derartigen Konzepts auf den ersten Blick sehr aufwändig. Es darf aber nicht übersehen werden, dass gerade über professionelle Öffentlichkeitsarbeit die verschiedensten Ressourcen erschlossen werden können, die dann wiederum eine Arbeitsentlastung bzw. - erleichterung in unterschiedlichen Bereichen nach sich ziehen.

Professionelle Öffentlichkeitsarbeit - mögliche Grenzen und Schwierigkeiten

In den meisten sozialen Einrichtungen werden die finanziellen Mittel für personelle Ressourcen meist am unteren Level gehalten, die Arbeitsbelastung ist deshalb oft enorm hoch, so dass vielfach individuelle oder institutionell vorgegebene bzw. notwendige Schwerpunkte gesetzt werden müssen. Als Konsequenz hieraus werden oftmals andere Arbeitsbereiche hinten angestellt oder gar vernachlässigt, wozu bislang vielmals auch der Bereich der Öffentlichkeitsarbeit gehört. Sie findet dann meist nur in Form einzelner, unzusammenhängender Maßnahmen statt und ohne langfristige Konzeption.

Meiner Ansicht nach darf die hohe Arbeitsbelastung jedoch nicht als Argument angeführt werden, um den Verzicht auf konzeptionelle Öffentlichkeitsarbeit zu begründen, da durch sie – wie oben erwähnt – in anderen Bereichen wesentliche Entlastungen herbeigeführt werden können.

Eine weitere Beschränkung liegt in der immer größer werdenden Zahl von Einrichtungen, Initiativen, Vereinen, Verbänden, etc., die alle um einen angemessenen Platz in der Öffentlichkeit kämpfen. Es herrscht quasi in allen Bereichen eine große Konkurrenz um das öffentliche Interesse vor.

Als Konsequenz ergibt sich, dass es immer schwieriger wird, innovative und damit aufmerksamkeitsweckende Öffentlichkeitsarbeit zu betreiben. Adressatinnen und Adressaten können und müssen aus einer Informations- bzw. Veranstaltungsflut auswählen, wobei nur die Angebote eine Chance haben, die sich in irgendeiner Form vom Durchschnitt abheben. Dies darf aber wiederum nicht dazu führen, die eigenen Arbeitsinhalte in Form von Übertreibungen, Sensationslust oder gar Instrumentalisierung der Klientinnen und Klienten zu funktionalisieren bzw. zu verfremden. Ziel muss es immer sein, auf möglichst vielfältige Art und Weise realistische Inhalte der alltäglichen, sozialpädagogischen Arbeit zu transportieren.

Die schon erwähnten Vorurteile stellen gerade auch für die Flüchtlingssozialarbeit eine weitere Grenze professioneller Öffentlichkeitsarbeit dar. Diese können oftmals auch durch gezielte Information nur schwer abgebaut werden, da Wissen bekanntlich nicht zwangsläufig Meinungen verändert. Dennoch darf nicht vor ihnen kapituliert werden, vielmehr sollte Vorurteilen durch unterschiedliche Maßnahmen der Boden entzogen werden, wobei der Schaffung persönlicher Kontakte eine besondere Bedeutung zukommt.

Hier kann jedoch vor allem in der Flüchtlingssozialarbeit die Schwierigkeit auftreten, die Klientinnen und Klienten selbst in die Öffentlichkeitsarbeit einzubeziehen. Die vielfach vorherrschende Kumulierung der individuellen und manchmal existentiellen Problemlagen kann eine Einbeziehung ebenso erschweren wie mögliche sprachliche oder kulturelle Barrieren.

Schließlich sind viele Sozialpädagoginnen und Sozialpädagogen in Behörden oder Organisationen eingebunden und damit bestimmten Strukturen unterworfen. Um Konflikte mit dem Arbeitgeber zu vermeiden, kann es deshalb erforderlich oder verpflichtend sein, auf bestimmte Formen der Öffentlichkeitsarbeit zu verzichten.

Öffentlichkeit, öffentliche Meinung und professionelle Öffentlichkeitsarbeit – ein Fazit

Die Sphäre Öffentlichkeit ist eine für die Soziale Arbeit sehr wichtige Komponente, da hier über Ressourcen, Zugehörigkeit und Status entschieden wird, wobei der öffentlichen Meinung eine herausragende Rolle zukommt. Auch auf die (meist negativen) Rahmenbedingungen der Flüchtlingssozialarbeit hat sie maßgeblichen Einfluss. Ziel muss es somit sein, die öffentliche Meinung soweit wie möglich als Verbündete zur Durchsetzung der eigenen Interessen zu gewinnen. Sicherlich bestehen gerade in der Flüchtlingssozialarbeit bei einigen Rahmenbedingungen nur begrenzte Veränderungs- und Gestaltungsmöglichkeiten, dennoch kann als Ergebnis festgehalten werden, dass in der vorherrschenden Situation professionelle Kommunikationsstrategien immer wichtiger werden und daher unverzichtbarer Bestandteil in der beruflichen Praxis sein müssen. Professionelle Öffentlichkeitsarbeit ist hier – trotz der angesprochenen möglichen Schwierigkeiten und Grenzen - eines der wichtigsten Mittel, öffentliche Diskurse und Entscheidungen zu beeinflussen, deren Ergebnisse mitzugestalten und dadurch Ressourcen jeglicher Art zu erschließen. Trotzdem wird ihre Bedeutung im sozialen Bereich immer noch unterschätzt, sei es in den jeweiligen Einrichtungen, bei den Kostenträgern oder in den Ausbildungsstätten, wo ihre Inhalte – wenn überhaupt - nur am Rande vermittelt werden. Gerade in Zeiten immer knapper werdender Mittel sind aktive, präventive und auf langfristige Wirkungen zielende Öffentlichkeitsarbeitskonzepte unabdingbar, da sie nicht nur Ressourcen erschließen, sondern gleichzeitig auch der Legitimation und Nachvollziehbarkeit der eigenen Arbeit dienen. Als zentrale Forderung bleibt somit festzuhalten, dass professionelle Öffentlichkeitsarbeit endlich zu einem festen und dauerhaften Arbeitsbestandteil werden muss, was gleichzeitig deren Verankerung als ausführlichen Studieninhalt in der Ausbildung von Sozialpädagoginnen und Sozialpädagogen zur Folge haben muss. Die ihr derzeit vielerorts noch zu Unrecht zugewiesene Randstellung geht an jeglicher Realität vorbei!

Literatur

Albert, Martin 2001: Sozialarbeit und Flüchtlinge – Nur kurzfristig geduldet?. In: iza, Zeitschrift für Migration und soziale Arbeit, Heft 1, S. 60-64.

Dederichs, Erich 1996: Anforderungen an eine zeitgemäße Öffentlichkeitsarbeit in der Jugendarbeit. In: Deutscher Bundesjugendring (Hrsg.): Reden ist Silber Schweigen ist Schrott. Handbuch zur Öffentlichkeitsarbeit. Münster, S. 16-28.

Dubiel, Helmut 1988: Kritische Theorie der Gesellschaft. Eine einführende Rekonstruktion von den Anfängen im Horkheimer-Kreis bis Habermas. Weinheim, München.

Falk, Claudia 1999: Öffentlichkeitsarbeit: Allround-Talente. In: Socialmanagement, Zeitschrift für Sozialwirtschaft, 9. Jg., Heft 1, S.27-29.

Faulstich, Werner 2000: Grundwissen Öffentlichkeitsarbeit. München.

Gallus, Alexander/ Lühe, Marion 1998: Öffentliche Meinung und Demoskopie. Landeszentrale für politische Bildungsarbeit, Berlin.

Habermas, Jürgen 1985: Der philosophische Diskurs der Moderne, Zwölf Vorlesungen. Frankfurt.

Horkheimer, Max/ Adorno, Theodor W. 1999: Vorurteil und Charakter. In: Hessische Landeszentrale für politische Bildung (Hrsg.): Argumente gegen den Hass. Band 2: Textsammlung, S.33-38.

Hunziker, Peter 1988: Medien, Kommunikation und Gesellschaft. Einführung in die Soziologie der Massenkommunikation. Darmstadt.

Luthe, Detlef 2001: Öffentlichkeitsarbeit für Nonprofit-Organisationen. Eine Arbeitshilfe. Augsburg.

Marchal, Peter/ Spura, Ulrich K. 1981: Öffentlichkeitsarbeit im sozialen Bereich. Ein Praxisberater für Sozialarbeiter und Bürgerinitiativen.Weinheim.

Müller, Burkhard 1993: Öffentlichkeitsarbeit und sozialpädagogische Fachlichkeit. Sechs Thesen. In: Sozialmagazin, 18. Jg., Heft 11, S.14-18.

Neidhardt, Friedhelm 1994: Öffentlichkeit, öffentliche Meinung, soziale Bewegungen. In: Neidhardt, Friedhelm (Hrsg.): Öffentlichkeit, öffentliche Meinung, soziale Bewegungen. Kölner Zeitschrift für Soziologie und Sozialpsychologie. Opladen, S. 7-41.

Noelle-Neumann, Elisabeth 1991 : Öffentliche Meinung. Die Entdeckung der Schweigespirale. Frankfurt/ Main, Berlin.

Pfannendörfer, Gerhard 1995: Kommunikationsmanagement: Das ABC der Öffentlichkeitsarbeit für soziale Organisationen. Baden – Baden.

Schaarschuch, Andreas 1999: Soziale Arbeit in der Öffentlichkeit – Öffentlichkeit in der Sozialen Arbeit. In: Hamburger, Franz/ Otto, Hans-Uwe (Hrsg.): Sozialpädagogik und Öffentlichkeit. Systematisierungen zwischen marktorientierter Publizität und sozialer Dienstleistung. S. 37-50.

Watzlawick, Beavin, u.a. 2000: Menschliche Kommunikation. Formen. Störungen. Paradoxien. Bern.

---

[1] Detailliertere Informationen hierzu in: Beauftragte der Bundesregierung für Ausländerfragen (Hrsg.) 2000: Bericht der Beauftragten der Bundesregierung über die Lage der Ausländer in der Bundesrepublik Deutschland. Berlin, Bonn.
Konkrete Ergebnisse einer diesbezüglichen Medienanalyse finden sich in: Ruth, Ina/ Wichert, Frank 1998: Rassismus in den Medien. In: iza-Zeitschrift für Migration und soziale Arbeit, Heft 2, S. 14-17.
[2] Allgemeine, sozialarbeitstheoretische Ausführungen hierzu finden sich in Staub-Bernasconi, Sylvia 1998: Soziale Probleme- Soziale Berufe – Soziale Praxis. In: Heiner, Meinhold, u.a.: Methodisches Handeln in der Sozialen Arbeit. Freiburg i.B. S. 11-137.
[3] Eine gesamtgesellschaftliche Herleitung der Legitimationspflicht sozialer Einrichtungen findet sich in: Schaarschuch, Andreas 1999: Soziale Arbeit in der Öffentlichkeit – Öffentlichkeit in der Sozialen Arbeit. In: Hamburger, Franz/ Otto, Hans-Uwe (Hrsg.): Sozialpädagogik und Öffent-

lichkeit. Systematisierungen zwischen marktorientierter Publizität und sozialer Dienstleistung. S. 37-50.

[4] Um den Rahmen meines Beitrags nicht zu sprengen kann ich hier nur in stark verkürzter Form auf wesentliche, allgemeine Grundlagen einer professionellen Konzeption eingehen. Ein ausführliches, beispielhaftes Konzept findet sich in meiner Diplomarbeit zum Thema „Professionelle Öffentlichkeitsarbeit in der Sozialen Arbeit. Darstellung der Rahmenbedingungen sowie Entwicklung von Perspektiven anhand eines Konzeptentwurfs für Öffentlichkeitsarbeit in städtischen Gemeinschaftsunterkünften für Flüchtlinge". 2002. Einsehbar in der Katholischen Stiftungsfachhochschule München, Abteilung München.

[5] Genaueres zu Fundraising findet sich in: Luthe, Detlef 1997: Fundraising. Fundraising als Beziehungsorientiertes Marketing. Entwicklungsaufgaben für Non-Profit-Organisationen. Augsburg.

Gemeinwesen

Multikulturelles Buffet beim Sommerfest in der GU Bodenehrstrasse, 1997

Essen verbindet. Der Spruch ist alt. Und einfach. Und wahr.

Mittendrin im Stadtteil: Das Arbeitsprinzip GWA gestaltet Lebenswelten, vermittelt und integriert

Hester Butterfield

Auf ein Mal sind sie unter uns! Wer sind sie?

Nach der Wende flüchten Tausende von Menschen durch Osteuropa oder verlassen ihre Arbeits- oder Studiumsplätze dort, um im Land der Menschenwürde und der Freiheit ein neues Leben anzufangen oder vor ihrer Heimatpolizei Schutz zu suchen. So versuchen wiederholt junge Afrikaner an der polnischen Grenze – oft mit Hilfe von entwurzelten Vertragsarbeitern – durch Wiesen und Flüsse nach Deutschland zu kommen. Ein vietnamesischer Vertragsarbeiter, der nach seiner Teilnahme an Arbeiteraufständen im Osten der Sowjetunion verhaftet wurde, entkommt im Bahnhofsrestaurant außerhalb von Moskau den vietnamesischen Polizisten, die ihn nach Hause führen sollten[116]: Er zieht sich einen neben der Toilette abgehängten Mantel über und läuft davon. Nach einer Odyssee trifft er in München auf andere Landsleute, die in der CSSR studierten und kurz vor den Abschlussprüfungen nur einige Stunden vor dem Klopfen des Botschaftspersonals an ihre Zimmertür, ihre Rucksäcke gepackt hatten und sich nach Deutschland abgesetzt hatten: Ihre Teilnahme an Demonstrationen für die „samtene Revolution" hatte sie als Regierungsgegner abgestempelt. Die Landeshauptstadt München (LHM) und der Freistaat Bayern sind völlig überfordert: 1990 stellen täglich Hunderte von Leuten Asylanträge. Wo sollen sie untergebracht werden? Gemäß § 47 und 53 des Asylverfahrensgesetzes sind AusländerInnen, die Asylanträge stellen, in der Regel in Gemeinschaftsunterkünften unterzubringen.
Die Neuankömmlinge warten nicht, bis neue Unterkünfte gebaut werden. Sie strömen nach Deutschland, weil sie Kanzler Helmut Kohl im Fernseher erlebt haben, als er die Premierministerin

---

[116] Im Vertrag zwischen den sozialistischen Regierungen des Ostblockes und Vietnam war der ausländische Einsatz von einheimischer Polizei und Botschaftspersonal für die Kontrolle über die „Vertrags"arbeiterInnen und AuslandsstudentInnen vereinbart.

Großbritanniens Margaret Thatcher kritisierte, weil sie vietnamesische Flüchtlinge aus Lagern in Hongkong nach Hause abschob. Deutschland, Land des Wirtschaftswunders, mit einem Volk, das sagt, „Nie wieder", und einem Grundgesetz, das Menschenwürde als untastbar bezeichnet. Die Asylsuchenden wissen nicht, dass die Bevölkerung und Politiker ihre Ankunft in Deutschland völlig anders betrachten als sie oder dass die Kommunen und die Regierung verzweifelt nach Unterkünften für sie suchen.
Als alle Pensionen belegt sind, werden leere Supermärkte für die Flüchtlinge übernommen und sogar Sporthallen mit Stockbetten gefüllt und Bettlacken dazwischen gehängt, um etwas „Privatsphäre" zu schaffen. Am Rande vom Ostpark in München werden zwei riesige Zelte errichtet, in denen je 80 Männer und Frauen in Stockbetten schlafen. Zwei kleine Baracken für Küche und Wache sowie zwei Portoklos komplettieren das Lager. Zum Duschen erhalten die Bewohner und Bewohnerinnen Bademarken für das Michaelibad, 10 Minuten zu Fuß entfernt. Hier wohnen vietnamesische VertragsarbeiterInnen, die in den Ostblockländern für ihre Regierung Geld verdienten und Studierende, die nach der Ausbildung nach Vietnam zurückkehren sollten, die aber durch die Demokratiebewegung im Osten neue Werte schätzen lernten und neue Ziele entwickelten. Jetzt schauen sie voller Hoffnung Richtung Zukunft. Symbol für ihr Gefühl, dass ein neues Leben anfängt, sind die vielen Schwangerschaften.[117]
Im Zeltlager gibt es keine soziale Betreuung, nur einen Wachdienst. Manchmal besuchen engagierte NachbarInnen, die hiesige Friedens-Initiative und einige Kirchengemeinden die BewohnerInnen. Und die örtlichen Pfarrer sprechen in ihren Gottesdiensten über die Lage der Neuankömmlinge. Als der Winter bevorsteht und die LHM plant, die ZeltbewohnerInnen in einen unterirdischen Bunker zu verlegen, rufen mehrere StadtteilbewohnerInnen empört ihren Bezirksausschuss und die Bürgermeisterin an und drohen damit, sich vor den Zelteingängen zu postieren. Die Stadt beugt sich dem öffentlichen Druck, verlegt provisorisch einzelne Personen, wo sie leere Zimmer findet und baut in aller Eile an Stelle der Zelte ein erstes Containerlager auf. Die LagerbewohnerInnen lernen daraus, dass sie in Notsituationen von ihren NachbarInnen Unterstützung erwarten können. Als die Heizung am Heiligen

---

[117] Um ins Ausland fahren zu dürfen, hatten sie unterschrieben, dass sie keine Familien gründen. Bei Schwangerschaften mussten sie abtreiben.

Abend ausfällt, rufen sie ihre NachbarInnen an, die die Feuerwehr alarmieren. Danach gibt es ein gemeinsames feierliches (asiatisches) Karpfenessen im Container.

Flüchtlingslager als Gemeinwesen

Durch Gesetze und Politik – beispielsweise Arbeits- und Ausbildungsverbot, erzwungenes Leben in Gemeinschaftsunterkünften - sowie durch ihre mangelhaften Kenntnisse der deutschen Sprache und Kultur von der Gesellschaft ausgeschlossen, an jeglicher Teilhabe an sozialen Entscheidungen über sich selbst gehindert, leben die Containerinsassen wie im Ghetto. Ferner sind die Lebensbedingungen von einem nicht nur für Deutschland kaum vorstellbar niedrigen Standard, sondern auch für viele der Flüchtlinge: Vier Personen auf 12 Quadratmeter mit zwei Ampere Stromkapazität (genug für einen kleinen Kühlschrank aber nicht für ein Bügeleisen), Gemeinschaftsküche und -bad für jeweils 60 Personen, keine Selbstbestimmung über Zimmerbelegung, keine privaten Möbel erlaubt. Sogar ihr Aufenthaltsort wird durch das Asylverfahrensgesetz (§50, 56 – 60) bestimmt und ihre Mobilität eingeschränkt. Angesichts dieser sozial-repressiven Gewalt und Erzwingungs-Macht sowie der absichtlich schlechten Ausstattung[118] nimmt die Entwicklung einer erträglichen bzw. befriedigenden Lebenswelt innerhalb der GU eine große Bedeutung an: Nur hier haben Bewohner und Bewohnerinnen eigene Gestaltungsmöglichkeiten.[119]
Zum Glück wohnen anfänglich in dem Lager in Münchens Ostpark ausschließlich VietnamesInnen. Sie können daher miteinander sprechen, teilen die Art zu kochen und Ideen über Gemeinschaftsleben. In keiner anderen GU in München sind die BewohnerInnen einheitlicher Nationalität oder Ethnie (eine bewusste

---

[118] Zu Formen von Behinderungsmacht und zu sozialer und persönlicher Ausstattung, siehe z.B. Staub-Bernasconi, Silvia: Soziale Probleme – Dimensionen ihrer Artikulation oder: Staub-Bernasconi, Silvia, Macht, altes Thema der sozialen Arbeit

[119] Zur Notwendigkeit der Gestaltung bzw. Wiederherstellung von Lebenswelten und der Rolle der Sozialen Arbeit, siehe z.B. Oelschlägel, Dieter: „Der Auftrag ist die Gestaltung von Lebensverhältnissen" in Deutscher Zeitschrift für Sozialarbeit, 3/97 oder Hinte, Wolfgang, Lüttringhaus, Maria und Oelschlägel: Grundlagen und Standards der Gemeinwesenarbeit

Entscheidung der Hausherrin, angeblich um Kriminalität vorzubeugen, aber praktisch wird damit die Entstehung einer starken Gemeinschaft verhindert).
Ein wichtiger Schritt zu Selbstbestimmung und Verbesserung der Lebensqualität ist der im Frühjahr 1991 angelegte kommunale Garten: Mit Unterstützung von Nachbarschaftsorganisationen wird Erde vom Münchner Bau- und Gartenreferat geliefert. In gemeinsamer Arbeit richten die BewohnerInnen Gemüse- und Blumenbeete ringsum das Containerlager an. Jedes Zimmer kann über eines bestimmen. Weil eine sechsköpfige Gruppe lediger Männer in einem Doppelzimmer (24qm) zusammen wohnt, wird dieses Zimmer zum Treffpunkt für Männer, die Karten spielen oder politische Diskussionen führen. Gelegentlich organisieren einige BewohnerInnen den gemeinsamen Einkauf von Enten oder Hühnern vom Bauernhof, um diese in der GU Küche zu schlachten und feierlich zu essen. Teilweise werden so Traditionen der Heimatkultur aufrechterhalten und Kommunikation ermöglicht.
Als die ersten Kinder geboren werden, merken die jungen Familien, dass sie doch sehr alleine sind: Hier wohnen keine Omas oder Tanten, die wissen, was zu tun ist, wenn ein Baby krank oder gereizt ist. Es gibt keine älteren RatgeberInnen bei Beziehungsproblemen. Sie suchen Beistand und Hilfe bei früheren Generationen von geflüchteten Vietnamesen: „Boatpeople" und ehemalige StudentInnen, die seit mehreren Jahren in Deutschland wohnen, von denen einige schon einen Unterstützerkreis für die Neuankömmlinge gebildet hatten.

Rolle des Caritas Sozialdienstes im Gemeinwesen

Später übernimmt die Regierung von Oberbayern die Verwaltung des Containerlagers von der Landeshauptstadt und setzt einen Sozialdienst für Asylsuchende und Flüchtlinge des Caritas Diözesanverbands München-Freising ein, um den sozialen Frieden in der Unterkunft zu sichern. Der Sozialdienst betrachtet seine Aufgaben im ganzheitlichen Kontext: Sie umfassen Einzelhilfe für Personen in äußerst schwierigen Lebenslagen, die Bedarf an Grundorientierung und Existenzsicherung haben, und auch die Entwicklung eines sozialen Raums, wo BewohnerInnen vor Fremdenfeindlichkeit geschützt sind, wo Kinder sich entwickeln und entfalten und Erwachsene Perspektiven für sich entdecken und ausbauen können. Aus der Sicherheit dieses Raums können erste Schritte in die deutsche Gesellschaft gewagt und eine Integration in die deutsche Kultur auf der Basis der Heimatkultur versucht werden.

> „Es geht um die Lebensverhältnisse, Lebensformen und Lebenszusammenhänge der Menschen, auch so, wie diese selbst sie sehen (Lebensweltorientierung). Das Arbeitsprinzip Gemeinwesenarbeit sieht seinen zentralen Aspekt in der Aktivierung der Menschen in ihrer Lebenswelt. Sie sollten zu Subjekten politisch aktiven Handelns und Lernens werden und zunehmend Kontrolle über ihre Lebensverhältnisse gewinnen. Dazu sollen sie vor allem in gemeinsamen Aktionen der Problembearbeitung bis hin zum Widerstand Kompetenzerfahrungen machen."[120]

Für den Sozialdienst bedeutet dies zweierlei:
1. Kenntnisse über die Lage und die Probleme aus der Sicht der BewohnerInnen sammeln. In Einzelberatungen werden Probleme erörtert und festgestellt, die Lage der BewohnerInnen betrachtet und Vertrauen aufgebaut. Diese Erkenntnisse werden durch Gruppenarbeit und -beratung erweitert und in Zusammenarbeit mit anderen Einrichtungen (Schulen, dem Allgemeinen Sozialdienst der Stadt München [ASD] oder REFUGIO, einem Zentrum für Folteropfer) werden erste Schritte zur Integration der BewohnerInnen in die Regel- und andere Dienste im Stadtteil entwickelt.
2. Vertrauen durch klare Verhaltensweisen und Erwartungen bilden. Beispielsweise werden von BewohnerInnen keine Geschenke im Caritasbüro angenommen, weil der größte Teil von ihnen aus Ländern kommt, wo Bestechung notwendig ist. Oder um Vertraulichkeit zu sichern, sollen grundsätzlich keine BewohnerInnen hinter den Beratungstisch gehen - nur die kleinsten Kinder, die auf dem Boden spielen - so dass niemand in die Unterlagen eines anderen schauen kann. Niemand wird bevorzugt. Besonders wichtig ist es, den Druck zu widerstehen, wenn christliche Flüchtlinge meinen, sie sollten bei der Caritas vor ihren muslimischen MitbewohnerInnen gehört werden.

Neben ihren individuellen Belangen (Asylverfahren, Orientierung und Existenzsicherung) haben BewohnerInnen auch gemeinsame Interessen, z.B.: das Wohl ihrer Kinder, den sozialen Frieden in

---

[120] Oelschlägel: Der Auftrag ist die Gestaltung der Lebensverhältnissen

der GU und eine bessere Lebensqualität.[121] Welche Grundlagen eines Gemeinwesens kann der Sozialdienst fördern, um diese Interessen zu untermauern?
Die Notwendigkeit dafür wird an Hand von Beispielen aus der Kindererziehung und -entwicklung deutlich: Ohne eine fundierte Gemeinschaft haben Kinder keine Basis, Handlungskompetenzen außerhalb des Familienkreises zu entwickeln und die deutsche Sprache zu erlernen. In ihren Heimatländer würden sie von der Großfamilie erzogen. Hier ist dieser Rückhalt weggefallen. Sozialisationsstrukturen sind nicht mehr vorhanden. Ohne neue Kommunikationsstrukturen und Kooperation unter den zusammenlebenden Menschen in der GU fehlt es Kindern an Gelegenheiten, beobachtetes soziales Leben nachzuahmen und zu üben. Identitätsbildung braucht Vorbilder. Solidarität unter den Erwachsenen kann Hoffnung geben und positive Verhaltensweisen aufzeigen, die den GU-Kindern ein bejahendes Selbstbild schaffen. Weil sie in der Gesellschaft als „die Heimkinder" bezeichnet werden, brauchen sie dringend für sich ein anders Image.
Der Auftrag des Sozialdienstes ist es, Strukturen zu schaffen, die Kommunikation, Teilhabe, Kooperation, Auseinandersetzung, Vertrauen und Solidarität ermöglichen. Diese Strukturen sollen die Kulturen, Traditionen und Geschichte der Heimat und der hiesigen Gesellschaft bewahren und neue Identitätsbildung zulassen. Eine gewaltige Aufgabe. Wo anfangen und wo die Ressourcen dafür ausfindig machen?
Ein frühes Projekt war die Planung und den Bau eines Spielplatzes im Hof der GU. Auf Wunsch der Eltern wurden einige Treffen, begleitet von Caritas und Dolmetscher, mit zwei Beratern von Urbanes Wohnen abgehalten, einer Organisation, die für die Begrünung in der Stadt plant und baut. Die Diskussionen waren span-

---

[121] *„Gemeinwesenarbeit [kann] nur dort erfolgreich sein …, wo es gelingt, an den zentralen Themen anzusetzen, egal, wie man dies bezeichnen mag: Betroffenheit, Interesse o. ä. Die Herausforderung für Soziale Arbeit besteht somit zunächst darin, der AdressatInnen zu erfassen. …. Wer Menschen befähigen will, ihre Möglichkeiten (den eigenen Möglichkeitsraum) zu erweitern, muss innerhalb ihrer Lebenswelt agieren. Soialarbeiter/-innen dürfen konsequenterweise hier nicht belehrend und pädagogisierend mit Erkenntnissen aus ihrer eigenen Lebenswelt Ziele vorgeben, sondern müssen vermittelnd, klärend und organisierend – orientiert an der Situation aus Sicht der Betroffenen, ihren Erfahrungen und ihren Kompetenzen – Ziele mit den Menschen entwickeln."* Lüttringhaus in Hinte, Lüttringhaus und Oelschlägel, S. 37

nend, weil die Mütter sich hauptsächlich für eine Schaukel interessierten und die Berater den pädagogischen Wert von kleinen Gartenbeeten betonten, in denen die Kinder Gemüse- und Blumenanbau und den Umgang mit der Natur lernen könnten. Die Mütter kicherten höflich und verstanden nicht, warum zusätzliche Beete nötig wären, wo doch die Familien schon ihr eigenen hatten und es zum Familienleben gehörte, im Garten zu helfen. Für sie war ein Spielplatz zum Spielen da. Ferner war es ihnen fremd, durch Spielen zu lernen. Hier war die Aufklärungsarbeit der Caritas und des Dolmetschers gefragt. Als schließlich doch ein Plan zustande kam – ohne Gartenbeete - wurden vom Baureferat Sand und Baumstämme (für Sitzbänke) umsonst geliefert und Sträucher von einer Gartenfirma geschenkt. Mittels Spenden und Eigenarbeit von ehrenamtlichen MitarbeiterInnen und BewohnerInnen konnten mehrere Geräte angeschafft oder gebaut werden. An zwei Wochenenden wurde gegraben, gepflanzt, zementiert und bewundert: eine Zusammenarbeit von Professionellen und Freiwilligen, NachbarInnen und BewohnerInnen. Dann wurde gegrillt und gefeiert, obwohl es regnete!
Durch Hausaufgabenbetreuung, Ausflüge, gemeinsames Kochen, Aufräumen des Hofs, Feste und das Planen und Bauen einer Kinderhütte sowie einer offenen Tür für Kinder zum Beratungsbüro und der Entwicklung einer eigenen geheimen Kindersprache wuchs ein kleines Kindergemeinwesen innerhalb der GU, in dem die Kinder die Erwartungen und Regeln wissen und sie einander gegenseitig beibringen. Für Eltern wie auch für kinderlose Ledige bedeutet dies ein wichtiges Stück normales Gemeinschaftsleben, das allen Zugehörigkeit ermöglicht.
Weitere Ansätze zur Lebensweltgestaltung sind beispielsweise, die Bereitstellung eines stets geöffneten Gemeinschaftsraums, die Bildung von Vertretungsstrukturen unter BewohnerInnen in der GU, Gruppenveranstaltungen oder –beratungen mit dem Allgemeinen Sozialdienst.
Mit der Gründung der Vietnamesischen Initiative München (VIM) 1994, einer Selbsthilfegruppe von BewohnerInnen, die innerhalb der GU betreut, ihre Heimatkultur fördert und die aktuelle Lage in Vietnam hier in der Öffentlichkeit darstellt, konnte u. a. eine Zeitschrift auf vietnamesisch gedruckt und eine Tanzgruppe gegründet werden, die bei Stadtteilveranstaltungen und Sommerfesten auftritt und einen positiven Ruf für die GU BewohnerInnen schafft. Lesestunden in der Heimatsprache für Kinder und Unterricht in heimatlichen Musikinstrumenten bewahren ihre Kultur.

Bei „Vietnamesischen Abenden" in Kirchengemeinden des Stadtteils mit Tanz, Musik und leckeren vietnamesischen Spezialitäten können sie mit Deutschen ins Gespräch kommen und ihre Fluchtgründe darstellen.
An Hand der Arbeit der VIM ist zu sehen, dass Nationalitäten und ethnische Gruppen Gemeinschaften über die GU hinaus bilden: Wenn BetreuerInnen sich auf Sprache und Kenntnisse über die aktuelle Situation in einem Land sowie zu Asyl- und Aufenthaltschancen dieser Gruppe spezialisieren, suchen Landsleute die Beratungsstelle auf. Es entstehen Verbindungen zu Asylsuchenden münchen- bzw. bayernweit.
Später als die vietnamesischen BewohnerInnen der GU aus- und neue Nationalitäten einzogen, entschied sich die Beratungsstelle und die VIM aus den genannten Gründen zusammen diese Spezialisierung aufrecht zu erhalten, da sie sich bewährt hatte. Aus Solidarität betreut die VIM zusammen mit der Caritas GU-BewohnerInnen aller Nationalitäten. Von außerhalb der Einrichtung kommen seit Jahren VietnamesInnen, die in ganz Bayern leben, weiter zur Beratung. Auch Personen mit festem Aufenthalt und Eingebürgerte kommen, um mit jemandem, der ihre Kultur und ihren Hintergrund versteht über Beziehungs- oder Finanzprobleme, Ausbildung, Erziehung, Gesundheit, alt Werden u.s.w. zu sprechen.

Der Sozialdienst als Puffer und Vermittler zwischen LagerbewohnerInnen, NachbarInnen und Stadtteileinrichtungen

Wohin wendet sich die Erzieherin, wenn das Flüchtlingskind in ihrer Gruppe keine angemessene Brotzeit mitbringt? Gesprächspartner ist die Caritas: *„Fr. Butterfield, sagen Sie doch bitte Fr. B, dass ihr Kind ein Brot und frisches Obst und keine Süßigkeiten bringen soll!"* Darauf gibt es viele mögliche Antworten, z.B. – *Die Familie erhält Essenspakete.*[122] *Da gibt es zwei Mal in der Woche ein Netz Semmeln und pro Tag ein Stück Obst oder Gemüse, sonst Doseninhalte.* – Oder: – *Die Familie kommt aus einem Land, wo man hauptsächlich warm isst und keine kalte Brotzeit macht.*

---

[122] Gemäß dem Asylberwerberleistungsgesetz erhalten AsylbewerberInnen monatlich € 40,90 und Essenspakete.

Ferner werden Milchschnitten in der Fernsehwerbung als wertvolles Nahrungsmittel dargestellt. Und im reichen Deutschland scheint das Supermarktangebot wohl das allerbeste zu sein. – Oder: – Diese Familie weiß, dass sie wahrscheinlich zurückkehren muss. Vermutlich will sie ihre Kinder schützen, in dem sie zu verhindern versucht, dass sie sich daran gewöhnen, mehr als zwei Mal am Tag zu essen. Zu Hause wird es nicht so üppig sein. – Zusätzlich antworte ich mit: - Ich werde mit der Familie sprechen und ihnen erklären, was in Deutschland erwartet wird, warum es wichtig ist, dass alle Kinder in der Gruppe solche Regeln einhalten und was allgemein die Ansprüche im Kindergarten hier sind. - Diese Form der Vermittlung mag nicht alle Probleme sofort lösen, kann aber auf Dauer dazu dienen, dass beide Parteien einander zuhören.

Vermittlung im Stadtteil heißt: Arzttermine vereinbaren, Schul-, Hort- und Kindergarteneinschreibungstermine wahrnehmen, auf dem Stadtplan aufzeichnen, wie BewohnerInnen die Einrichtungen finden. Sie heißt auch Eltern aufklären, dass Anwesenheit beim Elternabend oder Sommerfest in der Schule Lehrkräften ihr Interesse an den Leistungen und der Erziehung ihrer Kinder zeigt. Umgekehrt spricht der Sozialdienst mit den LehrerInnen über das Schulsystem, das die Eltern von der Heimat kennen und wie schwierig es ist, mit Sorgen über Aufenthalt und mangelnden Deutschkenntnissen zum Sommerfest zu gehen, insbesondere, wenn erwartet wird, dass die Familie - aus ihren Essenspaketen – einen Beitrag für das Fest mitbringt.

KollegInnen von der Schulsozialarbeit, den Sozialdiensten in Krankenhäusern, beim ASD oder der AIDS Hilfe stellen ähnliche Fragen und bitten um Fachberatung und Informationen über andere Kulturen. In den Stadtteilfacharbeitskreisen für Migration, interkulturelle Arbeit und Kinder- und Jugendarbeit werden die aktuelle Lage der GU BewohnerInnen, die schulischen Probleme der Kinder, Auswirkungen von neuen Gesetzen, Abschiebungsandrohungen u. v. m. vom Caritas Sozialdienst regelmäßig berichtet und besprochen. So entstand über die Jahre ein partnerschaftliches Verhältnis zwischen den Stadtteileinrichtungen, den MitarbeiterInnen in Schule und Kindergarten, Ärzten und den GU-BewohnerInnen. Dieses Verhältnis stärkte das Verständnis für die Asylsuchenden und ihre Familien, das seine Wurzeln schon in der Zeit des Zeltlagers unter NachbarInnen, Initiativen und Kirchengemeinden gebildet hat. Dies wurde die Basis für die politische

Arbeit, die ab 1995 im Stadtteil und später im Landtag eine öffentliche Diskussion zu verschiedenen Themen ins Leben rief.

Einmischung in Lokalpolitik

Bevor es die Regionalisierung der Sozialen Arbeit in München (REGSAM) gab, gab es den Arbeitsausschuss für Fachkräfte im Stadtteil München-Perlach und seine Unterausschüsse. Da dessen Gremien wie oben beschrieben stets vom Sozialdienst auf dem Laufenden gehalten werden, ist es möglich, schnell und effektiv auf Probleme zu reagieren. Eine der größten Herausforderungen für diese Gremien sollte der Schutz von abgelehnten vietnamesischen AsylbewerberInnen vor dem unkorrekten Handeln der Behörde bei ihrer Rückführung bzw. Abschiebung werden.

> Zum Hintergrund: Als die Asylverfahren einiger vietnamesischer Flüchtlinge endgültig abgelehnt wurden, entschied sich ihr Heimatland, ihnen aufgrund der Asylbeantragung keine Heimreisepapiere oder Pässe auszustellen. Ohne Dokumente, die ihre Identität bewiesen, konnten sie aber nicht freiwillig zurückkehren. Die von der Bundesregierung Deutschland 1994 versuchten Abschiebungen gelangen auch nicht, weil die vietnamesische Behörde stets die Einreise verweigerte: Einige Personen machten daher „Pingpong - Reisen" Hanoi – Bangkok – Saigon - Hongkong, bis Deutschland gezwungen war, sie wieder aufzunehmen. Um die etwa 40.000 abgelehnten vietnamesischen Asylbewerber zurückzuführen, führte die BRD zähe Verhandlungen mit der Sozialistischen Republik Vietnam. Erst als die BRD die Entwicklungshilfe einfrieren ließ, wurde im Juli 1995 ein Rückführungsabkommen unterschrieben. Nach Feststellung ihrer Identität durch die vietnamesischen Behörden sollten bis zum Jahr 2000 alle abgelehnten AsylbewerberInnen in Jahresquoten zurückgeführt werden. Wie gering die Bereitschaft Vietnams war, diesen Personenkreis zurückzunehmen war, hatte die BRD allerdings völlig falsch eingeschätzt: Wegen ihrer Erfahrungen mit demokratischen Strukturen waren die Rückkehrer potenzielle Störenfriede. Ferner waren ihre Überweisungen in Millionenhöhe an die Familien zu Hause unverzichtbare Beiträge für die vietnamesische Wirtschaft. Um ihre Interessen mit langsamen bürokratischen Verfahrensweisen durchzusetzen, verlangte Vietnam von Betroffenen das Ausfüllen zweier Formulare (einen Passersatzantrag und das sogenannte „H0-3", das Informationen über Einreise nach Deutschland, Asylantrag sowie über Verwandte in Vietnam

und im Ausland umfasst). Der Passersatzantrag ist konform mit den Verpflichtungen des deutschen Ausländergesetzes, aber das Ausfüllen des H0-3 sollte von Betroffenen auf freiwilliger Basis erfolgen.

Am 19.09.1995, zwei Tage vor Inkrafttreten des Rückkehrabkommens, verlangte plötzlich die Ausländerbehörde München von allen VietnamesInnen, die ihre Aufenthaltsbescheinigung in Deutschland verlängern mussten (die Duldung, die keinen Rechtsstatus begründet) das Formular H0-3 auszufüllen. Von der Freiwilligkeit, die vom Bundesminister Manfred Kanther schriftlich garantiert worden war, war keine Rede. Den Betroffenen machten die Fragen Angst, da die Antworten sie selbst und ihre Verwandten gefährden konnten. Fast alle verweigerten. Ihre Duldungen wurden nicht verlängert. Sie wurden dadurch auf der Stelle illegal, ohne Aufenthalt und ohne Arbeitserlaubnis. Panik setzte ein. Täglich mussten immer mehr Personen zur Verlängerung gehen, die sofort illegal wurden und ihre Arbeitsstellen verloren.

Als der REGSAM-Vorgänger, der Unterschuss Ausländer/Asyl, vom Sozialdienst darüber informiert wurde, entschieden die Mitglieder einen Eilantrag beim Bezirksausschuss (BA) zu stellen und überzeugten damit den BA, das Kreisverwaltungsreferat (KVR, Aufsichtsbehörde der Ausländerbehörde) zu einem öffentlichen Termin in einer Pfarrgemeinde einzuladen. Zum ersten Termin erschien kein Vertreter des KVR, aber dafür viele StadtteilbewohnerInnen, vietnamesische Flüchtlinge und die Presse. Unter Gesprächsleitung des BA-Vorsitzenden wurde die Problematik geschildert: VietnamesInnen werden in die Illegalität getrieben, weil sie begründete Angst haben, das Formular H0-3 auszufüllen. Wer könnte behaupten, dass solche Informationen nicht von einer Behörde missbraucht würden, wenn diese jahrelang nicht willens war, Pässe für Betroffene auszustellen, gerade weil sie Asylanträge gestellt hatten? Ferner war es ordnungsgemäß, das H0-3-Formblatt nicht auszufüllen: Das Bundesministerium hatte dies als freiwillig bestätigt. Die Versammlung verurteilte dieses Vorgehen als Amtshilfe einer deutschen Behörde, die die Betroffenen gefährden könnte und entschied sich, das KVR nochmals einzuladen. Nachdem in den Medien über das Nicht-Erscheinen berichtet wurde, nahm ein höherer Beamte des KVR die Einladung an.

Zum zweiten Termin kamen Landtagsabgeordnete sowie der Leiter des städtischen Flüchtlingsamts und VertreterInnen der Flüchtlingsräte. Konfrontiert mit einem gut informierten Publikum (das das erste Mal schon geübt hatte) musste der Beamte zugeben, dass das Ausfüllen des H0-3 freiwillig sein sollte, und bei Verweigerung Duldungen doch zu verlängern waren. Er versprach sogar, dass, wenn es weitere Probleme geben sollte, man ihn direkt anrufen könnte.

Effektive Lokalpolitik kann zu landesweiten Erfolgen führen

Dieser Erfolg sprach sich in ganz Bayern herum. In anderen Städten halfen die jetzt erfahrenen Münchener VietnamesInnen ihren Landsleuten, Veranstaltungen abzuhalten. Andernorts zeigten manche VietnamesInnen mit Hilfe der VIM ihrer Ausländerbehörde einen Brief des Bundesinnenministers an die Internationale Gesellschaft für Menschenrechte, in dem die Freiwilligkeit bei Angaben zu H0-3 bestätigt wurde. Hunderte von Unterschriften stützten eine Petition von Pfarrgemeinden im Stadtteil an den Landtag, die einen Stopp des H0-3 und eine menschenwürdige Rückkehr forderte. In Zusammenarbeit mit der Caritasgeschäftsführung fertigten die VIM und der Sozialdienst eine Dokumentation als Begleitschrift zur Petition, um an Hand von vielen Fällen nachzuweisen, dass die bayerischen Ausländerbehörden nicht einheitlich verfuhren und sich zum Teil von der Intention des Rückkehrabkommens bzw. von Auslegungen des Bundesinnenministeriums abwichen. Auch der bayerische Beauftragte für Datenschutz, der um eine Stellungnahme gebeten wurde, rügte den Zwang, das Formular auszufüllen. Die öffentliche Diskussion, die dadurch entzündet wurde, sowie die Anfragen von Landtagsabgeordneten erwirkten neue Anweisungen vom Bayerischen Innenministerium, die in ganz Bayern das Druckmittel H0-3 außer Kraft setzten.
Diese ersten Erfahrungen auf Landesebene brachten dem Sozialdienst und der VIM Kenntnisse über die Möglichkeiten, Unrecht manchmal wieder gutzumachen. Weil ihre Dokumentation so ausführlich und detailliert nachgewiesen war, trauten PolitikerInnen ihren Aussagen und baten oft um Stellungnahme. Später, als die VietnamesInnen ab 1997 rückgeführt bzw. abgeschoben wurden, protokollierten sie ihre Erfahrungen bei den monatlichen Sammelschüben am Münchner Flughafen und stellten dabei öfters unkorrekte Verfahrensweisen fest: Beispielsweise wenn Ausländerbe-

hörden Personen abschoben, ohne die im Ausländergesetz (§56) verlangte vorherige Ankündigung auszusprechen oder Familien oder Eheleute getrennt wurden. Durch die Darstellung dieser Verfahrensweisen für den Landtag konnten neue Anweisungen vom Ministerium erwirkt werden, die z.B. die Trennung von Familien verhinderten und die eine menschenwürdigere Durchführung der Rückführung ermöglichten – wie im Artikel I des Rückführungsabkommen vereinbart. Einige unkorrekte Abschiebungen konnten dadurch auch verhindert werden. Manche dieser Personen sind heute noch hier. Einigen wurde unter den Härtefall- oder Altfallregelungen mittlerweile ein fester Aufenthalt erteilt.

Fazit

Ich möchte hier die Zusammenhänge zwischen der erfolgreichen Gremien- und politischen Arbeit und der Betreuung nochmals herausheben: Ohne die durch Beratung und Betreuung gewonnenen Kenntnisse über die Problematik, hätten die politischen Aussagen nie ihre hohe Überzeugungskraft erreicht. Ohne den Informationsfluss an Einrichtungen und Gremien vor Ort wäre keine Basis unter NachbarInnen, Kirchengemeinden und Einrichtungen für die Öffentlichkeitsarbeit und den politischen Druck entstanden. Die öffentliche Diskussion und die dadurch erzielten Verfahrensänderungen wiederum kamen vielen Betroffenen zu Gute. Das Bekanntmachen der aktuellen Lage der Asylsuchenden vor Ort unterstützte die Einzelfallarbeit sowie den Aufbau eines Gemeinwesens im Lager, indem beispielsweise das Verständnis für die Situation der Familien bei ErzieherInnen und Lehrkräften gewachsen ist, sowie auch die Bereitschaft, Hort- und Kindergartenplätze für Flüchtlingskinder bereitzustellen. Das Arbeitsspektrum in der Betreuung ist sehr groß. Es können nie alle Probleme beseitigt werden. Daher ist die öffentliche Unterstützung dringend notwendig. Die Öffentlichkeit ist eine riesige, wirksame und teils noch ungenützte Ressource.

Kommunalpolitik

Flüchtlingsunterkunft Bodenehrstrasse in München, 2003

Vom Container zum Wohnheim: Ein Erfolg flüchtlingsfreundlicher Kommunalpolitik? Sicher, aber kein Grund zur Selbstzufriedenheit. Es gibt noch so viel zu tun.

Gibt es eine richtige Flüchtlingssozialarbeit in der falschen Politik? Über das Wechselspiel von Sozialer Arbeit mit Flüchtlingen und Kommunalpolitik am Beispiel der Stadt München

Siegfried Benker

Einleitung

Die Metropolen sind in der Regel die ersten Anlaufpunkte für Flüchtlinge, wenn sie es geschafft haben nach Deutschland einzureisen. Hier gibt es Freunde, Bekannte und Verwandte, hier haben sich in der Regel bereits ZuwandererInnen etabliert, es gibt Beratung, Rückzugsmöglichkeiten und Halt aufgrund ethnischer Zugehörigkeit. In München hat jede/r Fünfte einen ausländischen Pass bzw. Migrations- oder Fluchthintergrund. Es ist also nicht verwunderlich, dass München eine wichtige Brückenfunktion für Flüchtlinge hat.

Die Geschichte der Abschottung

Der Umgang mit Flüchtlingen in den letzten zwanzig Jahren entspricht einer Politik der Abschreckung. Dahinter steckt der Glaube, dass die Maßnahmen gegen Flüchtlinge nur hart und restriktiv genug durchgesetzt werden müssen, damit diese entweder möglichst schnell wieder das Land verlassen oder noch besser: Gar nicht erst kommen. Eigentlich könnte jedem Flüchtling folgender Merkzettel bei Grenzübertritt in die Hand gedrückt werden: „Sie sind hier nicht erwünscht, folglich sind auch Integrationsmaßnahmen nicht vorgesehen. Dies gilt auch, wenn Sie viele Jahre hier leben, aber noch immer nicht über einen Daueraufenthalt verfügen. Sollten Sie dann aber – trotz unseres erklärten Unwillens – in den Besitz einer dauerhaften Aufenthaltsmöglichkeit kommen, erwarten wir, dass Sie über Nacht vollständig integriert sind."

Bemerkenswert: Das deutsche Trauma von Flucht und Vertreibung hat in der Politik für Flüchtlinge keine Konsequenzen hinterlassen

Gegen Ende des Zweiten Weltkrieges mussten ca. 14 Millionen Deutsche und Deutschstämmige ihre Heimatgebiete verlassen. Neuere Historiker haben diese Fluchtgeschichte in ihrer gesamten Tragik und traumatisierenden Funktion gerade in diesen Tagen nochmals aufgearbeitet. Fast jede/r von uns kennt aus der eigenen oder befreundeten Familie die Geschichte der Flucht der Eltern und Großeltern, sei es aus Siebenbürgen oder dem Sudetenland. Die Erfahrung der Flucht hat die Großeltern und die Eltern traumatisiert. Die Fluchterlebnisse gehören wie alle Traumata zu den immer wiederkehrenden Erinnerungen auf der individuellen und politischen Ebene. Bis in unsere Tage hinein wirkt der Schrecken von Flucht und Vertreibung in vielen Familien fort. Doch dieses kollektive Erlebnis hat zu keinerlei Konsequenzen bezüglich der Behandlung von Flüchtlingen in Deutschland geführt. Während alle bayerischen Politiker sich beeilen die integrierten Flüchtlinge nach dem zweiten Weltkrieg als den „fünften Stamm Bayerns" zu bezeichnen, werden die Flüchtlinge von heute als Wirtschaftsasylanten oder Asylbetrüger hingestellt. Die Traumatisierung durch die Flucht, die jeder Vertriebenenvertreter auch nach 60 Jahren noch betont, wird den Flüchtlingen von heute abgesprochen. Vielleicht sind deutschstämmige Flüchtlinge sensibler?

Entwicklung der Flüchtlingspolitik in München

Die Zuständigkeit für Flüchtlinge liegt eigentlich beim Freistaat Bayern. Wenn dieser es in der Vergangenheit aber nicht selbst bewerkstelligen konnte, neu hinzukommende Flüchtlinge unterzubringen wurden immer auch die Kommunen hierfür herangezogen. Dies führte bereits Ende der 80er Jahre dazu, dass in München eine Reihe von Flüchtlingsunterkünften entstand, die damals beim Wohnungsamt angegliedert waren. Dies erschien logisch, da es sich doch auch um „ortsfremde Obdachlose" handelte. Das Wohnungsamt ließ die Betreuung in der Anfangsphase vor allem durch engagierte junge Leute bewerkstelligen, die als „PförtnerInnen mit Sonderaufgaben" anfingen, durch ihr Interesse und hohes Maß an Verantwortungsbewusstsein aber rasch damit begannen Betreuungsaufgaben zu übernehmen. Mangelnde sozialpädagogische Kenntnisse und Mangel an Kenntnissen in Verwaltungsabläufen oder potenziellen sozialrechtlichen Leistungen für Flüchtlinge wurden durch ein hohes Maß an ehrenamtlichem Engagement aufgefangen. Auf diese Weise wurden bald bis zu vierhundert Pförtner mit Sonderaufgaben eingestellt, die eine Rund-um-die-Uhr-Betreuung sicherstellen konnten.

Diese intensive Form der Betreuung erlaubte es mit viel Engagement sich wirklich individuell um einzelne Flüchtlinge zu kümmern. Erstmals wurde damit begonnen, die Flüchtlinge nicht nur zu verwalten, sondern individuelle Hilfestellungen zu geben. Zum ersten Mal war die Möglichkeit gegeben, dafür zu sorgen, dass individuell notwendige Hilfepläne erstellt werden konnten.

Hinzu kam damals noch für die Häuser ein Bewachungsdienst, wobei nicht ganz klar war, ob die Flüchtlinge beschützt oder bewacht werden sollten.

Die Stunde der Populisten

Anfang der 90er Jahre eskalierte die Situation. Aufgrund großer Zahlen neu ankommender Flüchtlinge wurden der Landeshauptstadt München weitere Menschen zur Unterbringung zugewiesen. Das war die Stunde der Populisten. Gemeinsam kamen der damalige Oberbürgermeister Georg Kronawitter und der Kreisverwaltungsreferent Dr. Uhl zu dem Schluss, dass es sich bei diesem Vorgang um eine „Katastrophe" handelt und dementsprechend darauf zu reagieren sei. Der Oberbürgermeister verweigerte zunächst die „Annahme" der Flüchtlinge und war sich nicht zu schade, diese notdürftig im unterirdischen Bunker im Katastrophenschutzzentrum in der Hessstraße unterzubringen und am nächsten Tag pressewirksam in einem Bus vor eine Kaserne zu fahren um damit die Möglichkeiten des Landes bzw. Bundes zur Unterbringung in Kasernen zu verdeutlichen. In einem Artikel für die Zeitschrift „Spiegel" äußerte der OB fast schon ein gewisses Verständnis für die damaligen tagelangen Angriffe auf die Flüchtlingsunterkunft in Rostock-Lichtenhagen, bemängelte die hohen Kosten für Flüchtlinge, erregte sich besonders darüber, dass an einem Flüchtling eine besonders teure Operation durchgeführt wurde. Der Kreisverwaltungsreferent wollte nicht hinten anstehen und hat sich eifrig bemüht, Flüchtlinge als potenzielle Betrüger darzustellen und hat eine der ersten neuen Unterkünfte öffentlichkeitswirksam auf der Theresienwiese installieren lassen. (Natürlich haben beide nicht versäumt, sich 1992 in der Lichterkette einzureihen um gegen Ausländerfeindlichkeit und Rassismus zu demonstrieren)

In einer solchen Situation soziale Arbeit mit Flüchtlingen durchführen zu wollen ist fast nicht möglich. In dieser Zeit ging es vor allem darum, das Schlimmste zu verhindern, in den Gemeinschaftsunterkünften einen geregelten Tagesablauf durchzuführen und zu organisieren.

Es war sicher eine der – zum Glück seltenen - Zeiten in denen Soziale Arbeit gegen den erklärten Willen der Mehrheit der Politiker und den Mainstream in Medien und Öffentlichkeit durchgeführt werden mußte. Man muss sich diese Situation noch einmal verdeutlichen: Soziale Arbeit mit Menschen, von denen ständig in der Öffentlichkeit verdeutlicht wird, dass sie unerwünscht sind, die in anderen Städten angegriffen, verletzt oder gar getötet werden. Diese Situation ist ja nicht nur für den Flüchtling, sondern auch für den Soziale Arbeit Verrichtenden fast nicht zu ertragen. Nur mit einem hohen Maß an solidarischem Bewusstsein konnte diese Arbeit durchgeführt werden.

1993 einigten sich die großen Parteien im so genannten Asylkompromiss auf die faktische Abschaffung des Asylrechts. Damit war das Ziel der politischen Hysterisierung erreicht. Die öffentliche Diskussion verebbte, die Zahl der Flüchtlinge nahm logischerweise in den nächsten Jahren ständig ab.

Schaffung des Flüchtlingsamtes

In dieser Zeit gelang es in München das Flüchtlingsamt zu installieren. Dies darf als Schritt nicht hoch genug eingeschätzt werden. Bedeutete es doch, dass ein Paradigmenwechsel stattfand: Von der von der Politik bis dato propagierten offiziellen Abschreckung hin zu einem Bekenntnis zur kommunalen Flüchtlingsarbeit. Flüchtlingsarbeit wurde von der ordnungsrechtlichen Schiene aufs sozialpolitische Gleis gehoben. Damit wurde erstmals deutlich gemacht, dass Flüchtlinge ein Teil dieser Stadtgesellschaft sind und mit unterstützender Sozialer Arbeit die Zeit ihres Aufenthaltes in dieser Stadt durch entsprechende Hilfen erleichtert werden sollte.

Dies führte zunächst strukturell zu einer schwierigen Situation. Diejenigen, die in den Anfangsjahren einer kommunalen Flüchtlingsarbeit diese Tätigkeit aus dem Nichts heraus wahrgenommen und vorangetrieben hatten, mussten jetzt in die Verwaltungsstrukturen eines Flüchtlingsamtes eingebunden werden. Der kreativ-solidarische Ansatz vieler MitarbeiterInnen passte hier oftmals nicht in das Korsett städtischer Verwaltung. Der härteste Konflikt stand an, als die Soziale Arbeit von hauptamtlichen SozialpädagogInnen übernommen werden sollte und damit die Erfahrung von Jahren ignoriert zu werden drohte. Der Kompromiss, der für viele, aber nicht für alle, gangbar war, bestand darin, PförtnerInnen mit Sonderaufgaben über die entsprechenden Verwaltungslehrgänge in der Sozialen Arbeit mit Flüchtlingen dauerhaft zu integrieren. Dies ist auch leidlich gelungen.

In der Folgezeit schaffte es das Flüchtlingsamt ein hohes Maß an Betreuung in allen städtischen Unterkünften sicherzustellen.

Seit 1. Juli 2002: Kommunen sind nur noch für Flüchtlinge mit Bleibeperspektive zuständig

Seit dem 1. Juli 2002 hat sich die Situation wieder entscheidend verändert. Mit dem Inkrafttreten des „Unterbringungsgesetzes" an diesem Tag ist die Stadt München nur noch zuständig für diejenigen Flüchtlinge, die auf die eine oder andere Weise eine Bleibeperspektive bekommen. Alle Flüchtlinge, die diese nicht erhalten, müssen in staatlichen Unterkünften wohnen. Dies hatte vom Sommer 2002 bis zum Sommer 2003 zur Folge, dass ca. 2000 Menschen von städtischen Unterkünften in staatliche umziehen mussten und umgekehrt. Mit der Folge, dass gerade die Menschen ohne Zukunftsperspektive umziehen mussten in staatliche Unterkünfte, in denen es nur wenig bis gar kein Betreuungspersonal gibt. Für die BewohnerInnen der städtischen Unterkünfte bedeutet es, dass sie de facto „ortsfremde Obdachlose" geworden sind. Nachdem sie eine Bleibeperspektive haben aufgrund ihres Aufenthaltsstatus´, sind sie wie alle anderen Wohnungslosen perspektivisch in dauerhaftem Wohnraum unterzubringen.

Dies bedeutet für die Soziale Arbeit zweierlei: Zum einen ist es ein Perspektivenwechsel in der Betreuung. Während bei einem ungesichertem Aufenthaltsstatus auch für den Betreuenden immer klar sein muss, dass der Aufenthalt nicht dauerhaft gesichert ist und vom Gesetzgeber deshalb keine Integrationsmaßnahmen gewünscht sind, sollte der dauerhaft hier Lebende entsprechende Integrationsleistungen erhalten. Zum anderen stellt sich noch mal in aller Schärfe die Frage: Was benötigt ein Flüchtling an Sozialer Arbeit? Sicherlich könnte man sich zurückziehen und sagen: Jetzt sind die Flüchtlinge Wohnungslose und sollten auch so behandelt werden. Gleichzeitig hat der Flüchtling aber seinen Fluchthintergrund, hat traumatische Erfahrungen bei Flucht und Vertreibung erlebt, lebt unter Umständen seit Jahren in einer Gemeinschaftsunterkunft, reduziert auf Sachleistungen für Lebensmittel, Hygiene und Kleidung und kann jetzt theoretisch ab morgen eine Wohnung auf dem freien Wohnungsmarkt bekommen und soll sie erhalten. Hinzu kommen die ungeklärten Fragen, was mit behinderten, alten, psychisch kranken oder unbegleiteten minderjährigen Flüchtlingen geschehen soll. Soziale Arbeit mit Flüchtlingen steht hier vor ganz neuen Herausforderungen.

Kern dieser neuen Herausforderung wird für die Landeshauptstadt sein, die INTEGRATION von Menschen zu schaffen, die bisher nicht integriert werden sollten. Flüchtlinge, die über Jahre in Unterkünften leben, haben es bisher in der Regel nicht gelernt, in der bundesdeutschen Mehrheitsgesellschaft selbständig zu leben. Das Positive: Keine Sachleistungen mehr, raus aus den Gemeinschaftsunterkünften, kein Sonderstatus mehr über das Asylbewerberleistungsgesetz etc. muss auch gelernt werden. Auch die Flüchtlingssozialarbeit in staatlichen Unterkünften muss sich umstellen: Jetzt leben nicht mehr Flüchtlinge mit und ohne Perspektive in den staatlichen Gemeinschaftsunterkünften, sondern nur noch Menschen ohne Perspektive. Dies bedeutet aber nicht, dass alle in kurzer Zeit das Land verlassen. Es ist vielmehr so, dass neben dem offiziell harten Vorgehen des Freistaates Bayern inoffiziell klar ist, dass viele dieser Menschen die BRD auf Jahre nicht verlassen können. Dies bedeutet, dass Menschen ohne Chance auf Aufenthaltsverfestigung auch weiterhin ihre Kinder in die Schule oder den Kindergarten schicken und evtl. einer Beschäftigung nachgehen. Das Leben in einer Zwischenwelt wird für diese Menschen noch viel mehr zu einem Dauerzustand. Hier wird Flüchtlingssozialarbeit – soweit sie in staatlichen Unterkünften überhaupt existiert – ebenfalls einen Weg finden müssen, diesen Menschen zu helfen.

Wenn die Soziale Arbeit in den städtischen Unterkünften nicht greifen sollte und die spezifischen Probleme von Menschen mit Migrationshintergrund entsprechend aufgefangen werden können, werden die Gemeinschaftsunterkünfte für Flüchtlinge Dauereinrichtungen werden für wohnungslose Menschen mit Migrationshintergrund.

Noch ungeklärt ist hier die Frage, was das Flüchtlingsamt in Zukunft für Aufgaben übernehmen muss. Nachdem die Flüchtlinge zu Wohnungslosen mit Migrationshintergrund geworden sind, wäre de facto das Wohnungsamt wieder für diese Menschen zuständig. Dies würde aber bedeuten, die fünfzehnjährige Erfahrung in Sozialer Arbeit mit Flüchtlingen zu missachten. Entscheidend wird sein, ob es gelingt die Erfahrungen des Flüchtlingsamtes durch Steuerungsinstrumente für die Obdachlosenarbeit mit MigrantInnen dauerhaft zu sichern - und die erfahrenen MitarbeiterInnen in dieser Arbeit zu behalten.

Flüchtlinge waren vor fünfzehn Jahren beim Wohnungsamt angesiedelt, jetzt perspektivisch wieder. Es wird in Zukunft entscheidend sein, inwiefern sich in diesen Jahren das Wissen um die Notwendigkeit von Flüchtlingssozialarbeit gefestigt hat.

Kommunalpolitik und Flüchtlingsarbeit

Die letzten fünfzehn Jahre der Entwicklungen konnte der Autor auf der politischen Ebene gut verfolgen und gemeinsam mit anderen des Öfteren auch beeinflussen. Der oben aufgezeigte kursorische Rückblick führt meines Erachtens zu einigen Schlussfolgerungen über das Wechselspiel von Kommunalpolitik und Sozialer Arbeit mit Flüchtlingen.

1. Der entscheidende Faktor besteht zunächst darin, ob Kommunalpolitik Rahmenbedingungen schafft, die Arbeit mit Flüchtlingen positiv verstärkt oder aber ob sie diese Arbeit behindert

bzw. verhindert. Mit anderen Worten: Bekennt sich die Kommunalpolitik dazu, dass Soziale Arbeit mit Flüchtlingen notwendig ist und auch über das geringe Maß der Kostenerstattung des Freistaates hinaus finanziert wird, oder erklärt sich die Kommune als „nicht zuständig" und versucht sich aus der Verantwortung zu stehlen, was formal zu einem großen Teil möglich wäre. Vielleicht noch entscheidender ist hier die Frage, ob es Versuche von Seiten der politischen Ebene gibt, Flüchtlinge für den einen oder andern Zweck zu instrumentalisieren. Wenn das „erschreckende Ausmaß der Flüchtlingsströme" vor Augen geführt werden soll, wird eben mit großem Presseaufwand von einer „Katastrophe" gesprochen und auf sensiblen Plätzen eine Containerstadt hochgezogen. Soll die Gefährdung verdeutlicht werden, die von Flüchtlingen ausgeht, umzäunt man die Einrichtungen mit Stacheldraht. Will man aber die tatsächlich entstehenden Probleme lösen, die durch den Zuzug von Flüchtlingen entstehen, dann wird man ohne öffentlichkeitswirksame Inszenierungen Plätze für neu Ankommende schaffen, dies durch Verwaltungseinheiten begleiten lassen und für ein ausreichendes Maß an Betreuung sorgen. Doch für die Soziale Arbeit gilt: Wer den Flüchtling nicht hier haben will, wird ihm auch keine angemessene Betreuung zuteil werden lassen.

2. Eine engagierte Flüchtlingssozialarbeit wirkt natürlich im Umkehrschluss auch auf die Kommunalpolitik. Nicht die Flüchtlinge wenden sich in der Regel an die Kommunalpolitiker und die Stadtspitze, sondern SozialarbeiterInnen und Verwaltungskräfte. Flüchtlingssozialarbeit steckt gegenüber der Politik das Niveau ab, unter das die Politik nicht sinken darf. Das ist nicht willkürlich gewählt. Sondern es geht um die Frage: Wie viele Beschäftigte in der Flüchtlingssozialarbeit sind notwendig, um eine Unterkunft gut – d. h. ohne Beschwerden aus dem Stadtteil und von Anwohnern – laufen zu lassen? Welche Ausstattung ist geboten, um Kindern und Jugendlichen einen Rückzugsraum aus dem tristen Alltag zu ermöglichen? Wann und wo ist ein solidarisches, gemeinsames Auftreten im Stadtteil notwendig um die Unterstützung der Politik für die Flüchtlinge und die Betreuenden zu verdeutlichen? Flüchtlingssozialarbeit und Kommunalpolitik müssen sich auf formalen und informellen Wegen verständigen und die aktuellen Probleme möglichst zeitnah diskutie-

ren. So hat meine Fraktion über allgemeine migrationspolitische Arbeitskreise hinaus eine „Migrationspolitische Runde" speziell für Fragen der Flüchtlingsarbeit. Diese vertikale Vernetzung ist eine der Voraussetzungen für die in der Flüchtlingssozialarbeit Tätigen um über die aktuellen Diskussionen auf politischer Ebene informiert zu sein und umgekehrt für die Kommunalpolitiker eine Möglichkeit direkt über aktuelle Problemlagen informiert zu werden.

3. Die Gründung des Flüchtlingsamtes war der entscheidende Dreh- und Angelpunkt um auf kommunaler Ebene ein Bekenntnis zur Flüchtlingsarbeit herbeizuführen. Auch wenn es Unzufriedenheiten gab über das erreichte Maß an Betreuung, muss festgehalten werden: Der Wert einer Verwaltungseinheit, die kontinuierlich FÜR Flüchtlinge arbeitet, Konzepte entwickelt, Betreuung sicherstellt, Leistungen verteilt, Hilfestellung in Problemlagen geben kann, im Rückkehrfall Rückkehrhilfen und Rückkehrberatung sicherstellen kann ist nur schwer zu überschätzen. Wenn Verwaltung auf die Schiene gesetzt ist, dann hat sie ja auch ein entsprechendes Beharrungsvermögen. Ich möchte nicht wissen, wie es um die Betreuung von Flüchtlingen in städtischen Gemeinschaftsunterkünften in Zeiten der Haushaltskrise bestellt wäre, wenn es kein Flüchtlingsamt gäbe, das kontinuierlich seinen Haushalt anmeldet und Bedarfe definiert. Und es darf auch nicht vergessen werden, dass eine städtische Verwaltungseinheit auch eine Selbstbindung für die Politik darstellt. Wenn Politiker jetzt gegen Flüchtlinge „vorgehen" wollen, gehen sie auch gegen Teile ihrer eigenen Verwaltung vor und konterkarieren Beschlüsse, die sie selbst irgendwann gefällt und finanziert haben.

4. Wie sehr die Betreuung von Flüchtlingen immer wieder als „freiwillige Leistung" und als Kürzungssteinbruch gesehen wird, ist gut am Schicksal des „Münchner Modells" zu verfolgen. Das „Münchner Modell" hat bundesweit Anerkennung erhalten. Kernelement war die Betreuung der Gemeinschaftsunterkünfte rund um die Uhr sowie die Einführung einer sozialpädagogischen Heimleitung. Seit dem Beschluss für dieses Münchner Modell wurde immer wieder versucht, daran herumzusparen – was im Lauf der Jahre auch gelungen ist. Dafür gibt es einerseits nachvollziehbare Gründe: So brauchen Ge-

meinschaftsunterkünfte mit höherem Standard (abgeschlossene Wohneinheiten, gute Bausubstanz, weniger Unterkunftseinheiten, Belegung nur mit „funktionierenden" Familien etc.) weniger Betreuung als zu Beginn des Münchner Modells. Aber nachdem die (auch inszenierte) Empörung über neue Flüchtlinge immer mehr abnahm, wurde dies nicht immer als Erfolg des Münchner Modells gewertet, sondern eher als Beweis seiner Überflüssigkeit. Es folgte eine jahrelange, immer wieder erbittert geführte Auseinandersetzung darum, wo Kürzungen möglich sind und wo die Kernsubstanz gefährdet wird. So wurden zunächst einige kleinere Gemeinschaftsunterkünfte aus der Rund-um-die-Uhr-Betreuung herausgenommen, dann wurden die Bereitschaftsdienste ab 22.00 bzw. 24.00 Uhr gestrichen und in der jetzigen Phase der Umstrukturierung werden die sozialpädagogischen Heimleitungen ersetzt durch reine Verwaltungsheimleitungen und die SozialpädagogInnen – ohne die vorherigen Heimleitungskompetenzen – für die sozialpädagogische Arbeit eingesetzt. Kein Schelm der vermutet, dass dann weniger SozialpädagogInnen als vorher diese Tätigkeit übernehmen.

5. Eine Banalität, die nicht vergessen werden sollte: Es braucht die richtigen PolitikerInnen. Zunächst ist festzustellen: Lobbyarbeit für Flüchtlinge auf politischer Ebene ist vollkommen reizlos. Flüchtlinge dürfen nicht wählen, es gilt ständig so genannte „freiwillige Leistungen" in Zeiten knapper Kassen zu verteidigen, jede neue Flüchtlingsunterkunft führt zu massiven Protesten der AnwohnerInnen und dass man auf Bürgerversammlungen auch schon mal tätlich angegriffen wird, wenn man die neue Unterkunft verteidigt, muss man hinnehmen. Die Einweihung jeder neuen Straße ist für einen Politiker schöner als die Einweihung einer Unterkunft. Wer nach Ablauf einer Legislaturperiode auf zehn neue Kindergärten verweisen kann, wird dies mit stolz geschwellter Politikerbrust tun, wer auf fünf neue und gut betreute Flüchtlingsunterkünfte hinweist, wird versuchen müssen den faulen Tomaten auszuweichen.

Dies ist natürlich nur die eine Seite. Die andere Seite besteht darin, dass diese PolitikerInnen bereit sein müssen dafür einzutreten, dass die Fragen von Menschenwürde und sozialer Hilfestellung für alle Menschen in der Stadt gelten müssen.

Um diesen Verfassungsgrundsatz der Unantastbarkeit der Menschenwürde auch wirklich umzusetzen müssen sie dauerhaft dafür einstehen, Gelder auch für Menschen einzusetzen, die nicht dauerhaft in der Stadt bleiben, sondern die im Rahmen ihrer Migrationsgeschichte jetzt und hier vor Ort Hilfe benötigen. Dies ist auch für PolitikerInnen bei allem Gegenwind ein befriedigender Ansatz.

PolitikerInnen, die sich entschieden haben, sich für Flüchtlinge einzusetzen, stehen auch im selben Zwiespalt wie PädagogInnen in der Flüchtlingsarbeit: Sie setzen sich für Menschen ein, die oft nur vorübergehend in dieser Stadt sein werden. Auf kommunaler Ebene gibt es oft nur wenig politischen Spielraum, sich für Integrationsmaßnahmen einzusetzen, genau so wie die BetreuerInnen in der Flüchtlingsarbeit – solange der Aufenthalt nicht dauerhaft gesichert ist – sich ebenfalls nicht für integrative Maßnahmen einsetzen können.
Weiterhin sollte nicht vergessen werden: Diese PolitikerInnen sitzen auch zwischen allen Stühlen. Die Flüchtlingsorganisationen, Vereine und Verbände, die als Netzwerk für Flüchtlinge eintreten, werden in der Regel – zurecht - bemängeln, dass mal wieder zu wenig geschehen ist.

Dennoch haben PolitikerInnen sich der Flüchtlinge angenommen mit dem Ziel, eine Beruhigung der eskalierten Situation der neunziger Jahre herbeizuführen. Das definierte Ziel des sozialen Friedens im Stadtteil wirkt hierbei auch parteiübergreifend und kann auch so unterschiedliche Ebenen wie Parteien, Verwaltung, Polizei, Bezirksausschüsse und Bürgerinitiaitven verbinden. Dieses Ziel wäre natürlich niemals zu erreichen gewesen ohne entsprechende soziale Betreuung vor Ort. Wenn sich Politik für gute soziale Betreuung für Flüchtlinge einsetzen will, dann ist sie darauf angewiesen, dass der soziale Friede im Stadtteil gesichert ist. Genau das ist dann der Mehrwert für die Politik.

Es gibt ausreichend Politiker, die der Meinung sind, dieses Ziel könnte auch erreicht werden durch ein hohes Maß an Überwachung und Kasernierung. Aktuell kann dies in München an der Debatte verfolgt werden, was in Zukunft die Hauptaufgabe der ehemaligen Pförtner mit Sonderaufgaben, jetzt Servicepersonal sein soll: Die direkte Intervention wird nicht mehr gewünscht, sondern vielmehr nur noch die Überwachungs- und Kontrollaufgabe. Aber das politische Ziel, das mit der Errichtung des Flüchtlingsamtes erreicht werden sollte, lautete: Weg von der rein ordnungsrechtlichen Orientierung, hin zur sozialpolitischen Sicht auf Flüchtlinge. Dies ist in vielen Bereichen gelungen und muss verteidigt werden.

6. Wichtig ist: Heute existiert ein gut funktionierendes Netzwerk an Initiativen und Verbänden, die Betreuung und solidarische Arbeit mit Flüchtlingen sicherstellen. Entscheidend war in den letzten zehn Jahren, nicht nur die soziale Betreuung in den Unterkünften zu, sondern dringend notwendige weitere Flüchtlingsarbeit zu sichern. So konnte seit 1993 mit REFUGIO ein Behandlungs- und Therapiezentrum für Opfer von Folter, Gewalt und Fluchterlebnissen etabliert werden, der Münchner Flüchtlingsrat wird unterstützt, der Schulanaloge Unterricht auch für jugendliche Flüchtlinge wird finanziert etc. Ohne dieses Netzwerk wäre die gute Betreuung in den Unterkünften nur die Hälfte wert. Das gesamte Netzwerk hat dafür gesorgt, dass Flüchtlingssozialarbeit ein selbstverständlicher Bestandteil der Sozialen Arbeit in München ist.

Was heute droht, angesichts leerer Kassen, angesichts dessen, dass das Thema Flüchtlinge aus den Schlagzeilen verschwunden ist und angesichts dessen, dass auch die aktuelle Bundesregierung keine Anstalten macht die Situation der Flüchtlinge zu verbessern, ist ein Roll-Back in der Flüchtlingssozialarbeit. Immer misstrauischer werden die Kosten betrachtet, immer negativer wird die Notwendigkeit einer eigenständigen Flüchtlingssozialarbeit gesehen. Wichtigste Aufgabe für KommunalpolitikerInnen und FlüchtlingssozialarbeiterInnen in den nächsten Jahren wird sein, die Errungenschaften und definierten Inhalte der Flüchtlingssozialarbeit zu verteidigen.

Literatur:

Verein Münchner Betreuungsmodell (Hrsg), : Flüchtlingsbetreuung im Sammellager „mit Sonderaufgaben", Schadt Verlag, 2003

AutorInnenverzeichnis

Anderson, Philip, Dr. phil., Zeithistoriker und Sozialwissenschaftler mit Schwerpunkt der Migrationsforschung; 1976-1979 Studium der Neueren Geschichte an der Universität von York (North) England. 1987-1989 Studium der Neueren Geschichte an der LMU, München. April-Juli 1994 Praktikum beim Amt für Multikulturelle Angelegenheiten der Stadt Frankfurt. 1995 Untersuchung für die Stadt München zur sozialen Situation von Muslimen. Oktober 1996 bis Sommer 1998 Untersuchung der sozialen und ökonomischen Situation von irregulären Migranten in Großbritannien im Auftrag des Jesuit Refugee Service (JRS). Okt. 1998 bis Okt. 1999 Untersuchung für die Stadt München über die Öffnung der sozialen Dienste für ausländische Bewerber/innen. 1999: Untersuchung zur Situation von Flüchtlingskindern in Gemeinschaftsunterkünften im Rahmen des Projekts Multikulturelles Kinderleben in Deutschland des Deutschen Jugendinstituts (DJI). Mai 2001 bis Sommer 2002 Untersuchung im Auftrag der LHS München zur sozialen Situation von Migranten ohne Papiere, „Illegal in München".

Bamberg, Carola, geb. 1967, Studium der Sozialpädagogik (Dipl. Sozialpäd.FH). Seit 1989 Praxistätigkeit in der Flüchtlingssozialarbeit.
Arbeitsschwerpunkte: Kinder- und Jugendarbeit, Frauenarbeit, Gemeinwesenarbeit. Seit 1984 in verschiedenen Feldern der Jugendarbeit tätig: Ausbildung ehrenamtlicher Jugendleiter bei der evangelischen Jugend, Berufsbezogene Jugendhilfe, Ambulante Erziehungshilfe, Soziale Trainingskurse für jugendliche Gewalttäter.

Benker, Siegfried, 46 Jahre. Mitarbeit in verschiedenen sozialen Bewegungen. Aufbau der Alternativen Liste München. 1984 -1990 Mitarbeiter der Grün-Alternativen Stadtratsfraktion, zuständig u.a. für Soziales und Migration.
1990 bis 1995 Referent der 3. Bürgermeisterin. Seit 1995 Stadtrat. Seit 1996 Fraktionsvorsitzender von Bündnis 90/Die Grünen – rosa Liste im Münchner Rathaus. War 1993 maßgeblich an der Schaffung des Flüchtlingsamtes beteiligt. Setzt sich weiterhin schwerpunktmäßig für Flüchtlinge und Migration ein.

Butterfield, Hester, geb. 1944 in U.S.A.. Bachelor of Arts, Harvard Univ; Graduate Studies in Soziologie, Boston Univ und Univ of California; Dipl. Soz. Päd. FH. Berufspraxis:15 Jahre Community Organizer und Organisationsleiterin, Supervisorin und Projektberaterin, Cleveland Ohio. Seit 1993 Soz. Päd. im Caritas Sozialdienst für Asylsuchende und Flüchtlinge, München: Arbeit mit geflüchteten Frauen, Männern und Kindern in Sammellagern. Seit 2000 Fachdienstleiterin des Caritas Fachdienstes Asyl Caritas Zentrum München Ost / Land. Seit 1995 nebenberufliche Lehrtätigkeit: Asyl Praxis und GWA an Kath. Stift. FH München und seit 1999 an Staat. FH Landshut.

Fritz, Florian, geboren 1967, Studium der Sozialpädagogik an der Katholischen Stiftungsfachhochschule (KSFH) München . Seit 1991 bei der Landeshauptstadt München als Leiter von Flüchtlingsunterkünften. Seit 1999 nebenamtlicher Dozent im Bereich Flucht und Migration an der KSFH und Durchführung von Seminaren als Selbständiger. Mehrere Reisen nach Bosnien und in das Kosova. Zahlreiche Veröffentlichungen in Fachzeitschriften zum Thema Flucht und Migration und Präsentation mehrerer Fotoausstellungen. Seit 2004 interkultureller Mediator.

Groner, Frank, geb. 1944, Professor für Recht an der KSFH seit 1978. Von 1973-1978 Jurist im Sozialreferat der LH München und in der Leitung des Stadtjugendamtes. Seit 2000 Dekan des Fachbereiches Soziale Arbeit München der KSFH. Arbeitsschwerpunkte: Jugendhilferecht, Sozialhilferecht, Ausländer- und Asylrecht

Jordan, Silke, geb. 1967, Dr. Phil., Studium der Erziehungswissenschaft an der Universität Hannover. 2000 Promotion zum Thema „Pädagogische Versorgung unbegleiteter minderjähriger Flüchtlinge in der Bundesrepublik Deutschland". Seit 2000 Lektorin im von Loeper Literaturverlag, Karlsruhe. Langjährige ehrenamtliche Tätigkeit in der Flüchtlingsarbeit in Niedersachsen und Baden-Württemberg. Vortragstätigkeit und Veröffentlichungen zum Thema „unbegleitete minderjährige Flüchtlinge". Mitglied im Bundesfachverband Unbegleitete Minderjährige Flüchtlinge e.V.

Gründungsmitglied der Landesarbeits- Unbegleitete minderjährige Flüchtlinge in Baden-Württemberg.

Nghiem Xuan Tuan, geb. 1950, Mitbegründer des Kreis der Vietnamesischen Studenten in München und des Vereins der freien Vietnamesen in München und Umgebung sowie der Vietnamesischen Initiative München

Riedelsheimer, Albert, geb. 1966, Dipl. Soz. Päd. FH, Studium der Sozialpädagogik an der Katholischen Stiftungsfachhochschule München, Schwerpunkt Ausländerarbeit, Diplomarbeit zum Thema „Sozialpädagogische Möglichkeiten und Grenzen der Betreuungsarbeit mit Flüchtlingskindern". Seit 1992 Vormund für unbegleitete minderjährige Flüchtlinge beim Katholischen Jugendsozialwerk München, Stellvertretender Abteilungsleiter. Fachreferent und Sprecher beim Bundesfachverband Unbegleitete Minderjährige Flüchtlinge e.V., Gründungsmitglied des Bundesfachverbandes Unbegleitete Minderjährige Flüchtlinge e.V., von Oktober 1998 bis April 2003 ehrenamtliches Vorstandsmitglied im Arbeitskreis Unbegleitete Minderjährige Flüchtlinge der Freien Wohlfahrtsverbände Bayern.

Schwend, Carmen, geb. 1976. Studium der Sozialen Arbeit (Dipl. Sozialpäd.FH.). Seit Anfang 2003 tätig in der sozial-pädagogischen Betreuung wohnungsloser Menschen in einem städtischen Clearinghaus in München. Davor knapp 4jährige Tätigkeit in der Flüchtlingssozialarbeit.
2002 Diplomarbeit zum Thema professionelle Öffentlichkeitsarbeit in der Sozialen Arbeit.

Soyer, Jürgen, geb. 1967, Studium der katholischen Theologie (Dipl. theol.) und Studium der Sozialen Arbeit (Dipl. Soz.-Päd. FH) in München.
Tätigkeiten als Deutschlehrer in Frankreich, in der Jugendbildung und im interkulturellen Jugendaustausch. Seit 1999 Sozialarbeiter bei REFUGIO München, Beratungs- und Behandlungszentrum für Flüchtlinge und Folteropfer.

Steffen, Wiebke, Studium der Soziologie, Politischen Wissenschaft und Wirtschafts- und Sozialgeschichte an den Universitäten Hamburg und Freiburg. Abschlüsse: M.A. und Dr.phil. Tätigkeit als wissenschaftliche Referentin in der Forschungsgruppe Kriminologie des Max-Planck-Institutes für ausländisches und internationales Strafrecht in Freiburg. Seit 1978 beim Bayerischen Landeskriminalamt in München. Dort Aufbau und Leitung der Kriminologischen Forschungsgruppe der Bayerischen Polizei. Seit 1994 Leiterin des Dezernates „Forschung, Statistik, Prävention". Seit 1997 Vorsitzende der Kommission Polizeiliche Kriminalprävention der Länder und des Bundes. Zahlreiche Veröffentlichungen unter anderem zu den Themenbereichen Kinder- und Jugendkriminalität, Gewalt in der Familie, Ausländerkriminalität, Polizeiliches Ermittlungs- und Einsatzhandeln, Kommunale Kriminalprävention und Bürgernahe Polizeiarbeit.

Szeiler, Patricia, geb. 1976, Erzieherin, Dipl. Sozialpäd.FH. Mehrjährige Praxistätigkeit in der Kinder- und Jugendarbeit. Seit 2001 tätig in der Übergangswohngruppe des IB Bungalow, einer mädchenspezifischen Erstaufnahmeeinrichtung für Flüchtlingsmädchen. Im Rahmen ihrer Diplomarbeit führte sie eine qualitative empirische Forschung in Form von problemzentrierten Interviews mit Flüchtlingsmädchen durch, die sich mit den Fluchthintergründen und -erfahrungen sowie der Empfindung ihrer Situation in Deutschland beschäftigt.

Adressen

agisra e. V.
- Arbeitsgemeinschaft gegen internationale sexistische und rassistische Ausbeutung
Ludolfusstr. 2-4, 60487 Frankfurt/ M.
Tel.: 069/ 777752, Fax: 069/ 777757

Aktion Courage e. V. - SOS Rassismus
Postfach 2644, 53016 Bonn
Tel: 0228/ 213061, Fax: 0228/ 262978

amnesty international,
Sektion der Bundesrepublik Deutschland e. V.
Heerstr. 178, 53111 Bonn
Tel: 0228/ 98373-0, Fax: 0228/ 630036

Arbeiterwohlfahrt - Bundesverband e. V.
Referat Migration
Postfach 41 01 63, 53023 Bonn
Tel: 0228/ 6685-136, Fax: 0228/ 6685-209

Die Beauftragte der Bundesregierung für Ausländerfragen
Postfach 140280, 53107 Bonn
Tel: 0228/ 527-2973, -297444, -2682 Fax: 0228/ 527-27601167

Bundesarbeitsgemeinschaft ›Asyl in der Kirche‹
Berliner Freiheit 16, 53111 Bonn
Tel: 0228/ 9650342, Fax: 0228/ 9650343

Deutsche Stiftung für UNO- Flüchtlingshilfe e. V.
Rheinallee 4 a, 53173 Bonn
Tel: 0228/ 355057, Fax: 0228/ 355059

Deutscher Caritasverband
Flüchtlings- und Aussiedlerhilfe
Lorenz- Werthmann- Haus
Karlstr. 40, 79104 Freiburg/ Breisgau
Tel: 0761/ 200475, Fax: 0761/ 200572

Deutscher Frauenrat
Simrockstr. 5, 53113 Bonn
Tel: 0228/ 223008, 09, 00 , Fax: 0228/ 218819

Deutscher Paritätischer Wohlfahrtsverband (DPWV)
- Gesamtverband
Heinrich- Hoffmann- Str. 3, 60528 Frankfurt/ M.
Tel: 069/ 6706- 201, Fax: 069/ 6706- 288

Deutsches Rotes Kreuz
- Generalsekretariat - Team 33
Königswinterer Str. 29, 53227 Bonn
Tel: 0228/ 541- 1487, -1494, Fax: 0228/ 541- 1500

Diakonisches Werk
der Evangelischen Kirche in Deutschland e. V.
- Hauptgeschäftsstelle -
Stafflenbergstr. 76, 70184 Stuttgart
Tel: 0711/ 21590, Fax: 0711/ 2159550

Forschungsgesellschaft Flucht und Migration e. V.
Gneisenaustr. 2a, 10961 Berlin
Tel: 030/ 6935670, Fax: 030/ 6938318

Gesellschaft für bedrohte Völker
- Gemeinnütziger Verein e. V. -
Postfach 2024, 37010 Göttingen
Tel: 0551/ 499060, Fax: 0551/ 58028

iaf - Verband binationaler Familien und Partnerschaften
Ludolfusstr. 2- 4, 60487 Frankfurt/ M.
Tel: 069/ 70750- 87, -88, Fax: 069/ 70750- 92

Informationsverbund Asyl / ZDWF e. V.
Königswinterer Str. 29, 53227 Bonn
Tel: 0228/ 4221132, Fax: 0228/ 4221130

Interkultureller Rat in Deutschland e. V.
Riedstr. 2, 64295 Darmstadt
Tel: 06151/ 339971, Fax: 06151/ 367003

Internationale Liga für Menschenrechte
Sektion Berlin e. V.
Oldenburger Str. 33, 10551 Berlin
Tel: 030/ 3962122, Fax: 030/ 3962147

Internationaler Sozialdienst
- Deutsche Zweigstelle e. V. -
Am Stockborn 5- 7, 60439 Frankfurt/ M.
Tel: 069/ 95807- 02

Kirchenamt der EKD
Postfach 30402, 30419 Hannover
Tel: 0511/ 2796- 0, Fax: 0511/ 2796- 709

Komitee für Grundrechte und Demokratie
Aquinostr. 7- 11, 50670 Köln
Tel: 0221/ 9726930, Fax: 0221/ 9726931

Kommissariat der Deutschen Bischöfe
Kaiser- Friedrich- Str. 9, 53113 Bonn
Tel: 0228/ 26940, Fax: 0228/ 103318

medica mondiale e. V.
Hülchrather Str. 4, 50670 Köln/Cologne (Germany)
Tel: +49-221-931898-0, Fax: +49-221-9318981

medico international e. V.
Obermainanlage 7, 60314 Frankfurt/ M.
Tel: 069/ 94438- 0, Fax: 069/ 436002

Netzwerk Friedenskooperative
Römerstr. 88, 53111 Bonn
Tel: 0228/ 692904, Fax: 0228/ 692906

Ökumenischer Vorbereitungsausschuß
zur Woche der ausländischen Mitbürger
Postfach 160646, 60069 Frankfurt/ M.
Tel: 069/ 230605, Fax: 069/ 230650

Pax Christi
Postfach 1345, 61103 Bad Vilbel
Tel: 06101/ 2073, Fax: 06101/ 65165

terre des femmes
Konrad- Adenauer- Str. 70, 72072 Tübingen
Tel: 07071/ 79730, Fax: 07071/ 797322

terre des hommes Deutschland e. V.
Ruppenkampstr. 11a, 49084 Osnabrück
Tel: 0541/ 7101- 0, Fax: 0541/ 707233
UNHCR

Der Hohe Flüchtlingskommissar der Vereinten Nationen
- Vertretung in Deutschland -
Wallstrasse 9-13. 10179 Berlin
Tel: 030 / 20 22 02- 00 Fax ß30 / 20 22 02-23

Landesweite Flüchtlingsräte

BADEN-WÜRTTEMBERG:
Arbeitskreis Asyl Baden-Württemberg e. V.
Landesgeschäftsstelle
Hansjakobstr. 27
78658 Zimmern o.R.
Tel. 07 41/3 48 92 12
Fax 07 41/3 48 92 13

BAYERN:
Bayerischer Flüchtlingsrat
Augsburgerstraße 13
80337 München,
Tel.: 089 / 76 22 34
Fax: 089 / 76 22 36,

BERLIN:
Flüchtlingsrat
Georgenkirchstr 69-70
10249 Berlin
Tel.: 030-24344-5762
Fax: 030-24344-5763

BRANDENBURG:
Flüchtlingsrat
Eisenhartstr. 13
14469 Potsdam
Tel. + Fax: 0331 / 71 64 99,

BREMEN:
Verein Ökumenischer Ausländerarbeit
im Lande Bremen e.V. (Flüchtlingsrat)
Vahrerstr.247
28329 Bremen
Tel./Fax: 0421/800 700 4

HAMBURG:
Flüchtlingsrat
c/o Werkstatt 3
Nernstweg 32-34
22765 Hamburg
Tel.: 040/43 15 87,
Fax: 040/43 04 490

HESSEN:
Flüchtlingsrat
Hessischer Flüchtlingsrat
Frankfurter Straße 46
35037 Marburg
Tel.: 06421/ 16 69 02
Fax: 06421/ 16 69 03

MECKLENBURG-VORPOMMERN:
Flüchtlingsrat
Postfach 11 02 29
19002 Schwerin
Tel.: 0385/58 15 790
Fax: 0385/58 15 791

NIEDERSACHSEN:
Niedersächsischer Flüchtlingsrat
Langer Garten 23 B
31137 Hildesheim
Tel. 05121 - 15605
Fax 05121 - 31609

NORDRHEIN-WESTFALEN:
Flüchtlingsrats NRW
Bullmannaue 11
45327 Essen
Tel.: 0201/89 908-0
Fax: 0201/89 908-15

RHEINLAND-PFALZ:
Arbeitskreis Asyl
Postfach 2851
55516 Bad Kreuznach
Tel.: 0671/84 59 153,
Fax: 0671/25 11 40

SAARLAND:
Saarländischer Flüchtlingsrat
Hillenstr. 3
66763 Dillingen

SACHSEN:
Flüchtlingsrat Sachsen
Heinrich-Zille-Str. 6
01219 Dresden
Tel.:0351/47 14 039
Fax: 0351/46 92 508

SACHSEN-ANHALT:
Flüchtlingsrat Sachsen-Anhalt
Schellingstr. 3-4
39104 Magdeburg
Tel. 0391/ 537-1279
Fax: 0391/ 537-1280

SCHLESWIG-HOLSTEIN:
Flüchtlingsrat Schleswig-Holstein
Oldenburger Str. 25
24143 Kiel
Tel. 0431/73 50 00,
Fax: 0431/73 60 77

THÜRINGEN:
Flüchtlingsrat Thüringen
Warsbergstraße 1
99092 Erfurt
Tel.: 0361/21 727-20
Fax: 0361/21 727-27

Dimensionen Sozialer Arbeit und der Pflege

Hrsg. von der Katholischen Stiftungsfachhochschule München

Band 1, Miller/Tatschmurat (Hrsg.):
Soziale Arbeit mit Frauen und Mädchen
1996. VI/247 S. kt. € 18,- / sFr 31,90
(ISBN 3-8282-4555-2)

Ziel der Sozialen Arbeit mit Frauen ist es, dort zu helfen, wo Frauen und Mädchen aufgrund ihres Geschlechts diskriminiert, verfolgt, geschlagen und ausgegrenzt werden. Sozialarbeiterische Handlungsansätze aus dem Bereich der Arbeit mit Frauen und Mädchen werden mit Sozialarbeitstheorien und feministischen Theoriepositionen verknüpft.

Band 2, Miller:
Systemtheorie und Soziale Arbeit
Entwurf einer Handlungstheorie
2., überarb. und erw. A.
2001. X, 261 S., kt. € 19,90 / sFr 34,90
ISBN 3-8282-0168-7

Die systemische Arbeitsweise ist zum Leitparadigma in der Sozialen Arbeit geworden. Vorliegendes Buch arbeitet die systemtheoretischen Spezifika des systemischen Paradigmas mit Hilfe der Theorie von Niklas Luhmann heraus. Darauf aufbauend wird eine systemtheoretisch fundierte Handlungstheorie Sozialer Arbeit konzeptualisiert. Vier Wissensebenen werden zugrundegelegt: Erklärungswissen, Wertewissen, Verfahrenswissen und Evaluationswissen.

Band 3, Fröschl:
Gesund-Sein
2000. VIII/165 S., 20 Abb., kt. € 17,40 / sFr 30,90
ISBN 3-8282-0132-6

Die integrative Gesund-Seins-Förderung bietet eine neue Perspektive für die interdisziplinäre Zusammenarbeit von Pflege, Sozialer Arbeit und Medizin. Frauen, Männer und Kinder werden im Mittelpunkt des Hilfeprozesses als autonome, handlungsfähige Subjekte gesehen, die an einer partizipativen Gestaltung der Gesund-Seins-Förderung teilhaben. Die Autorin zeigt Ärzten und Ärztinnen, Sozialarbeiterinnen und Pflegekräften eine hoffnungsvolle Zukunftsvision für einen gemeinsamen Weg zum Gesund-Sein.

Band 4, Miller/Pankofer (Hrsg.):
Empowerment konkret
2000. XII/260 S., kt. € 24,- / sFr. 42,10
(ISBN 3-8282-0131-8)

Empowerment! Modell, Haltung, Arbeitsansatz oder nur Worthülse? Und ist das, was sich unter dem Begriff verbirgt, etwas, was in der Sozialen Arbeit nicht immer auch schon praktiziert worden ist? Oder verweist der Begriff auf mehr? Der vorliegende Band ist nicht der Versuch, diesen Fragen in allen Details nachzuspüren, jedoch soll exemplarisch dargelegt werden, wie die psychosoziale Praxis mit diesem Begriff, den dahinter stehenden Modellen, Arbeitsansätzen und Haltungen verfährt.

Band 5, Reinspach:
Strategisches Management von Gesundheitsbetrieben
Grundlagen und Instrumente einer entwicklungsorientierten Unternehmensführung
2001. XI/242 S., 24 Abb., kt. € 24,- / sFr 42,10
ISBN 3-8282-0163-6

Die vorliegende Veröffentlichung stellt Grundlagen und Instrumente der entwicklungsorientierten Unternehmensführung vor, die das strategische Management von Gesundheitsbetrieben bei der Bewältigung dieser Aufgabe praxisnah unterstützen.

LUCIUS et LUCIUS Stuttgart